W0337269

Fischer TaschenBibliothek

Alle Titel im Taschenformat finden Sie unter:
www.fischer-taschenbibliothek.de

PANAMA – ISLAND – SCHWEIZ – FINNLAND – DÄNEMARK – SCHWEDEN – AUSTRALIEN – LUXEMBURG – MEXIKO – NORWEGEN – KOLUMBIEN – COSTA RICA – KANADA

Maike van den Boom nimmt Sie mit auf ihre Reise in die nach der »World Database of Happiness« glücklichsten Länder der Welt. Respekt, Vertrauen, Gelassenheit, persönliche Freiheit, dazu Verantwortung für sich und die Gemeinschaft – das sind Werte, die ihr in diesen Ländern immer wieder begegnen. Auf ihrer Reise erfährt sie, warum Glück mehr als ein flüchtiger Moment ist. Es entspringt einer Lebenshaltung und ist das Ergebnis dessen, was wir mit unserem Leben als Ganzes anstellen. Jeden Tag. Jeden Moment. Hier und jetzt.

»Glück gestalten wir teils selber, teils zusammen. Dieses Buch zeigt, wie wir gemeinsam die Basis für eine glückliche Gesellschaft schaffen können.« *Ruut Veenhoven, Begründer der World Database of Happiness*

Maike van den Boom wurde 1971 in Heidelberg geboren und studierte in den Niederlanden Kunsttherapie. Nach diversen Managementjobs in der freien Marktwirtschaft und über 15 Jahren Aufenthalt in den Niederlanden und Mexiko ist sie heute als Rednerin, Trainerin und Beraterin tätig. Das Thema »Zum Glück gibt's Werte« ist ihr Markenzeichen.

Weitere Informationen finden Sie auf www.fischerverlage.de

MAIKE VAN DEN BOOM

Meine Reise durch die
13 glücklichsten Länder der Welt und
was wir von ihnen lernen können

FISCHER TaschenBibliothek

MIX
Papier aus verantwortungsvollen Quellen
FSC® C083411
FSC
www.fsc.org

Erschienen bei FISCHER Taschenbuch
Frankfurt am Main, Mai 2018

© 2015 S. Fischer Verlag GmbH,
Hedderichstr. 114, D-60596 Frankfurt am Main

Umschlaggestaltung: kreuzerdesign
Agentur für Konzeption und Gestaltung
Umschlagabbildung: buxdesign/
Carla Nagel und Ruth Botzenhardt
Satz: Pinkuin Satz und Datentechnik, Berlin
Druck und Bindung: CPI books GmbH, Leck
Printed in Germany
ISBN 978-3-596-52184-5

Für meine Tochter Elisa und meine Eltern.
Wenn du im Leben wirklich etwas willst,
schaffst du das auch.
Danke für eure Unterstützung.

Inhalt

Einleitung
Hier sind wir glücklich

»Das Bild ist klasse, dein Ton ist scheiße!« Nee, oder? Das meint der jetzt nicht ernst? Schon seit fünf Tagen bin ich unterwegs! Das ganze Filmmaterial für die Tonne? Ich sitze beim sonntäglichen Frühstück meiner deutschen Gastfreunde mitten in Mexiko-Stadt Thomas gegenüber, Freund des Hauses und Kameramann der ARD. Voller Stolz zeige ich ihm mein Filmmaterial. »Du musst näher an die Leute dran. Kauf dir einfach noch ein Stativ und fünf Meter extra Tonkabel für das Mikrophon dazu«, gibt er mir als Rat für meine weitere Reise mit. Einfach noch ein Stativ und ein paar Meter Tonkabel extra? Witzig!

Blond, zierlich und allein – so reise ich zusammen mit meinem großen orangen Koffer insgesamt neun Wochen lang durch die 13 glücklichsten Länder der Welt. Ich habe eine Menge Termine mit den führenden Glücksforschern der einzelnen Länder, deutschen Korrespondenten und Auslandsdeutschen. Und interviewe jeden Menschen, der mir in diesen

Glücksländern von morgens früh bis abends spät sonst noch vor die Linse kommt.

Die One-Woman-Show, die ich hier abziehe, droht jedoch langsam aus dem Ruder zu laufen. In Costa Rica habe ich mir bereits einen sogenannten Wuschel dazugekauft, der die Windgeräusche am Mikrophon dämpfen soll. Den presse ich jetzt schon oben in meinen orangen Fotorucksack zu Reservebatterien, Objektiven, Kopflicht und einer Menge Speicherkarten. An der Außenseite hängt das Stativ für die Kamera. Jetzt kommt also noch ein zweites dazu und ein paar Meter Tonkabel obendrein. Nicht nur mein Rucksack wird immer schwerer, auch das Filmen wird immer komplizierter.

»Hi, I'm Maike. Ich komme aus Germany und würde gerne erfahren, warum ihr hier so glücklich seid. Dürfte ich Sie dazu interviewen?« »Yes sure.« »Klar, warum nicht?« Was all die netten Menschen noch nicht wissen, ist, dass ich die kommende Viertelstunde dazu benötigen werde, Kamera und Mikro zu installieren: Steht das Stativ gerade? Ist das Bild scharf? Die Belichtung okay? »Nicht vergessen, Maike: lieber das Bild zu dunkel als zu hell!«, gibt mir Thomas noch winkend mit auf den Weg. Und jetzt auch noch die Sache mit dem Mikro. Ohne Helfer wird das wirklich kniffelig. »This microphone is killing me!«, lächle ich entschuldigend, als ich zum fünften Mal zwischen Kamera und Mikro hin und her hüpfe, um zu versuchen, den Wuschel so nahe wie möglich an den Sprecher zu bekommen, ihn aber nicht im Bild erscheinen zu lassen. Mal ist er zu hoch, mal zu niedrig, mal kippt er um.

Endlich! Alles steht. Es kann losgehen. Da die Bildkomposition oft am schönsten ist, wenn sich die Kamera auf Brust- oder Bauchhöhe befindet, kauere ich unter mitleidigen Blicken gekrümmt daneben. »Alles okay«, winke ich lachend ab, »das ist mein tägliches Sporttraining!« Ohne meinen Humor wäre ich hier aufgeschmissen. Mein Kopf an die Seite der Kamera gedrückt, rufe ich: »Bitte nicht direkt in die Kamera schauen, sondern auf mich. Und wenn ich kurz wegtauche, bitte nicht irritiert sein. Ich checke nur das Bild.« Ich bin Regisseurin, Kamerafrau, Tonassistentin und Journalistin in einem. Nicht perfekt, aber umwerfend authentisch. Die Wartezeit überbrücke ich mit Smalltalk auf Spanisch, Englisch oder Deutsch. Dass die mir wegen des Wartens jetzt bloß nicht wieder abspringen, denke ich besorgt. Aber – jeder ist geblieben. Am Ende meiner Reise haben um die 300 Menschen geduldig auf meine Fragen gewartet. Danke.

Wie um alles in der Welt kam ich nur auf so eine durchgeknallte Idee? Wir spulen zurück auf ungefähr ein Jahr vor Beginn der Reise: Es ist Sommer 2012. Ich finde »Glück« nicht nur ein tierisch spannendes Thema, auch aus professioneller Sicht möchte ich immer auf dem neusten Stand sein. Und daher verschlinge ich jede neue Studie zu diesem Thema. Schließlich will ich die Deutschen durch Vorträge und Seminare ein wenig glücklicher machen. Und auch an diesem Tag sitze ich mit einer Tasse Latte macchiato am Frühstückstisch und lese in der Zeitung wieder über eine neue Studie: den »How's Life?«[1]-OECD-Bericht, der unter anderem die Lebenszufriedenheit in 34 Ländern vergleicht. Deutschland ist wieder im hinteren Bereich. Wie kriegen wir das nur immer wieder hin? Bei allen Erhebungen zum Thema Glück landen wir überall, bloß nicht vorne. Sogar weit hinter Mexiko! Und die haben echt nicht viel zu lachen. Das weiß ich aus eigener Erfahrung. Immerhin habe ich selbst zwei Jahre meines Lebens mit Mann und Kleinkind in Mexiko-Stadt verbracht. Dass die Mexikaner trotzdem lachen, ist übrigens ein Teil ihres Glücks.

Kann der Deutsche nicht glücklich sein – oder will er nicht? Oder will er schon, traut es sich aber nicht? Passt das nicht zur deutschen Lebenseinstellung? Liegt das Geheimnis des Glücklichseins überhaupt in der Mentalität eines Landes begründet? Gibt es einen kulturellen Anteil am persönlichen Glück eines Individuums? Was macht Menschen in anderen Ländern glücklich? Welcher Blick aufs Leben, welche Gedanken, welche Umstände führen zum Glücklichsein? Fragen über Fragen! Ich bin ein neugieriger Mensch, und Kulturunterschiede fand ich schon immer sehr aufregend. »Weißt du was«, sage ich mir deshalb an diesem Morgen, »ich fahre einfach mal hin und frage nach!«

Am Dienstag, den 2. Juli 2013, fast ein Jahr später, geht es los. Um 9.12 Uhr besteige ich den Flieger am Münchner Flughafen mit dem Ziel San José in Costa Rica, dem glücklichsten Land der Welt. Es wird die erste Station auf dem Weg durch die 13 glücklichsten Länder dieser Erde sein. Ein Weg, der mich von Lateinamerika und Europa über Nordamerika bis an die andere Seite der Erde führen wird: Dänemark, Island, Schweiz, Finnland, Mexiko, Norwegen, Kanada, Panama, Schweden, Australien, Kolumbien und Luxemburg, so die Reihenfolge des Rankings, der ich folge. In den Koffer habe ich nebst Kameraausrüstung mein heldenhaftes Ziel gepackt: den Deutschen das Glück dieser Länder ein wenig näherzubringen. Ob in Form eines Buches oder Films, das weiß ich noch nicht. Da ich aber schon einmal da bin, filme ich einfach alles in Fernsehqualität mit. Sicher ist sicher. So einfach, wie ich mir das vorgestellt habe, ist es dann aber leider doch nicht. Der Übergang von Smartphone zu professionellem Film-Equipment gestaltet sich etwas holprig. Als der ARD-Kameraspezialist Thomas meinen leicht verzweifelten Blick sieht, lächelt er mich ermutigend an: »Du machst das schon.«

Was soll ich sagen: Ich mache es tatsächlich! Installiere unter relaxtem Smalltalk meine Kamera am Strand von Sydney. Hüpfe im stürmischen Island an die zehnmal zwischen Kamera und Mikro hin und her, sichere spätabends in einem zweifelhaften Restaurant in Panama-Stadt meine Dateien. Die Schätze, welche die Bewohner der Glücksländer mir auf meine Fragen hin anvertrauen, geben mir die nötige Energie. »Würden Sie sich im Allgemeinen als eine glückliche Person beschreiben?«, »Was macht Sie glücklich?«, »Was ist das Wichtigste in Ihrem Leben?«, »Wie lautet Ihr größter Wunsch?«, »Warum denken Sie, dass Ihr Land so gut abschneidet?«, »Wie würden Sie die Seele der Bewohner Ihres Landes beschreiben?«, »Welchen Rat würden Sie uns Deutschen geben?«, »Wie sehen Sie Ihre Zukunft? Positiv? Negativ? Und warum?«, »Wo würden Sie sich als Person auf einer Glücks-Skala von 0, für sehr unglücklich, bis 10, superglücklich, einschätzen?«

Die monatelange abendliche Vorbereitung nebst Job und der finanzielle Einsatz, der ein tiefes Loch in mein Lebensbudget gerissen hat, haben sich definitiv gelohnt. Vom ersten Tag an. Ich werde getragen durch das Interesse, die Offenheit und den Enthusiasmus der Menschen, die mir doch tatsächlich ihr Innerstes offenbaren. Mitten auf der Straße. Und mehr als das: Ich lande in Montreal mit einem Latte macchiato in Jean-Sébastians Küche, 100 Meter weiter schmiert mir Jan auf ihrer Terrasse ein Frühstücksbrot, Joe fährt mich in Sydney spontan eine halbe Stunde zum Interviewtermin, Bitte verarztet mir in Stockholm bei sich zu Hause erst einmal meine Blasen an den Füßen, Lotte lässt mich in ihrem Apartment über ihrer Scheune in der Nähe von Oslo schlafen, 30 kleine Costa-Ricaner singen in einem Kindergarten ihre Nationalhymne für mich, der Glücksforscher Eduardo begleitet mich bei den Interviews in Bogotá, Nanna hilft mir drei Tage lang als Kamera-Assistentin in Reykjavík … Dafür möchte ich mich an dieser Stelle schon bei allen Mitwirkenden bedanken! Ohne die Mithilfe jedes einzelnen Interviewpartners wäre meine Reise zum Scheitern verurteilt gewesen. Die Reise war ein Risiko, das ich bewusst einging. Aber, so mein Lebensmotto, wenn du wirklich etwas im Leben willst, dann schaffst du das auch.

Ich ziehe also los und hoffe, mit einer prall gefüllten Tasche an unterschiedlichen Glückstipps aus allen Ländern nach Hause zu kommen. Aber es kommt anders. Die Länder sind sich größtenteils einig in dem, was sie glücklich macht. Und so füllt sich meine Tasche langsam mit nur einigen *gleichen*

Glücksbringern! Egal ob in tropischer Hitze oder karger Kälte. Mit nordischer Zurückhaltung oder lateinamerikanischem Überschwang. Was das Glück bedingt, scheint viel universeller zu sein, als ich erwartet hatte: »Folge deinem Herzen!« (Australien, Island, Norwegen, Schweden, Dänemark, Schweiz, Kanada) »Das Wichtigste in meinem Leben bin ich. Denn wenn es mir gutgeht, geht es auch den Menschen um mich herum gut.« (Mexiko, Schweden, Schweiz, Dänemark, Kolumbien, Luxemburg, Island, Panama) »Wir sind nur einmal auf der Erde, da sollten wir dafür sorgen, dass wir es gut haben.« (Australien, Costa Rica, Mexiko, Kanada, Luxemburg, Norwegen) »Das Wichtigste in meinem Leben ist meine Familie.« (Alle) Glücksbringer scheinen kulturübergreifend zu gelten. So sehr sich zum Beispiel die Dänen auch von den Australiern unterscheiden mögen, die Schnittmenge ihrer Kultur ist das, was sie glücklich macht. In diesem Fall ihr enormes Freiheitsbewusstsein.

Je länger meine Reise dauert, desto deutlicher schälen sich diese Gemeinsamkeiten hervor. Gespannt hocke ich hinter meiner Kamera und höre immer wieder die gleichen Prioritäten oder Lebensanschauungen, die so erstaunlich anders sind als die typisch deutschen. Ich habe sie für Sie in den nächsten 13 Kapiteln gebündelt.

Die Menschen der Glücksländer zeigen uns, wo es zum Glück geht. Keine Angst, Sie müssen nicht alle 13 Wege ablaufen, um glücklich zu sein. Bitte legen Sie hier keinen deutschen Perfektionismus an den Tag. Gut ist genug. Bloß keinen Glücksstress, bitte. Auch ich bin auf manchen Gebieten gut, zum Beispiel wenn es darum geht, mein Leben frei zu gestalten und mich mit anderen Menschen verbunden zu fühlen. Auf anderen Gebieten hingegen scheitere ich kläglich. Im Moment zu leben, zum Beispiel.

Sie müssen auch keine überglückliche Zehn auf der Glücksskala erreichen. Eine Acht reicht vollkommen aus für ein gutes und erfülltes Leben. Hauptsache, die Richtung stimmt. Und wenn Sie mich fragen, wo ich mich auf der Glücksskala befinde: Ich gebe mir eine 8,5. Wie Sie später erfahren werden, ist eine Zehn auch nicht erstrebenswert. Wir brauchen den Sand im Glücksgetriebe. Glückliche Menschen können und dürfen auch einmal unglücklich sein.

Eine Zehn auf der Glücksskala empfinden wir meistens nur in kurzen intensiven Glücksmomenten: Zum Beispiel wenn ein Sonnenstrahl durch die Wolken bricht und uns an der Nase kitzelt. Das sind die kleinen Zehner, wie ich sie nenne. Aber sind denn jetzt diese kleinen Zehner nicht das, was wir Glück nennen? Nun, so einfach ist das nicht mit dem Glück. Sie können nicht einfach emsig alle Glücksmomente sammeln, sie wie Perlen auf eine Kette reihen und sich dann umhängen. Nach dem Motto: Fertig ist das glückliche Leben.

Zumindest nicht bei der Art Glück, über das Sie in diesem Buch lesen werden. Das Glück, über das ich rede, ist das Glück, das quasi an Ihre Persönlichkeit andockt und dann unablöslich zum Teil Ihrer selbst wird. Wovon ich spreche, lasse ich vielleicht am besten Professor Robert Cummins, den äußerst vergnügten und renommierten Glücksforscher erklären, den ich in Sydney treffe: »Es gibt einen deutlichen Unterschied zwischen Glücksgefühlen – zufällig, intensiv und vergänglich – und einer Glücksstimmung. Diese Grundstimmung ist eine dauerhafte, der Persönlichkeit zugehörige Eigenschaft des sich im Geiste und Herzen Gutfühlens.« Wie erlange ich auf Dauer dieses tiefe, erfüllte Empfinden, ein gutes Leben zu haben? Das ist die Frage, der ich auf den Grund gegangen bin. Denn Glück ist immer das Resultat dessen, was Sie mit Ihrem Leben als Ganzem anstellen. Und so werden Sie in diesem Buch Anregungen finden, wie Sie Ihre Lebensprioritäten neu ordnen könnten. Ein Hochgefühl kommt vielleicht mal auf eine schnelle Tasse Kaffee vorbei. Möchten Sie lieber, dass das Glück dauerhaft bei Ihnen wohnt? Dann schaffen Sie in Ihrem Leben strukturell den nötigen Platz dafür.

Ja – und noch eine Erwartung hat sich nicht erfüllt. Man sieht den Menschen nicht an, dass sie glücklich sind. Der Produzent einer Glücksshow, die Ende 2013 im Fernsehen ausgestrahlt werden soll, bittet mich vorab, eine Frage für ihn mit zu stellen. Er möchte sie eventuell in seiner Sendung verwenden. »Wenn du die Leute fragst, was sie glücklich macht, dann sorge bitte dafür, dass sie auch lächeln, während sie antworten«, gibt er mir mit auf den Weg. Aber die Leute lächeln nun einmal nicht immer.

Schon gar nicht in Finnland. Nach einigen vergeblichen Versuchen, die schüchternen Finnen einzufangen, gelingt es mir endlich, den 19-jährigen Conna vor die Kamera zu bekommen. Er sitzt in Helsinki auf Treppenstufen in der Morgensonne und liest eine Zeitung. Rot-weiß gestreiftes T-Shirt auf grauer Hose mit blondem Kurzhaarschnitt. »Würdest du dich als eine glückliche Person beschreiben?«, frage ich aufmunternd. Conna sieht so aus, als würde er gleich depressiv zur Seite kippen. »Ja, ich bin sehr glücklich«, lautet die monotone Antwort. Er verzieht seine Miene nicht ansatzweise zu einem Lächeln. Aaaaha, denke ich. »Auf einer Skala von Null bis Zehn …?« Er schaut mich an und sagt trocken: »8,5.« Damit liegt er sogar 0,6 Punkte über dem finnischen Durchschnitt von 7,9. Na ja, 0,6 Punkte … was bedeuten schon 0,6 Punkte? Klingt wenig. Der Unterschied im Glücksempfinden, den diese 0,-Zahlen wiedergeben, ist jedoch immens. Stellen Sie sich einmal vor, Sie wären Single und würden neben einem Paar stehen, das gerade frisch verheiratet ist. Dieses Pärchen wäre dann durchschnittlich um 0,4 Punkte glücklicher als Sie. Der Glücksindex für Costa Rica liegt zum Beispiel bei 8,5, der für Deutschland bei 7,1. Das hieße also, jeder Deutsche müsste zur gleichen Zeit mindestens drei Traumpartner ehelichen, um dasselbe Niveau wie ein Costa-Ricaner zu erreichen. Könnte ja auch eine prima Lösung für die deutsche Geburtenrate sein …

Es gibt verschiedene Umfragen zum Glück, und die Rangliste variiert immer etwas. Mal ist Dänemark Spitzenreiter, dann wieder Costa Rica oder Kanada. Je nachdem, wann man fragt, wen man fragt und wie man die Frage stellt. Fakt ist aber: Es sind immer dieselben Pappenheimer ganz vorne mit dabei, und es ist immer dasselbe Land, das nie vorne mitmischt: Deutschland eben. Als Basis für meine Reise habe ich die »World Database of Happiness«[2] gewählt, eine Datenbank, welche weltweit die Ergebnisse der Glücksforschung der letzten 100 Jahre sammelt und kategorisiert. Sie befindet sich in der Erasmus-Universität in Rotterdam und wird von ihrem Begründer, Professor Ruut Veenhoven, und seinem Team gepflegt. Hierin werden zurzeit um die 9000 wissenschaftliche Publikationen mit ca. 24 000 Ergebnissen darüber, wie glücklich Menschen sind, ausgewertet. Das heißt, diese Database ist nicht nur sehr umfassend, sondern auch wunderbar stabil. Und so kann ich in Ruhe meine Reiseroute planen, ohne sie bei jeder neuen Glücksumfrage ändern zu müssen. Zur Vorbereitung treffe ich Ruut Ende 2012 in seinem Büro in Rotterdam. Dort muss, gemessen am Chaos auf seinem Schreibtisch, ein großer Geist wohnen. Ruut ist »the old man« der Glücksforschung, der schon seit über 30 Jahren das Glück erforscht. Weiße Haare, weißer Bart und schelmisch funkelnde Augen hinter randloser Brille. »Glück«, sagt er, »ist im Prinzip in der ganzen Welt dasselbe. Und ob du glücklich bist, das weißt nur du allein. Deshalb kann man auch in der ganzen Welt einfach danach fragen.« Und von den Antworten, die uns Menschen geben, können wir hier in Deutschland etwas lernen, denkt zumindest auch Professor Christian Bjørnskov, Ökonom und Glücksforscher aus Dänemark: »Die glücklichen Länder sind jedes Jahr dieselben. Das heißt, wir können daraus ableiten, welche Faktoren andere Länder glücklich machen könnten.«

Menschen aus der ganzen Welt haben sich – teils unter Tränen – Mühe gegeben, Ihnen ihre Sicht auf das Leben und ihr Glück zu schenken. Trotz meiner Aufbau-Akrobatik haben sie geduldig ausgeharrt und sich für uns Zeit genommen. Ich hoffe, Sie wissen die Anstrengungen zu schätzen. Sehen Sie dieses Buch als eine Anregung, wie Sie Ihr Leben *auch* gestalten könnten, als eine Option, ein Angebot. Sie müssen weder zu Isländern mutieren noch kleine Kolumbianer werden, um glücklich zu sein, aber vielleicht schneiden Sie sich hier und da eine kleine Scheibe ab und legen sie auf herrlich einzigartig deutsches Brot …

Apropos deutsch. Ich werde nach meiner Rückkehr oft gefragt, ob ich denn nun nicht auswandern wollte in eines der Glücksländer. Ich habe bereits 13 Jahre meines Lebens in den Niederlanden und zwei Jahre in Mexiko verbracht. Beides sind glückliche Länder. Ich bin jedes Mal zurückgekehrt. Ich lebe hier. Hier lebe ich gerne. Wie in einer guten Beziehung liebe ich Deutschland mit all seinen nervigen Macken, seinen hässlichen Narben und seinen liebenswerten Besonderheiten. Also drehe ich den Spieß einfach um: Statt noch einmal auszuwandern, hole ich das Glück einfach zu uns nach Hause. Denn die Verantwortung für unser persönliches Glück und auch das der Gesellschaft liegt in unseren Händen, in Ihren und meinen. Jeder von uns ist der kleinste gemeinsame Nenner der Gesellschaft. Wenn sich jeder Einzelne verändert, ändert sich letztendlich auch die Mentalität eines Landes. Ist das zu visionär? Quatsch, denn wir haben alle gesehen, welches Potential Deutschland in dieser Hinsicht innewohnt.

2006 haben wir uns und den Rest der Welt verzaubert. 2014 auch. Wir haben zusammen gefeiert und gelacht, und sind seitdem der Welt sympathisch geworden.

Nach meiner Reise bin ich nicht mehr derselbe Mensch, der ich vorher war. Zu groß ist der Abdruck, den die Worte der Glücklichsten in meiner Seele hinterließen. Was ich von ihnen gelernt habe, ist, wie ich das Glück dazu überreden kann, mein Leben dauerhaft zu begleiten. Ich wünsche mir, dass es Ihnen nach dem Lesen dieses Buches genauso ergehen wird.

Kommen Sie mit auf eine spannende Reise!

Island, Land der Elfen

Landeanflug auf Island. Nach spektakulären Landeanflügen auf Kolumbien und Costa Rica schaue ich jetzt ein wenig enttäuscht aus dem Fenster. So ungefähr muss der Mond von oben aussehen, denke ich. Wie mir später der ehemalige Skandinavien-Korrespondent Tilmann Bünz erzählt, hat Neil Armstrong hier tatsächlich seine Mondlandung geübt.

Aha, die drittglücklichsten Menschen der Welt leben also quasi auf dem Mond. Ich kann es mir gut vorstellen bei einer durchschnittlichen Jahrestemperatur von 5,4 °C und circa 13,3 °C im Juli. In einer völlig spaßfreien Natur: rau, unbeugsam und buchstäblich arschkalt. Das spüre ich am eigenen Leibe und hüpfe gleich am ersten Tag in den nächstbesten »typical« Island-Laden. Zehn Minuten später stehe ich mit hüftlangem und kratzigem Schafswollpullover inklusive Handschuhen hinter der Kamera. An einem schönen, sonnigen Augusttag mit bis zu 5 °C im Schatten. Der Wind rupft an meinen Haaren.

Und dann stehen sie vor mir, die Elfen (Elben) aus

Tolkiens »Herr der Ringe«: Dóra Guðrún Guðmundsdóttir, meine Glücksforscherin, und ihre Assistentin Nanna Ingibjörg Viðarsdóttir. Dóra mit reiner, blasser Haut, roten Lippen, dunkelbraunen, langen Haaren und glühenden Augen. Nanna, lockiges, hellbraunes, rückenlanges Haar, Augen so blau und weit wie Islands Blaue Lagune in einem lieblich zarten Gesicht. Volle Wangen, süße Stimme und ein bezauberndes Lächeln. Während ich noch im Märchenland weile, quatscht Dóra mir bereits ganz real das Ohr ab. Sie liebt ihren Job über alles und ist keine Elfe, sondern Mutter von drei Kindern und Präsidentin des Europäischen Netzwerkes für Positive Psychologie. Hauptberuflich ist Dóra allerdings Direktorin des Bereichs »Determinanten für Gesundheit und Wohlbefinden« am Direktorat für Gesundheit in Island, welches unter das Ministerium für Gesundheit fällt und politische Empfehlungen ausspricht. Im Moment erforscht sie die Auswirkungen der Finanzkrise auf Island. Ich schaue verträumt über die kleinen Straßen Reykjavíks und die niedlichen, bunten Häuschen in Lila, Gelb, Grün … »Glück ist nicht die ganze Zeit lächeln, sondern wie du das Leben im Allgemeinen wertschätzt und das, was dir im Leben widerfährt«, dringen die Worte von Dóra wieder in mein Bewusstsein. Und darin sind die Isländer spätestens seit ihrem Bankenkollaps geübt. »Wir fühlten uns wie die Wikinger, die in die weite Welt hinaussegelten, um fremde Märkte zu erobern!«, so Dóra. »Dann kam die Krise 2008 und der totale Staatsbankrott«, erzählt sie mir lächelnd. Wir sitzen in einem gemütlichen, kleinen Restaurant mit türkis gestrichener, typisch gewellter Aluminiumfassade. Irgendwie ist alles klein hier. Außer den Preisen. Ich bestelle einen Rotwein zum gefühlten Preis eines Gebrauchtwagens. Alkohol gibt es hier nur in staatlich betriebenen Läden, die sich sehr motiviert zeigen, den Bewohnern Islands nebst dem Trinken auch noch das Rauchen abzugewöhnen. Mit Erfolg: 15 Prozent der Erwachsenen und nur drei Prozent der Jugendlichen rauchen hier. Die isländische Regierung kümmert sich um das Wohl der Bürger, und die Bürger wiederum nehmen es dankend an. 2005 erhält deshalb jeder Einwohner Islands vom Staat per Post einen Kühlschrankmagneten zu Weihnachten. Darauf die »10 Gebote des Wohlbefindens«. »Sie sind die Resultate von Studien über Menschen, die beides sind: erfolgreich und glücklich. Aus Sicht des Ministeriums ist es das Ziel, eine Gesellschaft zu kreieren, in der die Menschen nicht nur glücklich sind, sondern auch gut funktionieren«, so Dóra.

Eines der Gebote, »Lerne aus deinen Fehlern«, bekommt 2008 eine tragische Aktualität. Island erleidet mit der Finanzkrise den größten Schiffbruch seiner Geschichte. Aber es erholt sich erstaunlich schnell. »Wir Isländer gehen immer davon aus, dass irgendwie alles ein gutes Ende nehmen wird. Und vielleicht ist das eine Art von Widerstandskraft. Wir waren kreativ und haben nach neuen Möglichkeiten und Lösungen gesucht. Das hat uns durch die Krise geholfen«, erzählt Dóra, während sie nachdenklich in Islands Ferne blickt. Umfragen des Ministeriums zum Thema Glück und Wohlbefinden vor und nach der Krise ergaben, dass das Glücksniveau unterm Strich gleich geblieben ist. Und das, obwohl sich das Leben für einige drastisch geändert hat. Mancher Banker fährt wieder zum Fischen hinaus, wie Arnar Erlingsson, der jetzt die Küche eines großen Frachtschiffs schmeißt: »Vielleicht ist Glück im Geld zu finden, aber in Island haben wir auf die harte Tour lernen müssen, dass wir gar nicht so viel davon brauchen.« Und die Isländer haben aus ihren Fehlern gelernt: »Wir haben überlegt, wie wir uns als Gesellschaft neu definieren wollen«, so Dóra. »Wir sind nicht mehr auf dem hohen wirtschaftlichen Niveau, auf dem wir vorher waren. Aber ich denke, wir wollen da auch gar nicht mehr hin.« Dóra blickt mit einem entspannten Lächeln übers Meer.

Island ist wie eine große Familie, in der dafür gesorgt wird, dass es allen Mitgliedern gutgeht. Vielleicht landet diese kleine Vulkaninsel deshalb zum fünften Mal in Folge im »Global Gender Gap Report«[3] auf Platz eins? Dieser Bericht misst weltweit die Teilhabe von Frauen an Wirtschaft, Politik, Bildung und Gesundheit. Das Thema Familie ist in Island politische Chefsache. »Es gibt viele Plätze für Familien auf dem Uni-Campus, denn man geht selbstverständlich davon aus, dass du Kinder bekommst, während du studierst«, so die 25-jährige Nanna, nebst

Elfe auch Psychologiestudentin, Witwe und Mutter eines fünfjährigen Sohns. Und diese Unterstützung macht sich bemerkbar. Die Isländer gehören 2013 in Bezug auf die Geburtenrate zu den Spitzenreitern in Europa. Deutschland ist dahingegen das Schlusslicht.

»Ich werde oft gefragt: Warum sind die Isländer so glücklich? Kann man in so einem Kaltland glücklich sein?« Dora schweigt kurz, dann lächelt sie und nickt bestimmt: »Ich glaube, dass Isländer tatsächlich so glücklich sind, wie sie sagen. Wenn man sich die Faktoren anschaut, die Menschen glücklich machen, dann sind es vor allem die sozialen Beziehungen. Island ist eine kleine Nation. Es ist sehr einfach, mit anderen eng verbunden zu sein. Darüber hinaus nutzen wir einfach das, was wir hier haben, zum Beispiel die Dunkelheit im Winter. Dann zünden wir zu Hause Kerzen an und machen es uns mit Menschen, die wir mögen, gemütlich. Es gibt auf Island viele heiße Quellen, und das sind tolle Orte, um draußen zusammenzukommen. Selbst wenn es stürmt, kannst du in diesen warmen Becken sitzen und dich massieren lassen. Das ist wirklich schön ...« Vor ungefähr 20 Millionen Jahren stieg das Land als Folge von unterseeischen Beben aus den Tiefen des Atlantiks empor. Die Erdkruste blieb dünner als bei uns und das Magma dichter an der Oberfläche. Ein vulkanisches Herz, welches das Grundwasser ständig wärmt. 20 Erdbeben pro Tag und heiße, fauchende, blubbernde Quellen zeigen den Herzschlag der Natur. Und der riecht nach Schwefel. Duschen vermeide ich hier, und auch Zähneputzen ist eine Qual, wenn das Wasser nach faulen Eiern stinkt. Bah!

Island ist ein Land der Gegensätze für alle Sinne. Es verändert sich ständig, und den Bewohnern bleibt nichts übrig, als mitzufedern. »Gestern bin ich so weit aus Reykjavík rausgefahren, bis alles dunkel um mich herum war. Ich stieg aus dem Auto und schaute in den Himmel. Grüne, kreisende und flackernde Lichtwürmer schlingerten durch den Raum. Ich fühlte mich wie ein kleines Sandkorn mittendrin. Ich wünschte, du hättest das sehen können«, so schreibt mir Arnar der Schiffskoch später. Kein Wunder, dass die Isländer gerne über Energiefelder sprechen. Und über Elfen, Trolle und andere unsichtbaren Wesen. Irgendwo da draußen sollen sie sein. Immerhin real und wichtig genug, dass das Straßenbauamt sie über Mediatoren bei seinen Planungen miteinbezieht, so schreibt Tilmann Bünz in seinem Buch »Wer die Kälte liebt: Skandinavien für Anfänger«.[4] Die Devise ist: Es kann nicht schaden, an sie zu glauben. Bei nur drei Einwohnern pro Quadratkilometer ist ja auch genügend Platz für alle da.

Kein Volk wird so extrem mit der Veränderlichkeit und Endlichkeit des Lebens konfrontiert wie die Isländer. Und deshalb leben die Inselbewohner lieber jetzt. Und hier. Und sofort. Mit allen Sinnen. Draufgängerisch. Phantasievoll. Kreativ. Und mit sehr viel Humor. Welches Volk würde schon den beliebtesten Komiker des Landes zum Bürgermeister der Hauptstadt wählen? Und als im Frühjahr 2010 der Vulkan Eyjafjallajökull ausbricht und die Touristen ausbleiben, drucken sie kurzerhand T-Shirts, auf denen steht: »We may not have cash, but we've got ash!« (Wir haben vielleicht keine Kohle, aber dafür Asche.) Isländer warten nicht auf die Zukunft. Wenn Fische da sind, muss man fischen. Warum Angst vor der Zukunft haben? Sie geschieht immer erst morgen, nie heute.

»Komdu sæl/l« (komme glücklich), »Vertu sæl/l« (geh' glücklich). Mit diesem Wunsch empfangen und verabschieden die Isländer einander und zeigen als drittglücklichstes Land der Welt, dass dieser Wunsch bisher in Erfüllung gegangen ist.

1
Am Anfang war das Glück

Es gibt so viele Dinge, die dich glücklich machen können,
gutes Wetter, schlechtes Wetter, alles Mögliche.
Sigrún Hjartardóttir, Pferdebesitzerin
aus der Nähe von Reykjavík, Island

Was wäre, wenn Glück so natürlich wäre, dass man darüber nicht mehr zu reden bräuchte? Das Streben nach Glück so selbstverständlich wie der Gebrauch von Sonnencreme? Einfach das beste Mittel gegen die Gefahren und Widrigkeiten des Lebens? Kaum einer liest den Beipackzettel durch, um zu wissen, wie Sonnencreme funktioniert.

Sein Glück zu pflegen, das gehört zum Alltag der glücklichsten Menschen einfach dazu. Das gilt für das ausgelassen tanzende Pärchen Anfang 60 am Sonntagmittag auf dem Plaza de la Cuidadela in Mexiko-Stadt, den verhalten lächelnden Jungen auf einer Treppe in Helsinki oder die junge Familie am Strand von Sydney: »Würden Sie sich im Allgemeinen als einen glücklichen Menschen bezeichnen?« Sie werden folgende Antwort erhalten: »Claro que sí«, »Yes, sure«, »Na klar«. Hinter der Aussage steht kein Ausrufezeichen, sondern eine klare und bodenständige Selbstverständlichkeit.

Ich bin ein glücklicher Mensch PUNKT. Was denn sonst?

Keine ausladende Armbewegung gen Himmel, keine Überdosis freudestrahlender Augen, kein Zahnpastalächeln? Nein, nicht immer, denn Glück ist eine ernste Sache! Und wenn nicht ernst, dann zumindest ernst zu nehmen. Glück ist mehr als die rosa Glücksbox, die Kleeblatttassen für 1,95 Euro und der Abreißkalender fürs Klo. »Glück ist ein Muskel des Körpers. Das ist die reine Wahrheit! Du kannst es nicht in äußeren Dingen finden. Es ist eine Lebenshaltung!«, so die lebhafte Anwältin Ana María aus Kolumbien. Ich treffe sie in einem In-Café im Herzen Bogotás. Glück ist eine Lebenseinstellung, zu der man sich aktiv entschließt. Gebrauchen Sie Sonnencreme am Strand, einen Regenschirm, wenn es regnet? Klar. Ich bin ja nicht doof!

Und trotzdem, meine Bitte, mir den Satz zu vervollständigen: »Ich bin glücklich, weil …«, bereitet 90 Prozent der Interviewten in den 13 Glücksländern echte Schwierigkeiten. Eine große Lebensfrage sei das. Eine wichtige Frage. Und mitunter die einzige Frage, die meine Interviewpartner mit einem sinnenden Blick in den Himmel, angestrengtem Runzeln der Augenbrauen und einem konzentrierten »Puh – nur in einem Satz, wirklich?« quittieren.

Warum ist diese Frage so schwierig zu beantworten? Weil Glück bis in alle Bereiche unseres menschlichen Daseins hineinreicht. Die unterschiedlichsten Disziplinen der Wissenschaft beschäftigen sich dementsprechend mit diesem Thema: Was macht Menschen glücklich und was bringt uns Glück persönlich und als Gesellschaft? Viele Psychologen, Philosophen, Mediziner, Soziologen, Ökonomen, Politologen und leider auch jede Menge Hobbytherapeuten beschäftigen sich mit dieser Frage.

Wie führe ich ein glückliches und erfülltes Leben? Das ist in den Glücksländern die alles entscheidende Frage. Auch für Maria-José, 17-jährige Schülerin und alleinerziehende Mutter von dreijährigen Zwillingen im Armutsviertel nahe San José, Costa Rica: »Es ist nicht gut, traurig zu sein, man sollte immer positiv eingestellt bleiben. Man muss dem Leben einen Sinn geben und sollte nicht mittelmäßig sein. Man muss das Beste von sich geben, damit man mit sich selbst zufrieden ist.« Maria-José hat große Pläne. Sie möchte später studieren.

Wie führe ich ein gutes Leben? Eine Frage wie eine Herausforderung, der man sich stellt, mit der sich die Menschen in diesen Ländern intensiv beschäftigen. Tagtäglich. Weil es in ihrem Leben das Wichtigste ist. So erklärt mir die Finnin Liisa, die seit neun Jahren in Deutschland lebt: »Ich glaube nicht, dass man das Glück so einfach vergleichen kann. Ich glaube, wir Finnen finden im Leben einfach andere Dinge wichtig als die Deutschen.« Eben. Finnen finden anscheinend, quasi aus Versehen, das wichtig, was im Leben glücklich macht. Sie haben einfach Glück gehabt, dass ihre Kultur sich so entwickelt hat, dass Finnen glückliche Menschen sein können.

Auch die Dänen, die regelmäßig als die Glücklichsten aus den verschiedenen Umfragen hervorgehen. Dafür hat Michel Birbæk, Wahlkölner, Schriftsteller und Drehbuchautor mit dänischen Eltern und dänischem Herzen, eine einfache Erklärung: »Wenn man einen Deutschen fragt, ob er glücklich ist, sucht er erst einmal fünf Gründe, warum er's nicht sein könnte. In Dänemark wird das Wort *lykke* für Glück viel natürlicher verwendet; es ist normaler zu sagen, dass du glücklich bist, dass es dir gutgeht.«

Doch kein Volk stellt sich als Ganzes zur selben Zeit hin, fasst sich an die Hand und sagt: »So, wir sind jetzt mal glücklich!« In den skandinavischen Ländern liegt das Glück in der Mentalität begründet: einem engen Zusammenhalt, einem hohen Vertrauensniveau, einem schier unendlichen Freiheitsbewusstsein und einem großen Respekt vor den Mitmenschen. So treffe ich später Aron mit seinen Freunden auf seiner Yacht im Hafen von Tromsø, einer der nördlichsten Städte Norwegens. Ein fröhlicher Blondschopf von Anfang 30, der mir gerne das Geheimnis der Norweger verrät: »Es ist hier ein Wert, anderen Menschen zu vertrauen und nur das

Beste über sie zu denken. Vielleicht kann man sagen, dass dies ein Teil der skandinavischen Kultur ist. Bis jetzt zumindest. Wenn wir gleich von Bord gehen, lassen wir all unsere Sachen im Boot. Wir schließen es nicht ab.« Vertrauen in andere ist eine der Eigenheiten, die teils kulturell, teils historisch zu erklären sind. Und diese Eigenschaften besitzen die Deutschen nun einmal weniger. Als beispielsweise die Skandinavier in rauen, kalten, unbeständigen Zeiten gelernt haben, dass sie nur zusammen überleben können,[5] haben wir uns untereinander noch die Köpfe eingeschlagen. Denn die deutsche Geschichte kennzeichnet sich wie keine andere durch innere Zerrissenheit, geographische Teilung und immer wieder tiefe Brucherfahrungen. Und so schreibt der Niederländer Frits Boterman in seinem Buch »Die moderne Geschichte Deutschlands. 1800 – heute«,[6] dass »wahrscheinlich kein Volk in Europa in den letzten zwei Jahrhunderten so sehr mit seiner nationalen Identität gekämpft hat wie das deutsche. In der deutschen Geschichte ging es andauernd um die Verwobenheit und Unversöhnlichkeit von Einheit, Freiheit und Gleichheit.« Es ist schön, dass unsere Nachbarn uns begreifen.

Aber Kulturen können sich ändern. Und wir sind auf einem guten Weg. Die Bundesregierung hat sich das Wohlbefinden der Bevölkerung auf die Agenda geschrieben. Auch für 2015, so Staatsminister Helge

Braun in seiner Rede auf der Konferenz der Internationalen Vereinigung zur Erforschung der Lebensqualität (ISQLS), zu der mich Alex Michalos, der kanadische Glücksforscher, den ich Ihnen später vorstellen werde, Ende 2014 einlädt. Auch die deutsche Regierung merkt, dass die Fokussierung auf das wirtschaftliche Wachstum nicht ausreicht, um die Bevölkerung glücklich zu machen. Sie plant deshalb, den direkten Dialog mit uns anzugehen: Was bedeute für Sie Lebensqualität? Was ist Ihnen wichtig im Leben? Daraus möchte sie Indikatoren für ein »wohlbefindliches« Deutschland entwickeln. Man habe lange nach einem seriösen Wort für »Glück« gesucht, so Helge Braun. »Wohlbefindlich«. Das internationale Publikum schmunzelt und schüttelt verständnislos die Köpfe. Im Ausland spricht man einfach über Glück, wenn man Glück meint. »Die Regierung hofft, eine Zukunft zu kreieren, in der wir alle glücklich sind«, so schließt der Staatsminister seine Rede ab. Geht doch, das mit dem Glück! Veränderung muss gesellschaftlich von oben heruntersickern, wie auch personengebunden von unten emporklimmen. Bei Letzterem sind Sie gefragt. Jeder von uns. Auch wenn unsere Regierung das Wort Glück noch scheut. Vielleicht können wir es ihr erklären?

Schweizer, Kanadier und Finnen finden Glück wichtig. »Es ist so, dass du irgendwie dein eigenes Glücklichsein oder Unglücklichsein bestimmst. Und ich denke, ich habe gemerkt, dass glücklich zu sein mir besser gefällt. Also konzentriere ich mich darauf«, überlegt Ole, ein Banker, den ich während seiner Mittagspause in Helsinki treffe.

Es begegnet mir in allen Ländern. Das bedingungslose Bejahen des Glücks, wie auch bei Linda, die ich mit ihrer kleinen Tochter am Strand von Tromsø in Norwegen treffe: »Ich bin ein glücklicher Mensch, weil ich die Dinge positiv sehe und nach Lösungen suche. Wichtig ist mir die Familie, dass wir zusammen glücklich sind und uns auf das, was wir haben, konzentrieren und nicht ständig dem hinterherlaufen, was wir uns wünschen.« Es ist allen gemein, dass jeder sein Leben versucht so einzurichten, dass es seinem Glück zuträglich ist.

Genauso tut es auch María-Teresa, der ich lange fasziniert zugeschaut habe bei ihrem sinnlichen Salsa-Tanz unter Hunderten Mexikanern mitten in Mexiko-Stadt: »Wir sind auf diese Welt gekommen, um glücklich zu sein, und das Glück befindet sich in uns. Du musst es nicht in materiellen Dingen, in Erfolgen, in Eroberungen suchen. Das Erste, was wir erobern müssen, ist unser Geist und unser Herz. Wenn uns das gelingt, sind wir glücklich. Das Glück befindet sich im Herzen.«

Wie sind Ihre Prioritäten im Leben? Was steht bei Ihnen an erster Stelle? Und handeln Sie auch danach? Für Liisa ist das klar: Familie und Zusammensein, Freunde und Geselligkeit, das ist für die Finnen wichtig. Lebensfreude und Genuss für María-Teresa. Und für die Deutschen? Status, Macht, Geld, mein Haus, mein Auto, meine Versicherung? Mit der Erwartung, dass das glücklich machen wird. Irgendwann. Bestimmt. Von selbst sozusagen. Doch von selbst geht leider gar nichts.

»Wenn du wirklich glücklich sein möchtest, dann musst du darauf abzielen. Du kannst nicht einfach viel kaufen und dann erwarten, dass es dich glücklich macht«, so Dóra aus Island, die Sie gerade kennengelernt haben. Sie lächelt und hebt kurz die Augenbrauen an. Und damit sagt sie nicht mehr als die Abiturientin Mille aus Århus in Dänemark: »Ich bin ein glücklicher Mensch und finde, dass man selbst Herr über sein Glück ist. Man sollte selbst dafür sorgen, dass man es gut hat.« Und dafür, dass sie es gut haben, strengen sich die Menschen an. Auch Heidi, Physiotherapeutin aus der Schweiz: »Ich glaube schon, dass ich etwas für mein Glück machen muss. Denn so geht's ja nicht, dass man einfach nur dasitzt und motzt.« – »Und vergiss nicht, das Glück findet sich nicht von selbst ein«, schreibt Kirsten, eine 71-jährige Dänin am Abend nach unserem Interview auf meine Facebookseite, »Du musst es dir selbst erschaffen!« Olivia wiegt den Kinderwagen ihrer Kleinsten. Zusammen mit ihrem Mann und dem fünfjährigen Sohn Alex sitzt sie auf einer Parkbank in Montreal, Kanada: »Wir versuchen immer noch glücklicher zu sein. Das ist eine Menge Arbeit. Es ist ein Prozess, um das höchste Glück zu erreichen. Ich weiß noch nicht, was das genau ist«, sie schaut lachend zu ihrem Mann, »aber ich bin mehr glücklich als traurig.«

Es geht nicht darum, dass wir auf die Frage »Wie glücklich sind Sie auf einer Skala von 0 (total unglücklich) bis 10 (superglücklich)?« alle eine Zehn erreichen. Ruut, Begründer der »World Database of Happiness«, warnt sogar davor: »Es gibt Indikatoren dafür, dass Menschen, die sich immer eine Zehn geben, doch ein wenig *zu* glücklich sind. Es ist tatsächlich so, dass du die Neigung hast, immer die positive Seite der Sache zu sehen, wenn du so glücklich bist. Und dann unternimmst du zwar mehr, aber du hast auch ein erhöhtes Risiko, gegen die Mauer zu laufen. Die Achter und Neuner sind im Allgemeinen Menschen, die glücklich sind und trotzdem noch bei Verstand.« Da muss Ruut selbst lachen. Wir sollten also nicht danach streben, wie unter Drogen verklärt, aber glücklich gen Himmel zu starren. Ganz sicher nicht!

Sich zu entscheiden und zu handeln im Sinne des Glücks macht die Bewohner der Glücksländer zu glücklichen Menschen. Da hat auch Deutschland gute Karten, im Treffen von Entscheidungen und disziplinierten Handeln sind wir Weltmeister. Und für den Perfektionismus und die Effizienz, die daraus hervorgehen, werden wir im Ausland sehr geachtet. »Das Surren eines deutschen Motors im Gegensatz zum Brummen anderer Automarken«, so beschreibt es Jean-Sébastian aus Montreal mit glühenden Augen. »Die perfekte Art, Dinge zu bauen«, fügt er anerkennend hinzu. Lars, Leiter eines Ingenieurbüros in Dänemark, nickt anerkennend: »Ihr seid marktführend mit Firmen wie Siemens oder in der Automobilindustrie. Man kann es wirklich nicht anders sagen: Die Deutschen haben Erfolg. Das sieht man auch in der Krise. Deutschland bezahlt wirklich viel für andere Länder im Moment.« Raphael nickt zustimmend, während er mich vom Flughafen in San José, Costa Rica, zum Hotel fährt: »Sie lösen stets ihre Schwierigkeiten und entwickeln sich weiter. Es ist ein Volk, das immer gestärkt aus seinen Problemen hervorkommt.«

Dieses Buch will Ihnen also Ihre Erfolge gönnen, Ihr Streben nicht bremsen. Sie dürfen von Herzen die Besten sein. Es möchte nur dafür sorgen, dass Sie sich keinen Sonnenbrand holen. Damit Sie nicht irgendwann auf Ihr Leben zurückblicken, auf das, was Sie getan und unterlassen haben, und dann denken: »Hätte ich mal mehr Zeit mit meinen Freunden verbracht! Wäre ich mal öfter ins Konzert gegangen.«

Kurz: Hätte ich mich mal öfter eingecremt, ein wenig mehr aufs Glück geachtet.

Glück als Entscheidung

Dass die meisten der Glücksländer bereits über Jahrhunderte hinweg eine glücksorientierte Kultur haben, mag uns Deutschen unfair erscheinen. Doch was man nicht geschenkt bekommt, das muss man sich selbst erarbeiten. Das gilt für alles im Leben. Das ist weder ein Grund, sich lässig zurückzulehnen und schulterzuckend an den Nägeln zu kauen, noch sich im Selbstmitleid zu suhlen. Vielmehr geht es darum, sich kontinuierlich zu verbessern und von denen zu lernen, die etwas schon exzellent beherrschen. Der kleine verstohlene Blick über den Tellerrand zum Nachbarn. Warum nicht? Ohne Neid, aber mit dem Anspruch, es ihm gleichzutun. Nur – welche Idee könnten wir anderen vom Teller klauen? Und was rät man uns?

»Wer sind wir schon, dass wir den Deutschen etwas raten könnten? Was würdest du denn den Mexikanern raten?« Das war ja irgendwie klar. Interviewe eine Journalistin, und du bekommst prompt eine Gegenfrage. Ich sitze in Mexico City im gemütlichen, aber kleinen Wohnzimmer bei Marta Durán de Huerta, einer mexikanischen Redakteurin einer politischen Zeitung und Korrespondentin für »Radio Nederland«. Darüber hinaus spricht sie nahezu perfekt Deutsch. Sie zwinkert mir aufgeweckt zu.

Ihr Haus steht in einer »normalen« mexikanischen Straße, in einem »normalen« mexikanischen Stadtteil und ist hermetisch abgeriegelt. Ich muss an den Schriftsteller Eduardo Galeano denken, der in seinem Buch »Die offenen Adern Lateinamerikas«[7] schreibt, Lateinamerika sei eine verkehrte Welt. Hier würden sich die Reichen einschließen, und die Verbrecher liefen draußen frei herum. So ganz stimmt das allerdings nicht, denn hier schließen sich auch die Armen ein. Die Fenster jeder noch so kleinen Hütte werden von rostigen Gitterstäben bewacht, die oftmals das einzig Stabile am ganzen Haus sind.

Wie jeden meiner Interviewpartner hatte ich Marta am Ende unseres Gesprächs gefragt: »Und was würdest du den Deutschen raten?« Mit ihrer Gegenfrage erwischt sie mich auf dem falschen Fuß. Sie schaut mich herausfordernd an. Was soll ich einem Land raten, das bereits ein Schwellenland ist und Mitglied der OECD? Einem Land, das trotz allem erhebliche Probleme kennt, wie Armut, Gewalt und Korruption. Einem Land, dessen Bewohner trotzdem glücklich sind? Seid pünktlicher, arbeitet mehr und strengt euch halt mal ein wenig an, damit ihr es so weit bringt wie euer deutsches Vorbild? Dann seid ihr eventuell etwas unglücklicher, ein wenig verbissener und tendentiell spaßfreier, aber wen interessiert's? Immerhin wäret ihr dann erfolgreicher: respektiert, stark und wachstumsorientiert. Sprich: Ihr sollt andere Dinge wichtiger finden!

Costa Rica, Mexiko und Panama sind aber nicht bereit, den Preis für unsere Interpretation von Erfolg zu zahlen. Mariano Rojas, der führende Experte zum lateinamerikanischen Glück, sieht eine Gefahr darin, unser Konzept für Fortschritt auf Lateinamerika anzuwenden. »Wenn du dich auf das ökonomische Wachstum konzentrierst, besteht das Risiko, dass dies auf Kosten einiger Dinge geht, die den Menschen wichtig sind. Zeit für soziale Beziehungen zum Beispiel. Letztendlich hast du mehr ökonomisches Wachstum und weniger Glück, und deshalb sagen wir: schau, wir müssen eine andere Idee davon entwickeln, was Fortschritt ist.«

Der Preis wäre tatsächlich hoch. Mexikos grelle Farben würden verblassen, die heitere Mariachi-Musik geordnet und die betörenden Gerüche wegpoliert. Es gäbe Richtlinien für Geruchs-, Lärm- und Farbbelastung. Das, wofür es sich wirklich lohnt zu leben, verschwände im Leben. Was finden wir wichtig? Geht nur glücklich oder erfolgreich oder auch beides? Müssen wir uns immer entscheiden? Oder müssen wir nur die Prioritäten neu ordnen?

Die meisten anderen Länder haben ihre Entscheidung gefällt, zumindest was die Reihenfolge der Lebensaufgaben angeht. Erst einmal kommt das Glück, und alle anderen Wünsche müssen sich bitte schön hinten anstellen! Sie laden uns ein, es ihnen gleichzutun, wie Maurice, ein Nachtschwärmer, den ich mit seinen Freunden im Ausgehviertel Bogotás treffe: »Kommt nach Kolumbien. Reist um die Welt. Lernt! Macht euch keine Gedanken um materielle Sachen oder um politische oder religiöse Themen, sondern darüber, wie man glücklich sein kann und wie man seine Träume wahr machen kann.«

»Und dafür muss man sich das ganze Leben einsetzen«, findet auch Professor Eduardo Wills Herrera, der kolumbianische Kollege Marianos. »Das Wichtigste ist, dass die Menschen ihre Freiheit benutzen, um glücklicher zu werden, indem sie ihre Lebensqualität und den Zustand der Gesellschaft und der Familie verbessern. Es geht nicht um Schicksal, Gott oder ob ich hier oder dort geboren bin. Ich muss daran arbeiten, zufrieden mit meinem Leben zu sein. Ich muss das Beste von mir geben und die negativen Aspekte überwinden.«

> Ich bin glücklich, weil das Leben phantastisch ist. Es gibt so viele Möglichkeiten. Du musst dich auf sie stürzen und sie dir nehmen.
> *Rob, Arzt, Sydney, Australien*

Wenn wir wirklich auf unser Leben schauen und es hinterfragen, finden wir alle etwas, das uns glücklich macht. Wir müssen manchmal einfach daran arbeiten, mehr Zeit mit den Dingen zu verbringen, die uns glücklich machen.
Wes, Handwerker, Brandon, Kanada

Man wird, was man denkt, wenn man das so sagen darf. Wenn man immer die negativen Seiten sieht, dann wird man auch negativ. Aber kann man selber daran arbeiten? Also ich glaube, ich bin glücklich, weil ich das möchte. Und weil ich dafür arbeite.
Lars, Leiter eines Ingenieurbüros, Åalborg, Dänemark

Mein Vater hat immer gesagt, dass es das Ziel des Menschen ist, glücklich zu sein. Man kann es durch Arbeit oder durch Wohltätigkeit erreichen, aber man muss immer versuchen, glücklich zu sein, egal wie.
Juan Sebastián, Ingenieur, Bogotá, Kolumbien

Und auch die Deutschen haben sich entschieden: Erst kommt die Arbeit, dann das Vergnügen. Ohne Fleiß bekommst du keinen Preis, denn schließlich ist das Leben kein Ponyhof. Reichtum, Ruhm und Macht. Danach streben die Deutschen, und dafür werden sie respektiert. Und in den Eigenschaften, die sie dazu benötigen, sind sie Weltmeister: Perfektionismus, Effizienz, Gründlichkeit. Und ja – sie kommen selten zu spät. Im Gegensatz zu den Bewohnern vieler Glücksländer.

Jede Entscheidung führt zu Veränderungen. Sie erinnern sich? Glück ist das Resultat dessen, was wir mit unserem Leben anstellen. Und wer sich dazu entscheidet, glücklich zu sein, der wird seine Haltung zum Leben und seine Prioritäten ändern müssen, wollen und können. Das bedeutet nicht, dass die Deutschen jetzt alle zu spät kommen sollten, denn dann würde unser Gesellschaftssystem kollabieren. Ein wenig mehr Flexibilität und gegenseitiges Verständnis würde aber sicherlich zu etwas mehr persönlichem Freiraum führen. Vielleicht auch zu weniger Effizienz und Perfektion. Ist das schlimm? Für unseren heutigen Ruf sicherlich. Ich glaube aber, dass wir seit dem Sommermärchen 2006 bereits an einer Alternative arbeiten: Deutschland ist fair, offen und gastfreundlich. Einfach zum Gernhaben eben.

Mit Disziplin zum Glück

Glück ist ein Muskel des Körpers, wie Ana María, die Anwältin aus Bogotá, zu Anfang behauptet. Dr. Melanie Davern, die wissenschaftliche Mitarbeiterin in der australischen Glücksliga aus Melbourne, stimmt dem zu: »Geistige Gesundheit ist das Gleiche wie körperliche Gesundheit. Du kannst nicht erwarten, dass du ohne Training einen Marathon gewinnst. Auch für dein Glück musst du dich anstrengen. Dir zum Beispiel eine Auszeit nehmen, dich an kleinen Dingen erfreuen. Oder einfach innehalten, um den Duft einer Rose zu genießen.«

Wie trainieren wir aber neue Lebenshaltungen? Wie arbeitet man am Glück? Das Team des Wissenschaftlers Roy F. Baumeister kam Mitte 2013 zu der Schlussfolgerung, dass Disziplin die Lebenszufriedenheit steigert.[8] Denn man kommt logischerweise seinen eigenen Zielen ein gewaltiges Stück näher, wenn man sich von nichts ablenken lässt. Und das macht glücklich. Disziplin ist in diesem Fall nichts weiter als die Fähigkeit, sich zu merken, was man will. Und sein Leben dementsprechend konsequent zu führen. Der Trick – so fand das Team heraus – ist ganz einfach: Selbstdisziplinierte Menschen sind vielleicht gut im Widerstehen, noch besser sind sie aber darin, ihr Leben so schlau einzurichten, dass sie der Versuchung gar nicht erst begegnen. Auf diese Weise können sie sich besser auf das konzentrieren, was sie wirklich erreichen wollen. Sie kaufen erst gar nicht die Schokolade ein, der sie dann bei jedem Blick in den Küchenschrank widerstehen müssen. Vielleicht schieben sie ihren Einkaufswagen gar nicht erst durch die Süßwarenabteilung. Bleibt nur noch die Kasse. Sie nutzt mit ihren einladenden Leckereien und anderen Dingen, die Sie nicht brauchen, die Erkenntnis, dass Ihre Willenskraft am Ende dieses Supermarkt-Marathons leider am Ende ist. Denn wie unsere körperliche Kraft, ist auch unsere Willenskraft beschränkt. Wenn Sie also vorher schon allen Verlockungen aus dem Weg gegangen sind und keine Willenskraft verbraucht haben, knicken Sie auch am Ende nicht vor den niedlichen kleinen Butterkeksen ein.

Wegschauen, nicht zu viel zu wichtig finden, nicht alles akribisch wissen müssen, vor allem nicht alles Unglück der Welt, das sind einige der Tricks der glücklichen Menschen. Und damit stoßen sie vor allem in Deutschland auf vehementen Widerstand und großes Unverständnis. Wo bleibt denn da der Tiefgang? Wo bleiben die scharfe Intelligenz, das unerschöpfliche Diskussionsvermögen und die ausufernde Kritikfähigkeit? Wir hopsen doch nicht in einer schillernden Seifenblase durch das Leben? Man muss heutzutage informiert sein!

Nur da, wo vor 50 Jahren noch die Zeitung ausreichte, verdoppelt sich jetzt das Wissen der Welt alle zwei Jahre. Mitunter erfordert es heutzutage mehr Disziplin, diese Dinge alle NICHT zu wissen, als sich mit ihnen zu beschäftigen. Im heutigen Wissensüberfluss läuft man quasi durch eine Dauerbenebelungsanlage von Informationen, die zu 90 Prozent überflüssig sind.

Und die meisten von uns haben diese Informationsüberflutung aktiv in ihr Leben geholt und immer dabei. So wie ich. Auf meinem Smartphone lese ich meine Mails. Zum Einkaufen gehe ich ins Netz, kurze Updates kommen über Twitter rein, und die neuesten unnötigen Nachrichten erfahre ich sowieso über Facebook. Ich kenne immer die Uhrzeit, das Wetter und dank Siri auch das nächste Restaurant. Alle anderen Fragen, vor allem die meiner achtjährigen Tochter, beantworten mir Google oder Wikipedia. Informationen lauern überall. Möchten Sie ihnen entkommen? Schalten Sie Ihr WLAN aus und kaufen Sie sich einen Wecker.

Selbstdisziplin nimmt Ihnen den Stress, wieder und wieder der Versuchung widerstehen zu müssen, und erlaubt es Ihnen, Ihre Willenskraft für wichtige Aufgaben aufzuheben.

Nehmen Sie sich aber nicht zu viel vor, denn »Mehr als ein Chaos im Leben ist zu viel«, so Roy Baumeister. Und auch die isländische Regierung rät Ihnen zur Mäßigung. So lautet eines der Gebote auf den Kühlschrankmagneten: »Mache dein Leben nicht unnötig kompliziert.« Wenn Sie sich also dazu entscheiden, ab morgen Diät zu halten und jeden Abend pünktlich nach Hause zu kommen, sich über Ihren Kollegen nie wieder aufzuregen und überhaupt nur noch glücklich zu sein, werden Sie wahrscheinlich auf allen Gebieten scheitern. Denn Ihre Willenskraft ist schon am frühen Mittag erschöpft. Sie ist über jedes einzelne Ihrer Projekte abgeflossen. Konzentrieren Sie sich also einfach nur darauf, Ihr Leben so einzurichten, dass es Ihrem Glück dient, dann reicht das erst einmal vollkommen.

So wie Lars Kjeldgaard, der Divisionsleiter eines Ingenieurbüros in Ålborg: »Deutsche handeln anders als wir, und vielleicht sind sie deshalb auch erfolgreicher. Aber das ist nicht meine Art. Ich möchte gern glücklich sein im Leben, auch im Job. Ich habe keine Lust, 30 Jahre auf dem Arbeitsmarkt zu sein und dann erst glücklich.« Ich persönlich bin davon überzeugt, dass jeder von uns am Ende seines Lebens zurückblicken und denken möchte, so war es gut. So war es vollständig. So war ich glücklich. Wenn Ihnen ein erfülltes Leben wichtig ist, dann sollte das gute Leben nicht der so-und-so-vielte Punkt auf Ihrer To-do-Liste werden, sondern der erste und einzige, den Sie diszipliniert verfolgen. »Ein Rat an die Deutschen, ein Rat an alle«, von Margot, Mathematikprofessorin aus Costa Rica: »Wir haben alle Probleme, ich persönlich habe viele, aber ich lasse mich nicht von diesen Problemen unterkriegen. Ich lasse nicht zu, dass sie wichtiger werden als mein Glück.«

Bewegen Sie Ihren Hintern. Dóra, Regierungsvertreterin des Glücks aus Island, erklärt mir, wie das so funktioniert mit dem Glück: »Frage dich, was dich glücklich macht, und investiere in diese Dinge. Tu etwas! Ich frage ausländische Zuhörer meiner Vorträge immer: Wer von Ihnen möchte glücklich sein? Wer setzt sich in seinem Leben Ziele? Wer hat sich zum Ziel gesetzt, glücklich zu sein? Und dann hat sich das niemand zum Ziel gesetzt!« Dóra schüttelt verständnislos den Kopf. »Du solltest dich immer fragen: Was ist es, was dich vorwärtstreibt, was dich wirklich gut fühlen und dich spüren lässt, dass du gerne lebst? Und wie kannst du diesen Dingen im Leben einen größeren Anteil geben?«

Ohne Eigeninitiative geht das nicht, findet auch Lars aus dem Ingenieurbüro in Dänemark: »Wie heißt es so schön auf Deutsch? *Du bist deines eigenen Glückes Schmied.* Du musst nicht erwarten, dass es andere für dich tun. Egal ob Arbeit oder Sport, wenn man nicht glücklich ist, muss man schauen, woran das liegt, und daran arbeiten. Und klappt das immer noch nicht, dann muss man noch etwas anderes versuchen. Immer rumzulaufen und schlechte Laune zu haben sorgt dafür, dass man noch deprimierter wird. Davon lebt dann nur die Pharmaindustrie.«

Jeder Mensch kann seine Haltung ändern. Auch die »Oldies« oder sogenannten »Silversurfer« sind vor ihrem eigenen Veränderungspotential nicht sicher. »Die Hirnforschung hat in den letzten Jahren eine ganze Menge sehr interessanter Befunde zutage gefördert. Und einer der spannendsten ist, dass sich das Gehirn nicht wie ein Computer organisiert. Es organisiert sich selbst, indem wir immer wieder Lösungen finden, die dann im Gehirn verankert werden«, so Professor Gerald Hüther, Neurobiologe aus Göttingen, den ich nach meiner Reise besuche. Kein Glücksforscher und auch kein Vertreter der glücklichsten Länder, aber einer, von dem ich mir einige Erklärungen erhoffe, weshalb wir uns in Deutschland so schwertun mit dem Glück.

»Das Gehirn mag es am liebsten, wenn es so wenig Energie wie möglich braucht. Und dies ist der Fall, wenn unser Denken, Fühlen und Handeln eine Einheit bilden, wenn also dort *oben* alles zusammenpasst«, erklärt Gerald Hüther weiter. Unsere Umgebung verändert sich aber ständig, und es prasseln fortwährend Eindrücke auf uns ein. Und die müssen wir in unser Leben integrieren, andere Wege und Lösungen suchen. »Und dieses Sich-immer-wieder-selbst-Reorganisieren führt zum Neuaufbau von neuronalen Vernetzungen im Hirn. Je häufiger wir etwas erleben, was uns unter die Haut geht, desto mehr trainieren wir unser Gehirn. Wir bauen unser

Gehirn also quasi selber auf durch die Erfahrungen, die wir machen, für die wir *selbst* sorgen.«

Wenn Sie das wollen. Ziehen Sie neue Erfahrungen in Ihr Leben, die Sie mit allen Sinnen erreichen. Damit meine ich jetzt nicht, sich Wissen anzueignen, zum Beispiel, indem Sie dieses Buch lesen, sondern indem Sie nach diesem Buch so inspiriert sind, dass Sie einfach mal ausprobieren, an einer Schraube Ihres Lebenskonstrukts zu drehen. Wenn Sie einsehen, dass Gemeinschaft wichtig ist, wie Dóra, dann erschaffen Sie diese glücksbringenden Momente: Machen Sie mit bei einer Fahrradtour, schütten Sie sich zusammen mit anderen für einen guten Zweck einen Eimer Wasser über den Kopf, helfen Sie der Oma über die Straße und halten Sie ein Schwätzchen, laden Sie Freunde zum Grillen ein, melden Sie sich zum Volleyball an, kaufen Sie sich eine Saisonkarte für Ihren Fußballverein, was weiß ich! Lassen Sie sich selbst etwas einfallen. »Und dann sei da, sei aufmerksam, wenn du das machst, was du machen möchtest, zum Beispiel wenn du mit Freunden zusammen bist oder mit den Kindern. Probiere nicht, zur gleichen Zeit E-Mails zu beantworten oder eine SMS zu schicken«, fügt Dóra, unsere Glückselfe, hinzu. »Sei einfach da.«

Norwegen, du reiches Land

Ende Juli. Ich trete in Tromsø aus dem Flieger, 1640 Kilometer nördlich der Hauptstadt Oslo. Nördlicher geht es in Skandinavien fast nicht. Durch den Blick aus dem Fenster im Flieger bin ich mental vorbereitet: August und weite Bergketten schneebedeckt. Trotzdem ist mein erster Gedanke, als ich aus dem Flieger steige: »Mann, ist das kalt!« 15 °C, egal ob Schatten oder Sonne. Es weht ein frischer Wind. Wie so oft habe ich mich kleidungsmäßig total verschätzt. Andererseits lese ich später im Reiseführer, dass Wetterschätzen und Tromsø auch gar nicht zusammenpassen: »Das Wetter in Tromsø ist allgemein sehr unbeständig, warme Winde aus dem Süden können sich schnell mit kalten arktischen Winden abwechseln. Daher kann es hin und wieder passieren, dass im tiefsten Winter leichte Plusgrade herrschen, während es mitten im Sommer auf 0 °C abkühlt und schneit.«

Der Flughafen ist bei 70 000 Einwohnern übersichtlich. Ich stelle mich bibbernd an das einzige Gepäckband und schiele währenddessen in die Flughafenhalle. Joar Vittersø, mein Glücksprofessor, ist noch nirgends zu sehen. Ein sympathischer Mann muss es sein, mit schneeweißen Haaren und wachen Augen. So sah er zumindest auf dem Foto aus, und so ist er auch unter den zehn weiteren Flughafenbesuchern später leicht auszumachen. Sportlich gekleidet steht er mit einem schiefen Lächeln da und winkt zurückhaltend. Kariertes Hemd, Jeans ... und Gummistiefel? Dass Norweger eine andere Interpretation von Business-Outfit haben, war mir bekannt, allerdings sprengen Gummistiefel den Rahmen meines Vorstellungsvermögens. Ich trete den Vergleich mit meinem zart flatternden Blümchenseidenrock, T-Shirt und feschem Lederjäckchen an. Jetzt hilft auch der Reiseführer nicht mehr. Ich bin nicht nur wetteruntauglich angezogen, sondern auch definitiv overdressed.

Willkommen in Norwegen, Maike. Im drittreichsten und siebtglücklichsten Land der Welt. 1969 wurde im norwegischen Sektor eines der 20 größten Erdölfelder der Welt gefunden. Seitdem ist jeder Norweger steinreich, zumindest auf dem Papier. Denn ansehen tut man es ihnen beileibe nicht. Kein Protz, kein Glamour, keine Angeberei. »In Skandinavien zeigt man nicht, dass man eine Menge Geld hat. Weißt du, wir haben diese Kultur des Jante-Gesetzes: Du sollst deinen Reichtum nicht zeigen«, erklärt mir später Aron, der blondgelockte Segler, der mit seinen Freunden an Deck im Hafen von

Tromsø zu Abend isst: »Wir haben trotz des Reichtums nicht so viel Geld ausgegeben. Die Regierung dachte, es wäre der richtige Weg, es in einem Fonds anzulegen, um es auch mit zukünftigen Generationen zu teilen. Und das ist gut so. Eine Menge Leute fühlen, dass sie wirklich Glück gehabt haben, in Norwegen geboren zu sein. Norwegen ist immer noch ein sehr solidarisches Land.«

Mit Geld können die von den übrigen skandinavischen Ländern als Naturburschen belächelten Norweger einfach nicht so viel anfangen. »Lass sie lächeln, denn es stimmt ja auch«, so Lotte Wikant, die mich ein paar Tage später im lässigen Nickikleid, Flipflops und klapprigem Kombi vom Hafen in Oslo abholt. Lotte ist Journalistin und Korrespondentin fürs deutsche Fernsehen. »Ich glaube nicht, dass wir in Norwegen unseres Wohlstands wegen den Kontakt mit der Natur verlieren. Je mehr Geld die Menschen hier haben, desto mehr geben sie es dafür aus, in der Natur zu sein.« Wenig später halten wir vor der Scheune ihres Bauernhofes. Sie stellt mir ihre zwei Töchter vor und den »Vater ihrer Kinder«, wie sie ihn selbstbewusst umschreibt. Ihre 20-jährige Tochter Mimi rollt mit den Augen: »Mama! Warum sagst du nicht einfach, dass das dein Mann ist?« »Weil ich niemandem gehöre!«, schnippt Lotte zurück. Norwegen ist traditionell Vorreiter der Gleichberechtigung zwischen Mann und Frau. Während in Europa noch darüber diskutiert wird, hat Norwegen schon 2008 kurzerhand klargestellt, dass alle Aufsichtsratsposten mit einem Frauenanteil von 40 Prozent zu besetzen seien, andernfalls drohe den Unternehmen die Zwangsauflösung.

Als wir vom Flughafen losfahren, schlägt Joar vor, bei dem schönen Wetter gleich in sein Sommerhaus weiterzufahren. Klar! Denn das Wetter ist tatsächlich schön: blauer Himmel, klare Luft. Meine Lungen weiten sich. Den Koffer verstaut Joar währenddessen in seinem etwas pflegebedürftigen blauen Kombi älteren Baujahrs. Eine Stunde freie Fahrt auf leeren Straßen, außer uns ist kaum ein anderes Auto zu sehen. Fast schon unwirklich mutet das an. »Diese Natur ist so beeindruckend, und auch die Menschen sind sehr freundlich. Sie sind umgänglich und hilfsbereit. Aber am meisten fasziniert mich die Natur!« Joar bückt sich übers Lenkrad, weist aus dem Fenster auf die Berge im Hintergrund. Nach einer Stunde Autofahrt halten wir in einer abgelegenen Bucht. Joar lässt den Motor laufen, steigt aus. Was jetzt? Ich solle bitte bis an den Steg am Ende der Bucht fahren. Er klettert währenddessen in sein gefährlich schwankendes Ruderboot und paddelt zu einem Bootshaus, aus dem er drei Minuten später in einem offenen Motorboot Richtung Steg düst. Ich nutze die Gunst der Stunde. In dieser Bucht wohnt eh kein Mensch. Schnell zerre ich Jeans und Schafswoll-Islandpulli aus meinem Koffer. Zehn Minuten später stecke ich darüber hinaus auch noch in einem viel zu großen, orangen Ölzeug-Overall mit integrierter Schwimmweste und Gummistiefeln.

Wir hieven meinen großen orangen Koffer und ein paar schwere Seekisten in das Motorboot. »Du siehst aus wie ein anderer Mensch«, brüllt Joar mir vom Heck des kleinen Motorbootes zu, das mit aller Wucht auf die Wellen schlägt. Ich sitze im Bug ganz vorne und lande jedes Mal äußerst unsanft auf dem Po. »So fühle ich mich auch!«, brülle ich zurück. Gischt spritzt mir ins Gesicht. Die Luft ist klar. Mein Geist ist wolkenlos. Ist das Glück?

Hohe Berge mit weißen Krönchen, satte grüne Abhänge, klares blaues Wasser, hier und da vereinzelt ein typisches Holzhaus, meist rot mit weißen Giebeln und Sprossenfenstern. Die Natur ist präsent, kraftvoll, rau. Sie raubt mir den Atem. Und fast auch meine Kamera. Als sie mir durch den Aufprall auf die Wellen beinahe aus der Hand geschlagen wird, höre ich endlich mit Filmen auf und genieße einfach nur die Aussicht. Nach 20 Minuten erreichen wir seichtes Wasser und tuckern in eine liebliche Bucht auf Nord-Kvaløya, der Insel der Wale. Jetzt verstehe ich, warum Joar mir sein Sommerhaus zeigen wollte. »Wenn du wissen möchtest, warum die Norweger glücklich sind, dann besuche mich im Sommerhaus«, hatte er mir geschrieben. Blumenbedeckte Anhöhen, gurgelnde Quellen, kreischende Möwen. Mit dem schweren Ölzeug streife ich die Last der Zeit von meinen Schultern. Seine Frau begrüßt uns freundlich und zurückhaltend. Joar schmeißt den Grill an, wir trinken Wein und reden und schweigen noch lange in die taghelle Nacht hinein.

Tage in Norwegen scheinen nie zu Ende zu gehen. Im Sommer leuchtet die Sonne bis tief in die Nacht. Im Winter schluckt die Dunkelheit die Zeit. Es ist je nach Breitengrad bis zu vier Monate lang ab mittags um drei Uhr stockdunkel. Ähnlich wie in Island macht man es sich dann gemütlich. Die 70-jährige Maria Edwards ist gebürtige Engländerin und wohnt seit 50 Jahren im kleinen Ort auf der norwegischen Insel Senja etwa 350 Kilometer vom Polarkreis entfernt. Ich treffe sie mit ihrer gesamten Familie vor einer Kirche in Tromsø, wo sie gerade einer Taufe beigewohnt hat. Weißblonde, toupierte Haare umrahmen ihr rundes Gesicht mit Doppelkinn. Sie ist füllig und vergnügt: »Wir wohnen in einem wunderschönen Land. Hier sind die Winter hart, aber daran sind wir gewöhnt. Alle Jahreszeiten haben ihren Charme. Wenn es dunkel ist, ist es das Wichtigste, dass man mit lieben Menschen zusammen ist. Dann bedeutet die Dunkelheit gar nichts!«

Jetzt bin ich aber erst einmal froh, dass es taghell ist, als ich nachts schlaftrunken über einen kleinen Trampelpfad zum hütteneigenen Plumpsklo wanke. Fast jeder Norweger hat ein Sommerhäuschen in der Natur. Und für das umfassende Naturgefühl verzichten sie gerne auf den Luxus fließenden Wassers und Elektrizität. Da habe ich noch mal Glück. Ich kann am nächsten Morgen eine warme Dusche nehmen, bevor wir über große, glitschige Felsbrocken am Rand des Fjords zu Joars Nachbarn zum Frühstück klettern, circa eine halbe Stunde entfernt. In Norwegen rückt man sich einfach nicht zu sehr auf die Pelle. Bei nur fünf Millionen Norwegern und statistisch 13 Personen auf einem Quadratkilometer kann man sich das auch leisten. Malerisch liegt das gelb gestrichene Häuschen von Knut und Inger Lise am Fuße eines blumenreichen Abhangs, durch den sich ein gurgelndes Bächlein schlängelt. Der Blick auf den Fjord ist auch von hier aus traumhaft: kleine, seichte Wellen schwappen auf den Sandstrand, auf dem auch das malerische Ruderboot mit weißrotem Rumpf nicht fehlt. Hier scheint Astrid Lindgrens skandinavische Traumwelt für die Nachwelt konserviert.

Wir werden überschwänglich begrüßt von einem großen, weißhaarigem Mann mit einem gewaltigen Schalk im Nacken und einer kleinen Frau mit langen grauen Haaren und vergnügten Augen. Er war früher Lehrer, sie Krankenschwester und Einkaufsleiterin. Wir frühstücken ziemlich viel Fischiges in ihrer Hütte, teils selbst gefangen, wie Knut stolz erzählt. Vor dem Öl war der Fisch die Einnahmequelle dieser Nation. Und die Liebe zum Fischen haben sich alle Norweger bewahrt. Auch Inger Therese, die 19-jährige Tochter der beiden, die mich den Rest meiner Zeit in Tromsø als Assistentin begleitet. Und dieser ruhige, konzentrierte Sport passt auch gut zu den in sich ruhenden, eher schweigsamen Norwegern.

Ruhe und Zeit braucht man hier auch, denn die Abstände zwischen den Häusern sind groß, und Wege über dramatisch zerklüftete Berge und verästelte Fjorde gestalten sich kompliziert. Knut erzählt: »Die Kinder sind auf Arnøya zur Schule gegangen. Sie mussten mit dem Boot dahin. Bei jedem Wetter. Ich habe sie mit unserem kleinen Boot zu einem großen Boot gebracht und dann übergeben. Und auf dem Land mussten sie für die weitere Fahrt einen Bus nehmen. Ein hartes Leben!«, lacht er. Das Lebenstempo ist einfach langsamer. Menschen brauchen Zeit zum Ankommen, Menschen brauchen Zeit füreinander, Menschen brauchen Zeit zum Reflektieren. Gut Mensch will eben Weile haben. Und wenn Sie denken, Sie könnten das Leben mit Druck- oder Charme-Offensiven beschleunigen, dann werden Sie hier nur fragende Blicke ernten. In Norwegen versucht man, seine Gefühle unter Kontrolle zu halten. Jeder Mensch soll sein Gesicht wahren können, und damit soll der Grundkonsens gewährleistet werden. Kritik präsentiert man sorgfältig verpackt mit Schleife. Der Norweger hat keine dicke Haut, kennt kein Pokerface. Wozu auch, wenn Menschen aufeinander Rücksicht nehmen? Konflikte sind den Norwegern ein Gräuel, man geht ihnen aus dem Weg. Alles wird sich eh irgendwie fügen, davon gehen sie aus. Warum sollte man dann groß einen Aufstand machen? »Wir Norweger versuchen jedem Menschen seinen Wert und Raum zu lassen«, so Joar.

Und das gilt nicht nur für den Menschen, sondern auch für die Rindviecher. Wer in Norwegen mal keine Schlafstätte findet, für den lohnt es sich, beim nächstbesten

Bauern im Stall zu übernachten. Seit 2006 liegen dort nämlich laut Gesetz auch die geliebten Wiederkäuer auf Matratzen. Die Qualität schwankt von normal Gummi bis zu Suprem-comfort, wie Lotte mir erzählt: »Das lohnt sich für den Bauern und für die Kuh! Die Kühe können länger ausschlafen und geben dadurch mehr und bessere Milch.«

»Ich liebe die Ruhe und die Natur, die Luft, das Fischen und dass hier so wenige Menschen leben.« Inger Therese, die Tochter von Joars Nachbarn, hat eine sanfte, ruhige Stimme. Erstaunlich, denn was ich hier vor mir stehen habe, ist nicht etwa ein stämmiges Naturmädel, sondern eine elegante, junge Medizinstudentin, die ein paar Jahre mit ihrem Freund im Ausland verbringen will. Ihr Vater Knut lächelt wissend: »Sie kehren alle wieder zurück. Das hier draußen ist das Leben! Hier fühlen wir uns wohl, hier leben wir.«

2
Der große Schatz Vertrauen

Es ist hier ein Wert, anderen Menschen zu vertrauen
und nur das Beste über sie zu denken.
Aron Halfen, Unternehmer und Mitarbeiter
im Außenministerium, Tromsø, Norwegen

Nord-Kvaløya, die Insel der Wale. Die Sonne kitzelt mich bereits um vier Uhr morgens wieder an den Füßen, nachdem sie sich erst irgendwann nach Mitternacht mit mir schlafen gelegt hat. Ich setzte mich auf und stoße mir fluchend den Kopf an der Decke. Über eine kleine Leiter bin ich gestern kniend unters Dach gekrochen. Es sei ein Konstruktionsfehler, entschuldigt sich Joar von unten.

Heute ist er dran mit dem Interview. Wir platzieren ihn so, dass wir sowohl sein typisch rot gestrichenes Häuschen als auch den Fjord im Hintergrund sehen, den er so sehr liebt. Dafür muss Joar jetzt leider schwitzen und direkt in die pralle Sonne blinzeln. Wenn er nicht hier auf der Insel ist, dann ist er Professor für Psychologie an der Universität von Tromsø und Vorstandsmitglied der Internationalen Vereinigung für Positive Psychologie. »Warum sind die Norweger so glücklich?«, frage ich ihn. »Ich denke, dass wir ein hohes Maß an Autonomie haben. Menschen haben ihre Projekte, ihre Pläne, ihre Hoffnungen, und sie können sie größtenteils auf ihre eigene Art und Weise verwirklichen und in ihrem eigenen Tempo.« Das ist übrigens Joars Forschungsgebiet: das Glücksgefühl, das Sie erfahren, wenn Sie ungestört völlig in einer Aktivität aufgehen. Zumindest bis ihr Handy klingelt. »Warum die Norweger glücklich sind?«, wiederholt er meine Frage und fährt dann mit seiner weichen Stimme fort: »Vielleicht hat das mit dem Wohlstandssystem zu tun. Wir versuchen jeden einzubeziehen, und die Kluft zwischen Arm und Reich nicht zu groß werden zu lassen. Auch wenn du arbeitslos bist, hast du immer etwas Geld zu deiner Verfügung. Die Kinder gehen alle auf öffentliche Schulen, und für alle gilt dasselbe Gesundheitssystem. Ich glaube, das führt zu sehr viel Vertrauen zwischen den Menschen. Und Studien haben ja auch gezeigt, dass das Vertrauensniveau in Norwegen sehr hoch ist. Du kannst dich hier auf andere Leute verlassen, ohne befürchten zu müssen, dass sie dich übers Ohr hauen. Und das ist gut. Glück hat mit anderen Menschen zu tun, und wenn du anderen Menschen vertraust, hast du ein besseres Leben.« Das kann ich mir vorstellen. Immerhin hatte auch Joar mich vorab per Mail in sein Ferienhaus eingeladen, obwohl er mich weder gesehen noch gesprochen hatte. Joar nickt zustimmend: »Ich hatte keinen Grund, dir zu misstrauen.« Aber er hatte ebenso wenig Grund, mir zu vertrauen. Er hat es einfach getan.

Als Joar mich wieder in Tromsø absetzt, schlendere ich abends noch mal durch den Hafen, in dem ich Aron und seine sieben Freunde gemütlich plaudernd im Heckbereich einer 14-Meter-Segelyacht treffe. Bingo! Interview mit wunderschöner Hafenkulisse. Das lasse ich mir nicht entgehen und packe selbst um 22 Uhr meine Kamera wieder aus. Ist ja eh noch taghell. »Ich arbeite im Außenministerium und mache das hier: *Sail Norway*. Wir haben das Boot zusammen gekauft und ein kleines Unternehmen aufgebaut. Wir möchten für Segeln in Norwegen werben und Naturerlebnisse mit Menschen teilen und sie dadurch glücklich machen. Es macht uns Spaß, Menschen glücklich zu machen.« Zustimmendes Raunen geht durch die Seglergruppe. »Ich liebe es, zu lächeln, und Menschen sagen, dass ich sie zum Lachen bringe. Das kann natürlich an meinen witzigen Haaren liegen, ich denke aber, es liegt daran, dass ich eine glückliche Person bin.« Ein norwegischer Kommentar von einer hübschen, stupsnasigen Blondine bringt die ganze Crew zum Lachen. Ich hab mal wieder nix verstanden. »Kleine Dinge machen mich glücklich, zum Beispiel, wenn die Sonne scheint, oder zu sehen, dass Menschen anderen etwas Gutes tun. Auch Dinge zu tun, die ich liebe, wie Snowboarden oder Segeln – ein guter Kuss, das macht mich wirklich glücklich.« Jetzt prustet wirklich jeder los. Ich glaube es ihm aber tatsächlich. Als ich ihn auf das Thema Vertrauen anspreche, wird er wieder ernst. »Vertrauen ist sehr wichtig in der norwegischen Gesellschaft«, meint er. »Wir haben viel Vertrauen in die Regierung und in unsere Mitmenschen.« Der »Global Corruption Barometer 2013« gibt Aron recht. Denn es glauben tatsächlich nur fünf Prozent der Norweger, dass ihre Regierung durch einige wenige große, eigennützige Interessen gelenkt wird. Im Gegensatz dazu gehen in Deutschland mehr als die Hälfte der Befragten davon aus.

»Im Norden Norwegens schließen die Menschen ihre Auto- und Haustüren nicht ab. Es besteht ein Mehrwert darin, Menschen zu vertrauen und nur das Beste in ihnen zu sehen. Das ist ein Teil der skandinavischen Kultur«, fügt er nachdenklich hinzu. Und erst jetzt wird mir klar, was für ein enormer Anschlag der Amoklauf auf der Insel Utøya in einem Feriencamp im Juli 2011 auf das norwegische Wertesystem gewesen sein musste. Und welche humanistische Hochleistung die Reaktion des norwegischen Ministerpräsidenten Jens Stoltenberg zwei Tage später beim Trauergottesdienst im Osloer Dom war: »Noch sind wir geschockt, aber wir werden unsere Werte nicht aufgeben. Unsere Antwort lautet: mehr Demokratie, mehr Offenheit, mehr Menschlichkeit.«

Später sitze ich am Kai und lasse meine Füße baumeln. Gehört Vertrauen zu den Glücklichmachern? Ich denke an Situationen, in denen mir Vertrauen geschenkt wurde. Ja, das hat mich eindeutig glücklich gemacht und mich wachsen lassen. Ich sehe das auch täglich, wenn ich meiner Tochter etwas zutraue: alleine zur Schule zu gehen oder Brötchen beim Bäcker zu holen. Das lässt sie strahlen. Dass ich inzwischen zehnmal aus dem Fenster geschaut habe, bleibt unter uns.

Was sagt die Wissenschaft? Ich frage bei Christian Bjørnskov, Professor an der School for Business der Universität Århus in Dänemark, nach. »Dänemark hält zusammen mit Schweden und Norwegen den Weltrekord in Vertrauen. Obwohl wir nur ein normales, wohlhabendes, westliches Land sind, sind wir viel glücklicher als andere Länder, weil die meisten Dänen anderen Menschen trauen.« Christian erforscht die Auswirkungen von Vertrauen nicht nur auf die Wirtschaft, sondern vor allem auf das Glück der Menschen. »Die Ökonomie bewertet den Lebensstandard bereits seit 250 Jahren nach objektiven Maßstäben. In der Glücksforschung betrachten wir die andere Seite der Medaille. Wie bewerten Menschen ihr Leben subjektiv? Wir haben nichts von einer unglaublich reichen Gesellschaft, in der Menschen mit ihrem Leben nicht wirklich zufrieden sind.« Menschen, die ihren Mitmenschen vertrauen, schätzen sich um rund 0,5 Punkte zufriedener ein als solche, die ihren Mitmenschen eher nicht vertrauen. Sie erinnern sich an die Einleitung? Ein halber Punkt klingt wenig, entspricht aber dem enormen Glücksgefühl, welches Sie empfinden, wenn Sie den Partner Ihrer Träume heiraten. Christian meint weiter: »Wenn du jemanden fragst: *Glauben Sie, dass man Menschen im Allgemeinen vertrauen kann?*, dann sagen circa 70 Prozent der Dänen *Ja*. In Deutschland sind es 38 Prozent. Und das ist immer noch gut im internationalen Kontext.« Also verglichen mit Syrien und Togo vielleicht. Der Scherzbold.

Obwohl unser Vertrauen in unsere Mitmenschen nicht besonders hoch ist, scheinen laut dem »Glücksatlas 2012«[9] die Indizien dafür zu sprechen, dass es sich bei Vertrauen um einen der wichtigsten Zufriedenheitsfaktoren in unserem Land handelt. Die Autoren des »Glücksatlas« gehen sogar davon aus, dass 70 Prozent der regionalen Unterschiede der Lebenszufriedenheit durch das jeweilige Maß an Vertrauen in den Mitmenschen erklärt werden kann. Hier liegt der Norden Deutschlands im Übrigen mit Schleswig-Holstein und Hamburg vorn. Vertrauen ist also auch für unser Glück sehr wichtig und scheint darüber hinaus von unschätzbarem Wert zu sein. Schon der Unternehmer Robert Bosch sagte: »Lieber Geld verlieren als Vertrauen!« Und eine amerikanische

Studie aus dem Jahre 2011 zeigt, dass die Fähigkeit, seinen Mitmenschen zu vertrauen, das Zufriedenheitsniveau eines Menschen um 18 Prozent steigert.[10] Ungefähr denselben Effekt hat eine Gehaltsverdoppelung. Mit dem Nachteil, dass sich der Effekt einer Gehaltserhöhung im Laufe der Zeit verflüchtigt. Vertrauen hingegen ist ein kostbares Gut, das langanhaltend glücklich macht.

Das leuchtet mir ein, denn wer niemandem vertraut, hat ein einsames und kompliziertes Leben. Schließen Sie doch einfach mal die Augen und denken an einen Menschen, dem Sie vertrauen: Ihrem Partner, Ihren Eltern, Freunden, Bekannten, Nachbarn, Geschäftspartnern, Verkäufern. Wie ist Ihre Beziehung zueinander? Wie verläuft die Kommunikation? Reicht ein halber Satz, oder müssen Sie sich den Mund fusselig reden? Wie schnell verlaufen gemeinsame Projekte? Müssen Sie sich abstimmen? Brauchen Sie schriftliche Erklärungen? Sind Sie auf Ihr Eigenwohl bedacht? Und fühlen Sie sich wohl oder müssen Sie sich abgrenzen? Ständig nachfragen? Immer erklären? Verlaufen Verabredungen unkompliziert? Können Sie Probleme ansprechen? Fühlt sich die Beziehung widerstandsfähig an?

Und jetzt stellen Sie dieselben Fragen einer Person, der Sie nicht vertrauen. Sie bekommen ganz andere Antworten. Und es sind Antworten, die nicht glücklich machen, dazu brauchen Sie keinen Glücksexperten. Was Vertrauen ist, mag schwierig zu definieren sein, die Auswirkungen sind jedoch klar zu erkennen. Und so sagte schon die Schwedin Astrid Lindgren: »Es ist besser, gelegentlich betrogen zu werden, als niemandem mehr zu vertrauen.«

Immer noch in Dänemark, haben mich inzwischen Rainer und seine Frau Mandy, zwei Deutsche aus Ålborg, abgeholt. Er Industrieelektriker, sie Ingenieurin. Wir biegen im Ort Vester Hassing in eine weite, ruhige Straße mit teils großen Vorgärten ein. Hier wohnen die beiden samt Tochter seit sieben Jahren. »Hier lassen die Menschen einfach die Haustüren offen stehen. Also, wenn eine Tür auf ist, dann ist das kein Indiz dafür, dass jemand zu Hause ist«, erklärt Mandy, als wir später auf ihrer Terrasse sitzen. »Man vertraut. Das finde ich schon sehr beeindruckend.« Dänemark ist wenig reguliert: Arbeitsverträge gelten, wenn sie mündlich abgeschlossen werden; beim Hauskauf reicht ein formloser Wisch, anstelle von Reiseanträgen genügt meist ein kurzer Zuruf, dass man mal auf Geschäftsreise ist. Und das erleichtert das tägliche Miteinander ungemein: »Wenn der Dachdecker zu mir kommt, und wir handeln etwas aus, dann wird nicht wie in Deutschland ein Vertrag gemacht, in dem jeder einzelne Punkt aufgelistet wird. Hier wird ein Vertrag per Handschlag abgeschlossen, und beide Parteien wissen, dass das bindend ist und man sich darauf verlassen kann.«

Aber nicht nur die beiden, auch ich habe bereits meine Erfahrung mit dem dänischen Vertrauen und dänischer Hilfsbereitschaft gemacht. So recht weiß ich gar nicht mehr, wie ich Miriam gefunden habe, die seit über 16 Jahren in Dänemark lebt und Professorin für Germanistik an der Universität von Ålborg ist. Zusammen mit ihrem Freund Reiner, der aus dem Schwarzwald zu ihr gezogen ist, hat sie zwei Kinder: Helene, sechs, und Sune, zwei Jahre alt. Den Interviewtermin zu finden gestaltet sich schwierig, da die Familie zum Urlaub in ein Ferienhäuschen am Strand fahren möchte, ich aber in Ålborg noch ein paar andere Interviews geplant habe. »Ach, weißt du was, wir fahren vor, und du kommst dann nach. Übernachte doch einfach bei uns zu Hause, den Schlüssel kannst du dir bei den Nachbarn holen.« Ich bin baff. Und merke, wie ich im Laufe meiner Reise durch die skandinavischen Länder selbst immer nachlässiger darin werde, auf meine Kameraausrüstung, auf Rucksack oder Koffer zu achten. Meine Kamera steht einfach irgendwo, während ich mich frei bewegen kann. Wieder gelandet in Deutschland, gönne ich mir am Flughafen erst einmal in einem Steh-Café einen Latte macchiato. Meinen orangenen Koffer stelle ich ein paar Meter weit entfernt vor einer Wand ab. Nur dort kann ich eine Buchse für mein völlig entladenes Handy finden. Ich lege es zum Laden auf dem Koffer ab. Fünf Minuten später ist mein Koffer von zwei Polizeibeamten umzingelt. Ich springe auf und sprinte hin. Der Polizeibeamte schaut mich streng an und erklärt mir noch mal die Sache mit dem Gepäck, das man nicht unbeaufsichtigt lassen sollte. Vorbei der Traum von der Freiheit durch Vertrauen.

Es gibt viele Theorien, Studien und Bücher über Vertrauen, die ich Ihnen hier alle ersparen werde. Nur so viel vorab. Vertrauen ist nicht irgendein Soft Skill, das zu beherrschen ganz nett, aber im Prinzip mehr was für Weicheier ist. Legen Sie das Buch mal kurz zur Seite und überlegen Sie sich, wie viel Vertrauen Ihnen im täglichen Leben begegnet. Ihnen wird darin vertraut, dass Sie die Zeche nicht prellen, wenn Sie abends ein Bier trinken gehen, dass Sie nicht den Laden ausräumen, wenn die Verkäuferin sich umdreht. Sie hingegen vertrauen der Werkstatt, dass wirklich alles bei der Inspektion Ihres Autos durchgeführt wurde, darauf, dass Ihnen Ihr Versicherungsagent nicht einfach irgendeine unnötige Versicherung aufgeschwatzt hat. Sie vertrauen sogar anderen Menschen in Schule oder Kindergarten Ihr Kind an. Und ich hätte einfach mit Joars Auto weiterbrettern können, Miriams Haus oder aber gleich Arons Boot ausräumen können.

Sowohl unsere persönlichen Beziehungen als auch

die Politik und Wirtschaft würden ohne Vertrauen völlig brachliegen. Oder aber durch eine Menge an Vorschriften, Vertragsklauseln und Bürokratie abgesichert werden, die helfen, mangelndes Vertrauen auszugleichen. »Die Deutschen haben wirklich Regeln für alles!« Lars schüttelt den Kopf. Er ist der Leiter des Ingenieurbüros und übrigens der Chef von Mandy, der deutschen Ingenieurin. Ich treffe ihn später in seinem Büro. Er ist davon überzeugt, dass zu viele Regeln wirklich unglücklich machen. »Weißt du«, so meint er, »Regeln sind dafür gemacht worden, dass die Leute sich vernünftig verhalten. Und andersherum, wenn ich mich vernünftig verhalte, dann mache ich das höchstwahrscheinlich nach den Regeln.« Darauf vertraut er und erspart mir auch kein typisch deutsches Beispiel. »Im Ingenieurswesen haben wir hier in Dänemark eine Art DIN-Norm, die bestimmte Dinge vorgibt. Aber du kannst es auch anders machen, wenn du eine gute Begründung dafür hast. In Deutschland hast du eine DIN-Norm und dann Hunderte von Seiten, worin beschrieben steht, wie man es genau zu tun hat. Und du darfst es absolut nicht anders machen. Das kann nur unglücklich machen! Ich möchte mich vernünftig verhalten können.« Mir ist das jetzt stellvertretend schon beinahe peinlich. Ich glaube, wir treiben so manches ausländische Unternehmen in den Wahnsinn. Die Deutschen halten sich einfach zu gerne an

Regeln. Der »Radar gesellschaftlicher Zusammenhalt«,[11] eine Studie in 34 Ländern zur Messung der gesellschaftlichen Verbundenheit, hat gezeigt, dass dieser in Deutschland nicht der beste ist, wir uns dahingegen gerne an soziale Regeln halten. Vertrauen ist die Basis einer guten Gemeinschaft. Und dort, wo Vertrauen und Zusammenhalt fehlen, brauchen wir Regeln bzw. wollen wir Regeln, weil wir uns ja gegenseitig nicht so recht über den Weg trauen. So gesehen erstaunt mich das Ergebnis nicht, als ich nach meiner Rückkehr diese Studie in den Händen halte. Auch wenn ich in Deutschland öfter höre: »Das muss man doch mal besser regeln«, bin ich davon überzeugt, dass Regeln, starr gehandhabt, eher zu Konflikten führen, als dass sie diese vermeiden. Menschen kommunizieren nicht mehr auf Basis von Vernunft und Vertrauen, wie Lars mir später in seinem Büro erklärt, sondern auf Grundlage dessen, was da nun mal schwarz auf weiß steht. Und somit lassen wir die Freiheit sausen, flexibel und selbstbestimmt zu handeln. Recht hat der, der die Regeln befolgt. Und recht hat der, der Regeln einklagt. Meine Bekannte Christin, eine sympathische junge Mutter, hat in der Bonner Südstadt ein harmloses Café mit dem Namen »Apfelkind« eröffnet. Eltern können dort Kaffee trinken, während die Kinder spielen oder frisch gebackene Waffeln verputzen. Als Logo wählte sie einen roten Apfel mit einem Kinderprofil. Was folgte, war ein jahrelanger, ermüdender Rechtsstreit mit der Firma *Apple*, sehr viel Medienrummel und unglaublichen Sympathie-Bezeugungen für Christin, die letztendlich den wackeligen Sieg davontrug. »Ich gebe so langsam auf!«, sagt sie vor kurzem zu mir, als ich sie auf dem Schulhof treffe. »Es macht einfach keinen Spaß mehr!« – »Schon wieder *Apple*?«, frage ich mitfühlend. Nix *Apple*! Ihre Nachbarn machten ihr das Leben schwer! In regelmäßigen Abständen haben sie etwas am Café auszusetzen. So hatte Christin zum Beispiel in den Vorgarten zwei Apfelbäumchen gepflanzt. Passt ja auch zum Namen. Die Nachbarn klagten. Sie habe sich nicht an die Bepflanzungsordnung für Vorgärten dieser Straße gehalten. Und da stehe deutlich drin: Apfelbäume haben im Vorgarten nichts zu suchen. Gegen *Apple* gewonnen – an den Nachbarn zerbrochen. Die tragische Geschichte des Beinahescheiterns einer neuen Idee.

»Ui, Christian«, ich schaue den Glücksökonom etwas entschuldigend an, »ist ja alles schön und gut mit dem Vertrauen. Aber da sagt der Deutsche doch gleich: Wie kann man nur so naiv sein, irgendjemandem zu trauen, ohne Sicherheiten?« Er nickt und lacht. Christian kennt das Argument. »Vor ein paar Jahren hatte eine amerikanische Zeitung ein Experiment in einigen Städten rund um die Welt gemacht. Sie ließen Portemonnaies unbemerkt auf die Straße fallen.« Gefüllt mit der Visitenkarte des fiktiven Besitzers und 200 Dollar. »In Dänemark und Norwegen kamen alle Geldbeutel zurück.« Die Finder der Geldbeutel hatten sich die Mühe gemacht, die Fundsache bei der Polizei abzugeben oder aber zurückzuschicken, ohne dass ein Cent fehlte. Das ist natürlich eine schöne Geschichte, aber was will Christian mir damit jetzt sagen? »Wir Dänen sind lächerlich ehrlich, du kannst uns einfach vertrauen! Auch gegenüber komplett Unbekannten verhalten wir uns vertrauenswürdig. Wenn du einem anderen Menschen vertrauensvoll begegnest, dann steigt die Wahrscheinlichkeit, dass sich dieser Mensch auch vertrauenswürdig verhält. Aber du musst den ersten Schritt machen. Es geht in beide Richtungen.«

Vertrauen ist keine Einbahnstraße. »Wie der Wirt ist, so vertraut er seinen Gästen«, so ein niederländisches Sprichwort. Wer also anderen nicht vertraut, vertraut sich selbst nicht, schlimmer noch, ist nicht vertrauenswürdig. Das würde ja heißen, dass nur 38 Prozent der Deutschen vertrauenswürdig sind, denke ich herausfordernd. Nun gut, bei der Ego-Getriebenheit und dem Statuszwang unserer Gesellschaft … Autsch! Packen Sie Ihre Tomaten und faulen Eier wieder ein. Und denken Sie lieber ernsthaft über meine provozierende Bemerkung nach. Es lohnt sich nämlich sehr, sich Gedanken darüber zu machen, weshalb wir uns in unserem Land nur schwerlich auf andere verlassen können. Denn dieses Vertrauen ist die Basis für eine Menge anderer Glücksfaktoren, die in anderen Ländern vorhanden sind: Toleranz, Gleichheit, persönliche Freiheit, soziale Verantwortung und Gemeinschaftssinn. Sie werden Ihnen auf meiner Reise immer wieder begegnen. Wenn wir nicht lernen zu vertrauen, verbauen wir uns also eine Menge Wege ins Glück.

Die 71-jährige Kirsten treffe ich in Århus auf einer Bank, rote Bluse, weiße Hose, grauer Kurzhaarschnitt und ein bewegtes Leben. Zahnarzthelferin im Staatsdienst war sie und wurde wegen langer Treue sogar von der Königin geehrt. Sie liebt es zu reisen, liebt die Musik, vor allem Chopin. »Ob ich ein glücklicher Mensch bin? Ich denke schon. Ich bin ein sehr dankbarer Mensch. Ich weiß, dass ich ein gutes und gesegnetes Leben habe.« Ihr Mann und sie haben früher gerne zusammen Musik gehört. Er spielte Klavier, bis er vor ein paar Monaten verstorben ist. Kirstens Augen füllen sich mit Tränen. Glück schließt Schmerz nicht aus. Sie wischt sich die Tränen aus dem Gesicht. »Ich glaube daran, dass Menschen von Grund auf gut sind. Ich habe schon immer geglaubt, dass du das bekommst, was du gibst. Das Leben ist wie ein Spiegel, wenn du etwas Gutes gibst, dann bekommst du etwas Gutes zurück.« Wie beim Wirt und seinen Gästen. Lars, der Ingenieur, umschreibt es anders: »Du kannst die Einstellung haben, dass deine Mitarbeiter alle faul sind und du ihnen eh nicht trauen kannst, dann brauchst du die Peitsche. Wenn du aber davon ausgehst, dass sie die Arbeit tun, weil es ihnen Spaß macht, dann brauchst du sie nicht.« Wenn Sie jemandem vertrauen, dann erweisen Sie ihm eine so große Ehre, dass er mehr tut, als er unter Peitschenschlägen jemals getan hätte.

Vielleicht ist deshalb der Missbrauch sozialer Leistungen in den skandinavischen Wohlfahrtsstaaten viel geringer als bei uns. Denn da, wo man Vertrauen als Fundament einer Gesellschaft erlebt, fühlen sich die Menschen diesem Wert auch verpflichtet. Das fängt – wo sonst – bei der Erziehung an. In Norwegen, Schweden oder Dänemark zum Beispiel erhalten Kinder mehr Freiheit in ihrer persönlichen Entwicklung, weil die Eltern Vertrauen in ihre Fähigkeiten haben. Sie glauben daran, dass sie ihr Potential nur dadurch entwickeln können, dass sie im Vertrauen auf das, was ihnen zugetraut wird, über sich hinauswachsen. Und so steht es auch im Schulgesetz Dänemarks: »Die Gemeinschaftsschule soll Arbeitsmethoden entwickeln und Rahmenbedingungen für Erlebnisse, geistige Vertiefung und Schaffensdrang schaffen, so dass die Schüler Erkenntnis und Phantasie entwickeln, ihren eigenen Möglichkeiten vertrauen und eine Grundlage dafür erwerben, Stellung zu nehmen und zu handeln.«

Kontrolle lässt schrumpfen, Vertrauen lässt wachsen. Ich denke, es entspricht einer modernen Gesellschaft, auf das Verantwortungsbewusstsein und das Entwicklungspotential eines jeden Einzelnen zu vertrauen. Mehr, als im Voraus jeden einzelnen als potentiell nicht vertrauenswürdig darzustellen, indem man ihn mit einem Netz von Regeln umgibt, für den Fall, dass … also – man kann ja nie wissen. Misstrauen beschränkt nicht nur jeden Einzelnen in seiner Bewegungsfreiheit, sondern auch unser Land.

Ohne politisch werden zu wollen … Erinnern Sie sich an Michel Birbæk aus dem ersten Kapitel, den Kölner mit dänischem Herz? Zum Thema Vertrauen möchte er noch etwas sagen: »Aus irgendeinem Grund haben die Dänen mehr Vertrauen zu Menschen und auch zum Staat. Es gibt in Dänemark eine Form von Pragmatismus, auf die man sich verlassen kann. Die Dänen wollen immer alles genau wissen und treffen dann eine Entscheidung. Und darauf kann man sich verlassen. Das schafft Vertrauen. Du weißt, dass alles auf den Tisch gelegt wird, auch das Unangenehme, und dann kommt man zu einem Konsens. Dieses Vertrauen beinhaltet natürlich auch, dass die Dänen sich darauf verlassen, dass jeder gerecht behandelt wird, dass sie nicht einfach mundtot gemacht werden oder dass Entscheidungen weggekauft werden.«

In Schweden erfährt man es ähnlich. »Die Schweden haben seit 200 Jahren mit ihrer Regierung keine schlechten Erfahrungen gemacht, im Großen und Ganzen jedenfalls«, so Tilmann Bünz, der Skandinavienexperte und Schwedenliebhaber: »Die Schweden vertrauen der Regierung ihre persönlichsten Daten an. Das ist ein sehr effizientes und effektives System. Es gibt ein großes Vertrauen in den Staat.« Transparenzprinzip heißt das Zauberwort, und das wird Ihr Vorstellungsvermögen sprengen: »Wenn ich zum Beispiel bei einer Dienststelle anrufe, werde ich zwar auch gefragt, wie ich heiße, aber wichtiger ist meine Personennummer. Und dann sehen die, wo ich wohne, wie meine Frau heißt, wie meine Kinder heißen. Bei einem meiner Freunde wusste eine Polizeikontrolle auch, dass sein Hund gerade in Quarantäne ist. Diese Art von Transparenz wäre in Deutschland nicht denkbar. Und beruht, glaube ich, in Schweden darauf, dass man nichts Schlechtes zu erwarten hat.« Tilmann Bünz lehnt sich gemächlich zurück und schlägt die Beine übereinander. Wir sitzen im Nieselregen unter dem Vordach seines roten Gartenhäuschens und schauen in die Ruhe der schwedischen Natur. Schweden nehmen diese Transparenz ganz gelassen. »Sie leben in dem Vertrauen, dass die Behörden die persönlichen Daten nicht missbrauchen. So ein Vertrauen entsteht über Jahrhunderte.« In Schweden kostete es die Sozialdemokratin Mona

Sahlin in den 1990er-Jahren tatsächlich das Regierungsamt, als herauskam, dass sie Windeln und zwei Stangen Toblerone mit der Dienst-Kreditkarte bezahlt hatte. »Das Schöne daran ist, dass Steuerhinterziehung, Korruption, Mobbing, Stalking, all diese Phänomene, die eigentlich im Verdeckten auftreten, bei so viel Offenheit wenig Chance haben, unentdeckt zu bleiben«, so Tilmann. Das Öffentlichkeitsprinzip scheint weder dem sozialen Frieden noch dem gesellschaftlichen Zusammenhalt zu schaden. Wer keinen Mist baut, hat auch nichts zu verbergen.

German Angst und Misstrauen

Ich treffe Gerald Hüther am Bahnhof in Göttingen. Er ist Professor für Neurobiologie und hat über Jahre die Grundlagenforschung für die psychiatrische Klinik der Universität Göttingen aufgebaut. Ein sympathischer, schlanker, hellgrauhaariger Mann mit Bart und wachen Augen wartet mit einem Coffee to go auf der Terrasse des Bahnhofscafés. Wir entschließen uns dazu, in sein Büro zu fahren. Fünf Minuten später sitzen wir in seinem silbergrauen Kombi. Auch sein Interieur ist wie bei Joar, dem norwegischen Glücksforscher, charmant unaufgeräumt. Warum er zum Beispiel an diesem Tag eine Waschmaschine durch die Gegend fährt, habe ich ihn vergessen zu fragen. Vorsichtig lege ich die angefangenen Stricksocken seiner Frau vom Beifahrersitz in den Gepäckraum. Im Fußbereich steht eine Schale mit frisch gepflückten Kirschen aus der Umgebung des Gutshofes, auf dem Gerald Hüther mit fünf anderen Familien lebt. Die hellroten Kirschen schmecken köstlich! Und während ich Kirschkern nach Kirschkern aus dem Fenster schnippe, unterhalten wir uns über seine Ferienpläne, die Salzburger Festspiele, Toska und St. Petersburg. Leise spricht er und konzentriert.

Der aufmerksame Leser fragt sich vielleicht, was ich denn jetzt in Deutschland mache. Ich suche Antworten. Antworten darauf, warum wir hier mit dem Vertrauen so unsere liebe Not haben. Ich tippe als Erklärung auf unsere Geschichte. Die historische Kleinstaaterei, bei der sich Hunderte Fürsten, Grafen, Könige in wechselnder Zusammenstellung untereinander verbündeten und bekriegten. Auf dem Rücken eines Volkes, das ihnen schutzlos ausgeliefert war. Wem sollte man da schon trauen? Zweiter Verdächtiger ist der Zweite Weltkrieg, für den wir verantwortlich waren. Dass er bei all der Schuld auch in der deutschen Bevölkerung tiefe Wunden hinterlassen hat, besonders bei den unschuldigen Kindern dieser Zeit, dem wurde bis vor kurzem wenig Beachtung geschenkt. Menschen mit einem tiefen Trauma haben wiederum junge Menschen geformt, die das für traumatisierte Menschen typische Misstrauen immer und immer wieder weitergeben an die nächste Generation. Gerald Hüther hat dieselbe Vermutung wie ich: »Also es ist schon eine furchtbare Geschichte, die wir da hinter uns haben. Und das, was in uns aufgrund dieser ganzen Geschichte entstanden ist, nicht erst seit den beiden Weltkriegen, sondern wahrscheinlich schon vorher, ist etwas, was die Engländer und die Amerikaner *German Angst* nennen.« Seit den 1980er Jahren wird dieses Wort erstmals von amerikanischen Wirtschaftspublizisten als Synonym für eine typisch deutsche Zukunftsangst verwendet, die dazu führt, dass die Deutschen übermäßig und gründlich grübeln, anstatt angemessen auf die Realität zu reagieren und zu handeln. »German Angst« beschreibt ein Verhalten von Menschen, die hadern, misstrauen, Sicherheiten benötigen, überall Gefahren wittern und sich somit nur recht langsam vom Fleck bewegen. Am besten, man verankert alles in einem Regelwerk, damit ja nichts geschieht, dessen Folgen nicht mehr einzudämmen wären. Wie schon einmal. Keine gute Basis für eine vertrauensvolle Gemeinschaft. »Und wenn wir jetzt schauen, wie unsere Vorfahren hier in Deutschland versucht haben, dieses Problem mit der Angst zu bewältigen«, fährt Gerald Hüther fort, »dann wird man feststellen, wir haben das genauso gemacht, wie das jeder macht, der Angst hat. Wenn alles unsicher ist, dann versucht man die Dinge unter Kontrolle zu bringen. Also ein bisschen aufpassen, dass alles geordnet ist, dass alles strukturiert ist, dass immer ein schöner Plan gemacht wird, dass nichts schiefläuft: Perfektionismus nennt man das. Und das ist heute das, was wir weltweit verkaufen. Den deutschen Perfektionismus. Aber dadurch sind wir diese Angst nicht wirklich losgeworden.« Überspitzt gesagt, verkaufen wir das Produkt unseres Traumas. »Das ist eine mögliche Bewältigungsstrategie für die Angst, aber es macht nicht glücklich«, so Gerald Hüther. Weil Menschen sich aber so hilflos fühlen, wenn sie Angst spüren, ohne zu wissen, wovor sie sich eigentlich fürchten, klammern sich ihre Ängste an alles, was ihnen angeboten wird. »Dazu gehört auch das Konsumieren von Horrornachrichten. Man muss sich nicht immer fragen, woher die sonderbaren, überzogenen Ängste kommen, nein, man selbst ist völlig in Ordnung – die Welt da draußen ist schuld.«

Wissen ist das eine, Umsetzung das andere. Und so frage ich Christian, den Ökonom aus Dänemark, ob man Vertrauen lernen kann: »Nein.« Na, die Antwort wollte ich als hochmotivierte Schülerin jetzt nicht unbedingt hören. »Wenn du dir Immigranten in den USA anschaust, dann haben sie dasselbe Vertrauensniveau wie ihre Großeltern in den Ländern, aus denen sie kamen. Das ist furchtbar. Über drei Generationen hinweg hat sich nichts verändert.« Von selbst verblasst also nichts über Generationen hinweg, weil wir unbewusst doch immer etwas von unseren Gedanken und Gefühlen weitergeben.

Tja, was nun? Buch zuklappen und aufgeben? Quatsch. Radfahren lernt man dadurch, dass man einfach versucht loszuradeln. Vertrauen ebenso! Tun Sie es ab jetzt einfach, und denken Sie daran, was Sie dadurch gewinnen. Wenn immer mehr Menschen sich in den Sattel schwingen, dann werden wir zusammen eine vertrauensvolle und vertrauenswürdige Gesellschaft gestalten.

Findet zumindest auch Steffi, eine freche Berlinerin aus der Schweiz. Sie gibt mir folgenden Rat für die Deutschen: »Mehr vertrauen, definitiv mehr vertrauen. Die Vergangenheit ist vorbei, wir leben im Jetzt. Sie müssen einfach vertrauen und lieben.«

Costa Rica – Pura vida!

Willkommen im Glücksland Nummer eins. Costa Rica, übersetzt »reiche Küste«. 23 Prozent der Bevölkerung sind bettelarm. Wieso sind diese Menschen so glücklich?, frage ich mich …

»Halt mal hier an!« Ich zupfe Eduardo, meinem zeitweiligen Chauffeur, im normalen Leben Professor für Ingenieurswesen, am Ärmel. Wir fahren auf einer asphaltierten Straße von San José, der Hauptstadt Costa Ricas, stadtauswärts. Den einen Rand der Straße säumen Felswände, den anderen schiefe Hütten aus farbig angestrichenen Brettern und Wellblech in circa zwei Metern Abstand von der Straße. Vor einem hellblauen Verschlag steht eine kleine, stämmige Frau. Keine Schönheit. Mit großem, hängendem Busen und einigen wenigen Zähnen winkt sie uns zur Begrüßung. Als ich auf die Frau zulaufe, donnert ein 40-Tonner in einem Meter Abstand an mir vorbei, der Fahrtwind drückt mich nach vorne. Sie passieren hier im Minutentakt die Hütten. Inzwischen haben sich noch zwei, drei, vier, fünf

Kinder zu der rundlichen Frau gesellt. Katja Esquivel Nuñez heißt sie und gibt mir bereitwillig einen Einblick in ihr Leben. Erstaunlich groß ist es in ihrer Hütte: zwei Zimmer und eine Art Küche. In einem dunklen Raum stehen zwei Betten. Keine Fenster. Durch die Ritzen der Bodenplanken scheint das Tageslicht. Die Hütte ist auf provisorischen Stelzen an den Hang gebaut, was ich Gott sei Dank erst bei unserer Abfahrt entdecke. Hier schläft Katja mit vier ihrer Kinder. Das Zimmer nebenan besteht praktisch nur aus einem Bett für die bereits volljährige Tochter. Atemberaubende Aussicht auf die satten, grünen Kaffeeplantagen am gegenüberliegenden Hügel und Pflanzen mit metergroßen, fächerartigen, leuchtend grünen Blättern. »Toll!«, ich nicke Katjas Größter, Lina, anerkennend zu. Sie hat zumindest Tageslicht, denn die gesamte Breitseite des Zimmers besteht aus einem großen Ziergitter. Nur aus Ziergitter! Und das ist bestimmt nicht TÜV-geprüft. »Äh? Hast du keine Fenster?«, frage ich sie. Blöde Frage, denn das sehe ich ja. »Ist das nicht kalt?«, schiebe ich gleich verschämt hinterher. »Doch, manchmal«, antwortet sie. »Und wenn es regnet, wird oft das ganze Bett nass.« Je nachdem, wie der Wind steht. In der Ecke quäkt ein infantiler Zeichentrickfilm aus einem Fernseher.

Fließendes Wasser bekommt Katja vom Nachbarn, Strom bezieht sie selbst. Die Hütten sind illegal errichtet worden und können jeden Tag abgerissen werden. Die Kinder bekommen Unterstützung vom Staat, es reicht zum Leben. Der Vater wohnt im nächsten Ort. Er kann nicht helfen, ihm fehlt ein Arm. In der Küche entdecke ich eine speckige, braune Wolldecke, die in einer Ecke den Raum teilt. »Hier wohnt ein Arbeiter«, sagt Katja. Die normalste Sache der Welt, anscheinend. Ich traue mich fast nicht zu fragen: »Seid ihr glücklich?« Katja strahlt: »Klar, wir haben kein Geld, aber wir haben dafür das Glück! Um glücklich zu sein, muss man in Frieden leben, mit Freunden und der Familie. Obwohl es hier in Costa Rica viel Armut gibt, sind wir glücklich, denn wir haben die Familie und Gott.« Auch, wenn sie so wenig besitzt, frage ich sie, während ich meine Kamera über einen provisorischen Herd schwenke. »Wir lassen uns nicht unterkriegen. Wir können Reis mit Bohnen essen, und wenn es nur eine Banane ist, dann sind wir trotzdem glücklich. Mit Geld kannst du nicht alles kaufen. Du kannst keine Liebe kaufen, und wenn du Liebe hast, brauchst du kein Geld.« Das leuchtet mir ein. Eduardo mischt sich zustimmend in das Gespräch: »Wir sind ein armes Land, aber das hält uns nicht davon ab, ein reiches Leben zu haben.«

Regenzeit in Costa Rica. Das bedeutet, Sonne, zwei Stunden unvorstellbare Regenmassen, Sonne. Bevor wir die Hütte verlassen können, fängt der Regen an. Ich lasse Alina, ein sanftes, freundliches 13-jähriges Mädchen, mit meiner Kamera filmen. Ihr etwas fülliger jüngerer Bruder übernimmt den Ton. Sie möchten beide Polizisten werden, um Menschen zu helfen, wie sie sagen. Während ich später meine Filmausrüstung wieder zusammenpacke, führt Eduardo einige seiner Zaubertricks vor. Katja und die Kinder sind begeistert. Endlich lässt der Regen nach, und wir fahren nach insgesamt drei Stunden weiter. Beim Abschied umarme ich alle noch einmal. Elena, eine lebhafte achtjährige Cousine mit blondgelocktem Haar, möchte mich gar nicht mehr loslassen. Sie winken uns im Regen nach, bis wir sie nicht mehr sehen können.

Auch wenn Sie jetzt einen anderen Eindruck erhalten haben mögen: Costa Rica ist für lateinamerikanische Verhältnisse ein fortschrittliches Land. In den 1950er Jahren wurde die Armee zugunsten der Förderung von Bildungs- und Gesundheitsprogrammen abgeschafft. Eine gute Idee, wie ich finde. Und sie trägt Früchte: Die Analphabeten-Quote ist eine der niedrigsten in Lateinamerika. Die costa-ricanische Wirtschaft wies in den letzten Jahren ein stetiges leichtes Wachstum auf. Einer der bedeutendsten Devisenbringer ist hierbei der Tourismus. Und das ist eine ganz besondere Art des maßvollen Öko-Tourismus, der die einzigartige Natur des Landes schont. 27 Prozent des Landes stehen unter Naturschutz. Und das ist bemerkenswert, denn die 4,6 Millionen Einwohner begrüßen 2,5 Millionen Besucher pro Jahr. Kein Wunder, denn Costa Rica bietet eine atemberaubende Natur: zwei Küsten, die karibische im Osten und die pazifische im Westen, prägen die Landschaft ebenso wie die mehr als 3000 Meter hohe Gebirgskette, die Costa Rica durchzieht. Sie ist übrigens der Grund, weshalb dieses Land oft die Schweiz Lateinamerikas genannt wird.

»Das ist eine nachdrückliche Empfehlung für den Rest der Welt! Glücklich zu sein für lange Zeit, ohne den Planeten zu zerstören. Und hier in Costa Rica sehen wir, dass es funktioniert«, erklärt mir ein paar Tage später der sehr engagierte Glücksexperte für Lateinamerika, Professor Mariano Rojas.

Nach unserem ersten gemeinsamen Tag, an dem Eduardo sich nicht nur als exzellenter Chauffeur, sondern auch als hilfreicher Übersetzer, begabter Regisseur und Kameramann erwiesen hat, kehren wir bei ihm zu Hause ein. Er wohnt in einem gewöhnlichen Außenbezirk Costa Ricas, mit flachen, kleinen Häusern hinter dicken Mauern und Gitterstäben, wie ich es schon aus meiner Zeit in Mexiko kenne. Ein kleines weißblondes Mädchen öffnet uns die Tür und umarmt ihren Papa stürmisch. Leider hat die kleine Clara keine Lust, mich auf Deutsch zu begrüßen, obwohl ihre Mama Sandra Deutsche ist. Sandra hat Eduardo in Spanien kennengelernt, wo sie beide studiert haben. Seit sieben Jahren lebt sie jetzt hier. Ich platziere die beiden für das Interview auf ihre rote Ledercouch. Glatze, dunkelbrauner, kurzer Vollbart, braungebrannt und intensive braune Augen ... Eduardo legt los und erklärt mir die Seele der Ticos, wie die Costa

Ricaner sich selbst liebevoll nennen: »Wir sind relaxter als die Deutschen. Tägliche Dinge wie die Arbeit, alles was Stress verursacht, nehmen wir gelassener. Das ist einer der Hauptgründe, warum wir vielleicht glücklicher sind. Die Zukunft ist für uns immer erst morgen. Hier ist alles *pura vida*.«

Wer nach Costa Rica reist, kommt am Ausdruck »pura vida« nicht vorbei. »Pura vida!« wird einander zur Begrüßung und zum Abschied zugerufen und steht im Flughafen-Shop auf Tassen und T-Shirts. »Was heißt das?«, will ich wissen. Eduardo nickt bereitwillig: »Das heißt: Alles ist gut. Wir haben ein erfülltes Leben, wir haben alles.« Und das bedeutet nicht, dass man eine schicke Wohnung hat, wichtige Freunde und 'nen super Job. Sandra nickt nachdenklich. »Ein erfülltes Leben bedeutet, dass die Familien hier viel Zeit miteinander verbringen und einander umsorgen. Mehr als in Deutschland. Familie hat hier im täglichen Leben einen ganz hohen Stellenwert, und ich glaube, dass das die Leute glücklich macht.« Sandra schaut mich mit ihren klaren blauen Augen an.

Am nächsten Tag ist es dann so weit. Wir besuchen das Kinderzentrum »Lacitos de amor«[12] in einem der berüchtigtsten Vororte San Josés. Ich stehe schon seit Monaten mit dem Kindergarten in Kontakt, da ich von den Eltern der Kinder das Einverständnis zum Filmen ihrer Kinder benötige. Wir halten vor einem mintgrün gestrichenen Gebäude, umgeben von weißen Gitterstäben. Lautes Kindergeschrei dringt nach draußen. Die überwiegend kleinen Kinder, von ein paar Monaten bis sechs Jahren, spielen wie in jedem anderen Kindergarten. Man sieht ihnen nicht an, dass die Eltern oft minderjährig, drogenabhängig oder mit dem HI-Virus infiziert sind. Die Leiterin Gabriela, 32 Jahre alt und bereits Großmutter, begrüßt uns herzlich. Dieses Zentrum ist ihre Mission. »Ich bin selbst mit 15 Jahren Mutter geworden und musste früh Verantwortung übernehmen. Als dieses Zentrum geschlossen werden sollte, habe ich es übernommen.« Die Betreuer werden vom Staat bezahlt. Den Rest finanziert Gabriela mit ihrem eigenen Gehalt. »Anderen helfen zu können, geben zu können macht mich glücklich.« Es klingelt. Gabriela öffnet die Gittertür und begrüßt eine junge Mutter mit Zwillingen. Maria-José heißt sie und ist gerne bereit, ein Interview zu geben.

»Ich bin 17 und alleinerziehende Mutter. Mit 14 Jahren habe ich die Kinder bekommen. Ich lebe mit ihnen in einem kleinen Apartment. Der Vater meiner Kinder hat mir am Anfang geholfen, aber er hat falsche Dinge getan und befindet sich zurzeit im Jugendgefängnis. Ich gehe noch zur Schule, aber mein Ziel ist es, später einen Beruf zu erlernen und eine normale Arbeit zu bekommen, um für mich selbst und die Kinder sorgen zu können. Ich würde gerne Archäologie oder BWL studieren.« Die Zwillinge Sebastian und Matthias turnen auf ihr herum. Sie beweist eine Engelsgeduld. »Ich stehe um vier Uhr morgens auf, damit ich die Kinder in den Kindergarten bringen und um sieben in meiner Schule sein kann.

Nachts ist es schwierig, sie alleine zum Schlafen zu bringen. Aufstehen, Kinder, Schule, das ist mein Leben.« Die hübsche junge Mutter mit klaren Gesichtszügen trägt eine Jeans und ein kindlich bedrucktes Trägertop. Sie erstaunt mich. Wenn ich sie mit 17-Jährigen vergleiche, die ich so kenne ... »Die Kinder machen mich glücklich«, fährt sie fort, »sie sind die Motivation, um weiterzukommen und nach vorne zu schauen.«

So langsam erschließen sich mir die Zutaten für den Glücks-Cocktail der Ticos: enge menschliche Beziehungen als Basis, verfeinert mit einem starken Familienzusammenhalt, einer Menge Zeit und Gelassenheit, dazu einer Prise Gottvertrauen und als Topping der Wille weiterzukommen, egal von wo aus man gestartet ist.

Es herrscht kein eitel Sonnenschein an der reichen Küste. Doch Maria-José denkt nicht daran, ihr Glück aufs Spiel zu setzen: »Man sollte nicht aufhören zu lernen, man muss nach vorne schauen und kämpfen. Das alles, was mir passiert ist, gibt mir die Kraft dazu.«

Eduardo setzt die kleine Clara in die Schaukel und stupst sie an. Sie lächelt selig. »Bist du glücklich, amor?«, fragt er sie. »No«, kommt die ernüchternde Antwort. Ich muss hinter meiner Kamera kurz lächeln. Die Trotzphase ist wohl in allen Ländern gleich.

3
Niemand kann alleine glücklich sein

Hier in Island sind wir nur ein paar Menschen,
und wir kennen einander gut. Wir sind nett zu einander,
denn niemand kann alleine glücklich sein.
Hinrik Bæring, 90 Jahre,
Schiffsbesitzer, Reykjavík, Island

Unauffällig und verhalten lächelnd, so steht er da, als er mich in der bescheidenen Hotellobby meines Low-Budget-Hotels in San José, Costa Rica, abholt. Es ist Mariano Rojas, *der* Glücksexperte Lateinamerikas. Ein mittelgroßer Mann Ende 40, hellblau-weiß gestreiftes Hemd und dunkle Anzugshose. Die dunkelbraunen Haare sind adrett zur Seite gekämmt, er wirkt jugendlich, wohlerzogen und von einer sehr sanften Art. Ein angenehmer Mensch. Mariano schlägt vor, in sein Lieblingsrestaurant zu fahren, sein silberner Mittelklassewagen steht vor der Tür. Claro! Gerne! Kamera links, Mikro rechts. Ich bin bereit.

Wir fahren die Auffahrt zu einem netten, einfachen Restaurant hinauf. Hier isst Mariano auch gerne mit seiner Familie, die er regelmäßig besucht. Er wohnt seit einigen Jahren in Mexiko und macht gerade Urlaub in seiner Heimat. Desto mehr fühle ich mich geehrt, dass er seine kostbare Familienzeit für mich opfert. Ich beeile mich und baue schnell meine Kamera unter Palmwedeln und einem großen weißen Sonnenschirm auf. Währenddessen frage ich ihn: »Wie kommt denn ein Ökonom zum Glück?« Er lächelt, nickt kurz, die Frage kennt er wohl schon: »Weißt du, wir Wirtschaftswissenschaftler vergessen oft, dass Menschen mehr sind als nur Konsumenten und noch andere Dinge machen als nur arbeiten. Es gibt viel mehr im Leben. Fortschritt und Konsum sind nur ein Teil davon, aber nicht alles. Diese unvollständige Sichtweise hat mich immer schon beschäftigt.« Mariano schaut nachdenklich über sein Glas hinweg auf die reiche, saftig grüne Landschaft Costa Ricas. 1998 bekam er dann das Angebot, zum Thema Glück zu forschen. »Und mich mit dem Glück zu beschäftigen macht mich sehr glücklich. Ich mache das jetzt seit 15 Jahren und habe einfach alles vergessen, was ich vorher so gemacht habe.« Er zwinkert mir zu. Jetzt flunkert er.

Mariano ist jetzt Professor an der Facultad Latinoamericana de Ciencias Sociales (sprich: Uni für Sozialwissenschaften) und lehrt an der Escuela de Economia, Universidad Popular Autonoma del Estado de Puebla, wahrscheinlich auf dem Gebiet der Glücksökonomie, das habe ich ganz vergessen zu fragen. Dass die lateinamerikanischen Länder trotz politischer Probleme, wie in Kolumbien, oder hoher Kriminalität, wie in Mexiko, und großer Armut, wie in Costa Rica oder Panama, so glücklich sind, bleibt ein Phänomen, das viele nicht erklären können. Mariano schon: »Unsere Forschung hat ergeben, dass es im Grunde zwei große Glücksaspekte gibt, und die haben nichts mit dem Bruttosozialprodukt zu tun. Es sind die zwischenmenschlichen Beziehungen und die freie Zeit, die Menschen zur Verfügung haben.« Beziehungen bedürfen Zeit. Mariano nickt. »Die Herzlichkeit der menschlichen Beziehungen. Die Möglichkeit zu haben, mit Freunden zu plaudern, befriedigende Liebesbeziehungen zu unterhalten, Zeit mit der Familie zu verbringen. All das ist wichtig im täglichen Leben.« Wobei Familie in Lateinamerika auch die Neffen, Großnichten, Tanten dritten Grades, deren angeheiratete Familie, Freunde und deren Familie usw. beinhaltet. »Wir sind sehr beziehungsorientiert. Hier sind die Beziehungen echt, es gibt keine versteckten Interessen. Es geht nur darum, mit Menschen zusammen zu sein und sich zu unterhalten. Das erzeugt menschliche Wärme, das ist die *calidez humana.*« Menschliche Nähe, zwischenmenschliche Wärme oder einfach nur Herzlichkeit? Oder zwischenmenschliche Herzlichkeit? … Die Übersetzungsmöglichkeiten rattern durch meinen Kopf. Irgendwie klingt nichts so warm wie »calidez humana«. Mariano redet schon wieder weiter: »Und Menschen brauchen das. Es ist ein Teil unserer Grundbedürfnisse.« Nun gut, essen, trinken, schlafen gehören auch zu diesen Bedürfnissen, aber machen sie deshalb glücklich?

Alex Michalos, der äußerst liebenswerte Glücksforscher aus Kanada, den ich Ihnen am Ende des Buches vorstellen werde, hat viel zum Thema Lebensqualität geforscht und erzählt mir Folgendes: »Wir haben in unseren Umfragen eine Frage bezüglich des Einkommens und eine zu den zwischenmenschlichen Beziehungen eines Menschen gestellt, also ob eine Person jemanden hat, der sich um sie sorgt, den sie liebt. Und es kam heraus, dass Beziehungen einen fünfmal höheren Einfluss auf Glück und Lebenszufriedenheit haben als das Einkommen!« Beachtlich, wenn man bedenkt, wie schnell und oft wir Beziehungen für andere Prioritäten zurückstellen: Selbstoptimierung, Karriereambitionen, Zukunftsplanung. Wir, mich eingeschlossen, unterschätzen wohl die Kraft der Verbundenheit auf unser Wohlbefinden. Das bestätigt mir auch Gerald Hüther, der Göttinger Neurobiologe, der auf ein Umdenken in Deutschland setzt. »Wenn ein Mensch erleben muss, dass ihm diese Verbundenheit mit anderen verwehrt wird, dann empfindet er seelische Schmerzen«, erzählt er mir in der Bibliothek seines Instituts auf seine ihm eigene, eindringliche Art. Wenn ein Mensch sich ausgestoßen fühlt, dann werden im Gehirn genau dieselben Netzwerke aktiv wie bei »echten« körperlichen Schmerzen. Sozialer und körperlicher Schmerz werden in den gleichen Bereichen des Gehirns registriert. »So tief sind wir im Sozialen verankert. Uns gibt es als Einzelwesen gar nicht. Wenn wir von allem, was wir wissen und können, mal gedanklich das abziehen würden, was wir von anderen bekommen und übernommen haben, dann bliebe nichts mehr übrig. Alles das, was da oben drin ist, worauf wir so stolz sind, was uns als einzelne Person ausmacht, haben wir von anderen Menschen übernommen. Von den Eltern, den Lehrern, von Freunden und aus Büchern. Das heißt, unser Hirn ist ein soziales Konstrukt.« Na also hören Sie mal, die Reise war doch ganz allein meine Idee! Nun gut, ich hatte davor einen internationalen Bericht gelesen. Ja, ich wusste auch, dass es verschiedene Länder gibt, das hatte Thomas Cook schon vor mir herausgefunden. Lesen habe ich auch in der Schule gelernt, und na ja, mit dem Thema Glück haben sich ja schon Seneca, Nietzsche und jüngst Herr von Hirschhausen mehr oder weniger seriös beschäftigt. Alles schon mal dagewesen … nichts Neues im Prinzip.

Zurück zur Gemeinschaft. Sie ist definitiv der Glücksmacher Nummer eins, darüber ist sich die Wissenschaft einig. Auch Joar ist der Meinung, der norwegische Glücksforscher mit den Gummistiefeln: »Ich glaube, es gibt in der ganzen Welt einen Schlüssel zum Glück, und das sind andere Menschen.« Joar schaut nachdenklich über den weiten Fjord. »Es gibt natürlich viele Glücks-Brunnen, aber einer der wichtigsten sind andere Menschen, und ich glaube, Norwegen ist teilweise deshalb so glücklich, weil wir eine gute Gemeinschaft formen.«

Gemeinschaft, schön und gut, wird vielleicht einer von Ihnen sagen, ich trinke auch gerne mal ein Pils mit einem Kumpel ... Doch Gemeinschaft bedeutet mehr als das. Gemeinschaft ist das starke Gefühl der Verbundenheit mit anderen Menschen. Gemeinschaft bedeutet, dass sie sich auf einen anderen Menschen einlassen, egal in welcher Form er Ihnen begegnet.

> Glück hat ziemlich oft mit anderen Menschen zu tun, auch wenn ich gerne mal für mich alleine bin. Glücklich werde ich, wenn ich Dinge mit anderen Menschen zusammen tue, tanzen zum Beispiel. Ja, das ist definitiv der Schlüssel zum Glück.
>
> *Väinö, Schriftsteller und Tänzer, Helsinki, Finnland*

> Dass andere Menschen einem helfen, wenn es einem schlechtgeht, das bedeutet viel für die Gemeinschaft.
>
> *Nicole, Schülerin, Århus, Dänemark*

Das Wichtigste ist, das Leben miteinander zu teilen. Liebe zu spüren und geben zu können. Zu wissen, dass du auf jemanden zählen kannst und andere auf dich. Zu wissen, dass diese Unterstützung da ist, dass du darauf bauen kannst in Glück und Unglück.

Edelmarie, Schriftstellerin, San José, Costa Rica

Sich um die Familie zu kümmern, das ist mein Rat, um glücklicher zu sein. Einen starken Zusammenhalt kreieren, mit anderen Menschen eng zusammenleben, dann kommen wir zu mehr Glückseligkeit und zu der Vereinigung, die wir uns wünschen.

Jorge Arent, Rentner, Luxemburg Stadt, Luxemburg

Was meinen die eigentlich alle mit »anderen Menschen«? Wer sind diese anderen Menschen? Der Bettler auf der Straße, der mal gefälligst arbeiten soll, oder die Bäckersfrau, die ja wohl eine zweite Kollegin hinter die Theke holen könnte, damit es hier schneller geht? Oder ist es dieser verdammte Fahrradfahrer, an dem Sie gerade nicht vorbeikommen …

Wenn wir über gelebte Gemeinschaft reden, denken wir meist nicht weiter als bis zu unserer Wohnungstür. Und das ist auch völlig okay. Das ist auch in den Glücksländern nicht anders. Auf meiner Reise habe ich sie immer wieder gestellt, die Frage: »Was ist das Wichtigste in Ihrem Leben?« Was würden Sie antworten? Ich denke mal, dasselbe wie die Menschen in den glücklichsten Ländern. Beim 167sten Mal wusste ich dann auch schon so ungefähr, was kommt. In 95 Prozent der Fälle lautete die Antwort: Die Familie und die Freunde.

»Wir merken, dass die Familie hier ein Heiligtum ist«, so Mandy aus Dänemark.

»Mich macht es glücklich, mit meiner Familie zu leben und mit meiner Familie aufzuwachsen«, sagt Daniel aus Mexiko.

Karoline, eine stupsnasige, blonde Tänzerin aus Oslo mit charmantem Lächeln, braucht nicht lange nachzudenken: »Das Wichtigste im Leben? Familie und Freunde. Nichts wäre schön ohne sie!«

Die übrigen circa 290 Zitate sprengen leider den Rahmen des Buches. Familie und Freunde, sie formen das Gegengewicht, wenn das Leben einmal zu kippen droht. Und je fester das Netz, desto besser sind Sie in der Lage, die normalen, aber auch die außergewöhnlichen Gegenschläge abzufedern, die das Leben in schöner Regelmäßigkeit für uns bereithält.

Nun, dass Deutschland trotz dieser Erkenntnis kein besonders familienfreundliches Land ist, will wohl niemand so recht bestreiten. Ich empfinde es auf jeden Fall so, habe ich doch das Bild mexikanischer Großfamilien vor Augen, die sonntagmittags lachend und lärmend die Restaurants bevölkern. Oder all die fremden Menschen in Mexiko, die meiner Tochter Elisa liebevoll über den blonden Lockenkopf streicheln (leider erinnere ich mich auch an meine innere Reaktion: »Pfoten weg von meiner Tochter!«). Meine Gedanken schweifen ab zu meiner früheren Haushälterin Cuca, die, als ich sie während dieser Reise nach fünf Jahren wiedersehe, noch immer ein Foto meiner Tochter bei ihrem Bett stehen hat. Sie merken: Familienfreundlichkeit geht für mich weit über die gesetzlichen Rahmenbedingungen, wie Familienpolitik, hinaus. Es geht um den Wert, den Familie bei uns hat, und die Zuneigung und Anteilnahme, die wir der kleinsten Einheit unserer Gesellschaft, nämlich den Kindern, entgegenbringen. »Die Kanadier sind wirklich sehr, sehr kinderlieb. Sie umgeben sich total gerne mit Kindern und lassen zum Beispiel während der Schwangerschaft ganze Familien und Freundeskreise darüber rätseln, welchen Namen das Baby bald bekommen solle. Das bringt man in Deutschland bei einer Party auch mal zur Sprache, aber es ist mit Sicherheit kein abendfüllendes Programm.« Herbert Bopp, Korrespondent in Montreal, lächelt mich an und räkelt sich genüsslich auf der Dachterrasse seines Apartmentkomplexes.

Kinderfreundlichkeit, Familiensinn und menschliche Wärme. Sie wurden nicht bei uns erfunden.

Wenn Sie Mariano aus Costa Rica nach dem Grund dafür fragen würden, dann würde er sagen, es läge daran, dass wir zu wenig Zeit hätten, zu schnell aneinander vorbeirennen, ohne wirklich Kontakt zu haben. Versuchen Sie einmal, die Seele Ihres Gegenübers mit Blicken aufzufangen. Das bedarf Zeit. Aber was tun wir als Erstes, wenn wir gestresst sind? Wir katapultieren uns aus der Gemeinschaft. Legen noch einen Zahn zu, schließen uns ein. Verschieben das ganze soziale Gedöns auf später. Wir checken parallel zu einem Telefongespräch unsere Mails, telefonieren geschäftlich, während wir Memory mit unseren Kindern spielen, und erledigen den Rest auf dem Klo. »Den Wert von Beziehungen haben einige Gesellschaften aus den Augen verloren«, spricht Mariano eindringlich weiter. »Die Leute arbeiten zu viel. Sie stressen sich, um immer besser und schneller zu werden. Das Bruttosozialprodukt steigt, die Gewinne auch, aber es geht auf Kosten der zwischenmenschlichen Beziehungen und befriedigender persönlicher Aktivitäten.« Wir produzieren, konsumieren und sammeln alles mögliche Zeugs um uns herum an, das wir gar nicht bräuchten, wenn wir in sinnvollen Beziehungen leben würden. Weil Menschen die Beziehung zueinander verloren haben, bekommt Materielles einen größeren Wert. »Manche Länder haben wirklich den Blick dafür verloren, wonach wir als Gesellschaft streben sollten«, so Mariano engagiert.

»Und das führt zu Überfluss und Fülle. Sie besitzen immer mehr Dinge, und der Müll wird immer mehr, denn sie produzieren und produzieren, kaufen und kaufen immer weiter. Ist das der Zweck unserer Gesellschaften? Werden die Menschen dadurch zufriedener?«

Eduardo, mein costa-ricanischer Chauffeur, fährt mit mir raus in den Wald nahe San-José. An der Pforte zu einem schönen Wochenendhaus treffen wir auf Margot, Professorin für Mathematik. Mitte 40, sehr lebhaft mit leuchtenden Augen und schimmernden goldblonden Locken. Eine sehr schöne Frau, wie ich finde: »Die materiellen Ansprüche sind hier nicht so hoch wie in anderen Kulturen. Wenn unser Kühlschrank kaputt ist, dann reparieren wir ihn. In anderen Ländern heißt es dann, mein Kühlschrank ist kaputt, ich brauche einen neuen, und zwar das neueste Modell. Wir aber stressen uns nicht damit, dass wir einen anderen brauchen oder einen teureren oder einen besseren. Wir stressen uns nicht damit, etwas besitzen zu müssen, weil wir mehr Wärme und Solidarität unter den Menschen haben.«

Materielles wird dann wichtig, wenn etwas anderes fehlt. Es wird zu einer Ersatzbefriedigung für die »calidez humana«. »In Gesellschaften, in denen man sich nicht richtig austauscht, entstehen keine echten intimen Beziehungen. Es zählt nicht mehr der

Mensch in seinem Wesen, der vor mir steht, sondern das, was ich an der Außenseite von ihm sehe. Und deshalb ist es wichtig, welche Kleidung du trägst und von welcher Marke sie ist. Hierdurch erwirbst du deinen Status. In Gesellschaften hingegen, in denen zwischenmenschliche Beziehungen stark sind, wie in Lateinamerika, gewinnst du an Ansehen, indem du etwas Gutes für andere Menschen tust.« Mariano redet wie ein Wasserfall, und ich frage mich heimlich, warum ich so doof war, wegen der Authentizität des Filmmaterials das Interview auf Spanisch zu führen, obwohl er doch perfekt Englisch spricht. Während Mariano uns noch neuen Kaffee holt, erinnere ich mich an all die Menschen, die mir während meiner Reise immer wieder eine ganz andere Sicht auf Erfolg präsentiert haben. Erfolgreich ist, wer gute Freunde hat, wer seinen Kindern Werte vermittelt, wer eine glückliche Ehe führt, wer seinen Nachbarn hilft. Das klingt ein wenig nach verkehrter Welt, nicht wahr? Ich erhebe mich nachdenklich, um die nächste Speicherkarte in meine Kamera zu legen und noch mal die Batterie zu prüfen. Diese Gedanken möchte ich mir nicht entgehen lassen.

Aber Mariano sprudelt schon wieder weiter und ruft an meiner Kamera vorbei: »Als Ergebnis steigt das Bruttosozialprodukt, doch wir werden immer ärmer.« Auch das noch, denke ich. Und setze mich wieder ihm gegenüber hin. »Denn menschliche Armut ist auch, keine Zeit für die Freunde, für die Kinder, für den Partner und für die Hobbys zu haben. Man kann viel verdienen und menschlich arm sein.« Und die glücklichen Laien geben ihm recht: Jean-Sébastian zum Beispiel. Er wird Ihnen in schöner Regelmäßigkeit in diesem Buch begegnen. Ich treffe ihn an einem Sonntagmorgen beim Streichen seiner Wohnungstür in Montreal und stehe kurz danach mit einer herrlichen Tasse Café-au-lait in seiner Wohnung. »Glück fängt schon in der Erziehung an. Wir haben zwei Kinder und versuchen, ihnen möglichst viele gute Momente im Leben zu bereiten. Natürlich wollen sie das neueste Snowboard, das aktuellste Tablet, aber wichtiger ist es für sie, gute Momente mit anderen zu erleben. Es ist immer eine Sache von Momenten, die Zeit, die du mit Menschen verbringst. Diese kleinen Momente sind wundervoll, und wenn man sich dessen bewusst wird, ist der Rest unwichtig.«

Viele von uns haben die Fähigkeit verloren, Zeit vom Effizienzgedanken zu entkoppeln. Bei vielen zählt das auch für ihre Beziehungen. Ich bin da sicherlich keine Ausnahme. Mariano sprudelt schon wieder weiter: »In anderen Ländern wird es als Müßiggang abgetan, als verlorene Zeit. Immerhin könnten sie auch arbeiten. Stattdessen verbringen sie Zeit mit Freunden und der Familie. In Wirklichkeit ist das aber keine verlorene Zeit. Es ist der Müßiggang, der das Glück fördert.«

So sehr mir das lateinamerikanische Modell auch einleuchtet, wir laufen doch mit unserer Kultur im Rucksack herum. Ob es wohl eine Möglichkeit gibt, mehr Zeit und Beziehungen in unser Leben zu integrieren, ohne dass wir zu Lateinamerikanern mutieren müssen? Bei aller Faszination für Marianos Gedanken, ich wollte jetzt keine neue Kultur entwerfen, sondern nur ein paar frische Ideen erhalten.

Gott sei Dank reicht schon der Blick zu den nahen Dänen. Sie scheinen den goldenen Mittelweg gefunden zu haben, findet zumindest Miriam, die Germanistik-Professorin an der Universität von Ålborg: »Der Unterschied zu den Deutschen ist die gelassene Mentalität der Dänen. Man wird hier als Mensch respektiert und nicht anhand von Materiellem gemessen. Ich habe den Eindruck, dass der Tag deshalb in Dänemark etwas entspannter ist. Als ob die Uhren ein bisschen langsamer gehen.« Und ihr Mann Rainer, ursprünglich Sozialarbeiter, jetzt Kindergärtner, fügt hinzu: »Man legt hier großen Wert darauf, dass man auf der Arbeit nicht gestresst ist, dass auch die Kinder in der Schule nicht ständig überfordert sind und dass es in den Familien gut läuft.« Wie lautet die Lösung? Miriam kennt den dänischen Weg: »Ja, vielleicht die Lebensgeschwindigkeit ein wenig runterschrauben und mehr auf sich selbst und auf die Lebensqualität achten. Häufiger hinterfragen, ob es mir gerade gutgeht. Und mehr auf den Zusammenhalt schauen, und auf die Gemeinschaft.«

»Wenn du glücklich sein möchtest, musst du in Familie, Freunde und soziale Beziehungen investieren. Wenn du reich werden willst, in Aktien«, so Dóra – die isländische Glücksforscherin – provozierend. Die Studienergebnisse ihres Direktorats zeigen, dass während der Krise die Jugendlichen ein wenig glücklicher wurden. Und auch nach der Krise hält diese Tendenz an. »Wir haben untersucht, was sich in ihrer Umgebung geändert hat, und festgestellt, dass Eltern und Kinder mehr Zeit miteinander verbringen als vor der Krise. Es gab eine Art Neubewertung im Leben der Isländer.«

Mitten in Mexikos Nobelviertel treffe ich Sergio Suarez, 34 Jahre, Anzug, weißes Hemd. Er arbeitet bei einer Finanzgruppe und will gerade in seinen schwarzen Oberklasse-Geländewagen steigen. Trotzdem ist sein Tipp erstaunlich einfach: »Die Deutschen sollten genießen, was sie haben. Wichtig sind weder Job noch materielle Dinge. Es kann auch glücklich machen, auf der Straße mit einem guten Freund zu plaudern oder einfach zusammenzusitzen. Wenn ihr wie die Mexikaner ein bisschen dieser Warmherzigkeit zeigen könntet, wäre das nicht schlecht.«

Ich schiele rüber zu Jorge, meinem Chauffeur aus meiner Zeit in Mexiko, der mich jetzt wieder begleitet. Müde sieht er aus. Ach komm, Jorge, wir gönnen uns jetzt erst einmal gemütlich einen Kaffee zusammen.

Und die Liebe zu meinem Land

Lieben Sie Deutschland? Ist es das beste Land auf der ganzen Welt? Sind Sie stolz auf das, was wir alle gemeinsam für dieses Land geleistet haben?

Was hat denn das jetzt mit Verbundenheit und so zu tun? Sehr viel. Denn »andere Menschen« sind eben nicht nur die Familie oder die Freunde. Sie dürfen den Radius ruhig erweitern. Es sind die Menschen in Ihrer Straße, in Ihrer Gemeinde, in Ihrer Stadt, in Ihrem Bundesland – in *Ihrem* Land. Menschen, mit denen Sie mehr teilen als einigen bewusst und anderen lieb ist. Es ist der kulturelle Kontext, in dem Sie aufwachsen, die Mentalität, die Sie begleitet. Trotz regionaler Unterschiede sind es die Menschen, mit denen Sie eins teilen: Sie leben in Deutschland, und Sie sind deutsch oder halbdeutsch – wie ich – oder meinetwegen haben Sie einen deutschen Pass oder aber einen türkischen, wohnen aber schon seit 30 Jahren hier … Wir sind alle eine Gemeinschaft und werden von außen auch so wahrgenommen.

Ausnahmslos alle Glücksländer weisen einen

gesunden und liebevollen Patriotismus auf. Malte, den Sie gleich in Dänemark kennenlernen werden, schleckt noch einmal genüsslich am Eis seiner Tochter, zwinkert mir zu und schmunzelt: »Weißt du, tief in uns denken wir, das ist das beste kleine Land der ganzen Welt. Vielleicht landen wir deshalb auf der Glücksskala immer so weit oben? Und in vieler Hinsicht ist es auch das beste Land.« Rebecca Libermann, deutsche Korrespondentin in Helsinki, kann das auch für die Finnen bestätigen: »Die Finnen haben einen sehr großen Nationalstolz, weil der Staat noch sehr jung ist. Das gibt ihnen Halt und auch eine Art Glücksgefühl.«

Nun gut, kleine Länder, Finnland und Dänemark – beide etwas über fünf Millionen Menschen. Was soll man da erwarten? Klar, dass sie eine enge Gemeinschaft formen. Besonders die ganz kleinen: »Ich glaube, wir Isländer sind so glücklich, weil wir in einer festen und kleinen Gemeinschaft leben«, so Friðjón Fannar Hermannsson, 38 Jahre alt und Kundenberater beim Morgunblaðið, der größten Tageszeitung Islands. Nanna, meine Elfen-Begleitung, und ich sprechen ihn an, als er aus seiner Wohnung zum Fenster hinausschaut. Hätte er nicht tun sollen. Wenig später besetzen wir sein winziges Esszimmer, das von einem dunkelbraunen, großen Tisch beinahe vollständig ausgefüllt wird. Die Wände sind dunkelgrün, die Holzdecke weinrot gestrichen. Klein und schnuckelig ist die Wohnung, so wie das Land. Nanna nickt zustimmend: »Wir sind hier auf Island wie eine große Familie.« Bei nur 300 000 Einwohnern nicht verwunderlich, noch dazu, wenn alle bis zum siebten Grad miteinander verwandt sind.

Klar, homogene Gesellschaften! Wer auf der isländischen Insel wohnt, gehört da auch hin. Die haben es natürlich einfacher, sich als eine Gemeinschaft zu fühlen. Sie teilen dieselben Werte und Traditionen. Wie die 500 000 Luxemburger mit einem Ausländeranteil von beinahe 50 Prozent und 160 000 Mitarbeitern, die jeden Tag über die Grenze schwappen? Marc Rupert steht schön trocken unter dem Schirm der politischen Partei, für die er gerade kandidiert, während ich wegen der hübschen Bildkomposition leider einen nassen Hintern bekomme. Im normalen Leben ist der Anfang-30-Jährige Lehrer. »Ein Grund, warum wir hier so glücklich sind, ist wahrscheinlich auch, dass Luxemburg ein sehr kleines Land ist, so dass es einen größeren Zusammenhalt gibt zwischen den Menschen«, so Marc. Also doch die Größe? Bei so einem Bevölkerungsmix wohl eher die menschliche Größe. Aber die Grenze ist auch bei acht Millionen Menschen nicht erreicht: »Vielleicht sind wir auch einfach glücklich, weil wir nicht das Gefühl haben, vom Staat erdrückt zu werden. Es ist ein kleiner Staat, es ist übersichtlich, und man ist irgendwie ein Teil der Gesellschaft«, findet Ahmeed aus der Schweiz. Tilmann Bünz, der Korrespondent, sagt über die etwas mehr als 9,5 Millionen Einwohner: »Schweden sind bei aller Bescheidenheit geneigt zu glauben, dass sie im besten Land der Welt leben.« Bei aller Bescheidenheit finden die Finnen, Kolumbianer, Mexikaner, Dänen, Australier das auch. Jan – übrigens eine Frau – schaut über den lieblichen Hinterhof ihres Apartments in Montreal. Sie hat mir gerade spontan ein zweites Frühstück zubereitet, während ich bei der Installation der Kamera an ihrer Kunstpalme mit Weihnachtsdeko hängen bleibe. Oh, sorry, die sei noch vom letzten Jahr. »Wir haben einfach Glück. Den Menschen geht es gut. Es ist eine große Gemeinschaft hier in Kanada.« Und darüber hinaus eine sehr gemischte in diesem klassischen Einwanderungsland. Was dem Gemeinschaftsgefühl übrigens keinen Abbruch tut. »Ich weiß nicht, ob es ein Geheimnis für das Glück der Kanadier gibt, aber jeder ist sehr stolz, ein Kanadier zu sein. Wir sind in unseren Unterschieden vereint«, sagt die ehemalige Diplomatenfrau. Wir sind in unseren Unterschieden vereint – ein Satz, der während meiner Reise immer wieder sein Licht auf meine Gedanken wirft. Denn sind wir nicht alle unterschiedlich und stehen wir nicht täglich vor der Herausforderung, uns in unseren Unterschieden vereint zu fühlen? Als Eltern, Kinder, Partner, Kollegen, als Menschen … Für Liliana Saavedra, Mitarbeiterin eines Fernsehkanals in Bogotá, steht auf jeden Fall fest: »Dieses Land ist phantastisch, trotz der ganzen Probleme und des Bildes, das die Leute von uns im Ausland haben: Wir sind glücklich. Man muss seine Mitmenschen lieben und respektieren und ein Zugehörigkeitsgefühl fürs Vaterland, für die Familie und die Freunde entwickeln.« In Kolumbien wohnen 44 Millionen Menschen.

Und damit haben wir die Reise hinter uns, einmal Familie, Freunde, Menschen, unser Land und zurück. Das umfassende WIR-Gefühl, es hört nicht an der eigenen Haustür oder bei Ihrer Lieblingskneipe auf. Das WIR-Gefühl reicht bis an die Grenzen der Vaterländer. Und sorgt dafür, dass wir uns in einem größeren Ganzen aufgehoben fühlen. Und ja, sein Land zu lieben ist in diesem Sinne – und nur in diesem Sinne – ein Glücksfaktor.

Linda, die gutaussehende, schlanke Mutter mit langen, glänzenden, braunen Haaren, sitzt wie eine Nixe im Sand und spielt gerade mit ihrer fünfjährigen Tochter. Im Hintergrund die rauen Bergketten Norwegens. Ruhig und gedankenvoll schaut sie über den großen See. Sie spricht mit sanfter Stimme: »Warum die Deutschen weniger glücklich sind? Ich weiß es nicht. Vielleicht weil sie eine so große Nation sind?«

Sind wir einfach zu viele, um gemeinsam glücklich sein zu können? Sind 80,5 Millionen einfach zu üppig, zu sperrig, zu kantig zum Gernhaben? Sind die Unterschiede zu groß, das Land zu weit, die Schuld zu schwer? Mit Blick auf Kanada oder die Schweiz können Sie die ethnischen Unterschiede also streichen. Das gilt ebenso für die Größe des Landes, denn die Mexikaner mit ihrer bewegten Geschichte und den jetzt 120 Millionen Einwohnern sind stolz auf ihr Land. Die hübsche 18-jährige Yuridia, die ich mit ein paar anderen Jugendlichen vor einem Nobelladen vor die Kamera locken kann, sagt: »Mir gefällt mein Land. Ich bin stolz darauf, Mexikanerin zu sein. Wenn Sie mich fragen würden, ob ich hier leben möchte? Klar! Das ist das beste Land!«

Ein paar Funken des mexikanischen Feuers der Leidenschaft flogen auch über Deutschland. Zwei Mal in letzter Zeit: Während der Fußball-Weltmeisterschaft 2006 und 2014. Länder, mit denen wir jahrhundertelang im Clinch lagen und denen wir unbeschreiblich viel Leid angetan haben, schenken uns heute Respekt, Bewunderung und … Liebe? So lautet der Titel eines 2013 in den Niederlanden veröffentlichten Buches von Merlijn Schonenboom, Deutschlandkorrespondent für diverse niederländische Zeitungen, treffend: »Warum wir (die Niederländer) die Deutschen auf einmal lieben – und sie (die Deutschen) das selber so erschreckt.«[13]

Köstlich, sind wir es doch so gar nicht gewöhnt, geliebt zu werden, eher schon respektiert oder bewundert. Dementsprechend titelt Hollands größte

Tageszeitung »De Telegraaf« während der WM 2014: »Verachtung für unsere Ostnachbarn ist vorbei – Wir jubeln für Deutschland«, und die Holländer tragen nach dem Ausscheiden der eigenen Mannschaft doch tatsächlich unsere Farben auf den Wangen. Sensationell, wo ich doch in den 1990er Jahren in den Niederlanden noch Hakenkreuze auf meinem Briefkasten fand. Deutschland ist beliebt, nicht nur bei seinen Nachbarn. Im Park in Göteborg treffe ich Peter Frisk, eigentlich aus Stockholm. Schlank, groß, die hellbraunen Haare zu einem kleinen Pferdeschwanz zusammengebunden, organisiert er Kulturführungen und Kunstlesungen in Stockholm. Er lächelt mich wissend an, als ich ihn um einen Tipp für die Deutschen bitte: »Ich glaube, dass Deutschland eines der Länder ist, das die größten Chancen für die Zukunft hat. Die Deutschen haben mit ihrer Vergangenheit aufgeräumt, sie sind alle Themen angegangen, haben über alles gesprochen und wirklich ihre Mentalität geändert. So wie ich es sehe, sind Deutsche nicht melancholisch oder haben eine dunkle Seele oder dergleichen. Ich bin sehr oft in Deutschland gewesen und finde die Deutschen wirklich lustig und großartig. Mein Rat lautet: Geht in diese Richtung weiter, denn ihr seid auf dem richtigen Weg.«

Die Welt sieht uns längst anders, als wir das tun. Aber sie nimmt auch wahr, dass es uns an Eigenliebe noch ein wenig fehlt. Egal wie gut das Gefühl ist, wenn wir es kurz spüren, es festzuhalten scheint schwierig zu sein. Vor allem, wenn wir uns selbst mit so wenig nachgiebiger Liebe betrachten und jede Möglichkeit wahrnehmen, uns schlechter zu machen, als wir sind. Her mit der Selbstgeißelung! Denn das sind wir gewöhnt. So wie die Reaktion auf den Gaucho-Tanz unserer Nationalmannschaft während der WM-Siegesfeier 2014. Einige Zeitungen titeln: »Respektlos im Siegesrausch« und »Die Siegesfeier am Brandenburger Tor wird zum gigantischen Eigentor«. Unsere niederländischen Nachbarn schütteln den Kopf. Nur eine Zeitung im Grenzgebiet Flewoland greift das Thema auf und titelt: »Aufruhr um einen kleinen Gaucho-Tanz: Am Sonntag waren sie noch Helden, aber drei Tage später bekommen die Spieler der Nationalmannschaft von den deutschen Medien ungnädig die volle Breitseite.«

Der deutsche Korrespondent Herbert, seit 30 Jahren wohnhaft in Kanada, zieht den kanadisch-deutschen Vergleich: »In Deutschland hat man gewisse Berührungsängste mit Patriotismus, also mit dem Hissen von Flaggen zum Beispiel. Das hat man ja auch gesehen, als nach dem Wahlsieg 2013 einer der Mitgewinner auf dem Podium mit einer kleinen deutschen Flagge winken wollte. Die hat Frau Merkel ihm dann energisch entzogen. So etwas wäre hier undenkbar! Gib mir Flaggen, gib mir Stolz und Patriotismus.« Herbert schaut über die Dächer Montreals. »Patriotismus wird hier nicht so negativ gesehen wie in Deutschland. Kanada hat auf eigenem Grund auch noch nie einen Krieg geführt. Ich glaube, Krieg prägt den Menschen nicht nur für eine Generation, sondern nachhaltig über viele Generationen. Und das wirkt sich sicherlich auch auf das Glücksgefühl aus. Es ist ja auch schön, wenn man auf etwas stolz sein kann.« Ruut Veenhoven nimmt das ähnlich wahr: »Ich denke, dass der Krieg immer noch ein wichtiger Faktor dafür ist, dass Deutschland es auf der Glücksskala nicht so weit nach vorne schafft. Denn er hat wirklich tiefe Wunden hinterlassen. Und in Deutschland lebt noch eine Generation, die ihn miterlebt hat, die zum Beispiel ohne Vater aufwachsen musste.« Manchmal beschleicht mich das Gefühl, dass andere Länder uns mit sehr viel mehr Nachsicht betrachten, als wir es selber tun.

Und deshalb hat Jasmin, eine Altenpflegerin aus Luzern, eine sehr schöne Botschaft an die Deutschen: »Die Deutschen … wie sie ein bisschen glücklicher werden können?« Die rothaarige Frau mit ihrem frechen Kurzhaarschnitt schaut nachdenklich hinauf zu den Bergen Luzerns. »Vielleicht ein bisschen mehr Selbstliebe? Es beginnt ja alles bei einem selbst. Man kann nur das geben, was man sich selbst gibt.« Und Tikka, eine fröhliche Rentnerin, die in Stockholm unterwegs ist, gibt uns fast zärtlich jene Worte mit auf den Weg: »Ich denke, die Deutschen müssen lernen, ihre Geschichte loszulassen. Ihr solltet euch nicht so sehr unter Druck setzen, denn ihr seid gut, so wie ihr seid, ihr seid gut genug.«

Empfinden wir das auch so?

Die Geschichte loszulassen und wieder zu uns, zueinander zu finden bleibt schwierig. Nach dem »Radar gesellschaftlicher Zusammenhalt« schneiden vor allem die skandinavischen Länder sowie Australien, Kanada, aber auch die Schweiz oder Luxemburg auf diesem Gebiet besser ab als wir. Insbesondere tun wir uns mit der Identifikation mit dem eigenen Land schwer. Eine Identifikation, die dazu führt, dass sich fremde Menschen wie Kinder in die Arme fallen, Flaggen in Bratwürste stecken und sogar Toilettenpapier in den Landesfarben aufhängen. Sie erraten es schon, ich rede von meiner zweiten, orangenen Heimat. Dieses WIR-Gefühl ist nicht der Anfang von Kriegen. Und so tritt auch unser Bundespräsident für ein selbstbewusstes gemeinsames Deutschland ein und sagte in seiner Rede am holländischen Befreiungstag 2012 im niederländischen Breda: »Gefahren gehen nicht von Menschen aus, die zu sich selber gefunden haben, sondern von Menschen, die einen Minderwertigkeitskomplex haben.« Ein Deutschland, das sich selbst liebt, ist ein Geschenk an die Welt. Und an sich selbst.

Und wir können uns gern haben. Wir haben viel

erreicht. Es geht uns saugut in Deutschland. Keine besonderen Vorkommnisse innerhalb unseres Landes, die nicht auch in jedem anderen vergleichbaren Land vorkämen. Wirtschaftlich stehen wir blendend da. Aber auch um uns herum: alles friedlich. Wir sind umgeben von Freunden, die nur Gutes im Sinn haben. Wir werden respektiert, wir werden geliebt. Ist das nicht einfach nur großartig?

Ja. Und da sitzen wir dann mit unserem guten Leben und einer Realität, die kaum besser sein könnte. Und besser ist, als sie jemals war. Und wissen nicht so recht, was wir damit anfangen sollen. Wo sind die Probleme, die wir immer lösen mussten, wo sind die Konflikte hin? Auch mit unserem Schuldgefühl können wir nicht mehr glänzen, ohne dass der Rest der Welt genervt mit den Augen rollt. Ja, verdammt, wir sind doch tatsächlich ein stinknormales Land geworden! Und jetzt haben wir als Volk die Chance, uns neu zu erfinden. Wie möchten wir sein? Wo wollen wir hin? In was für einer Gesellschaft wollen wir leben?

Vielleicht gelingt es uns ja, uns in Richtung einer Gesellschaft zu entwickeln, die sich im Alltag wieder als eine Gemeinschaft empfindet? Wie in Dänemark? Generationsverträge braucht man hier nicht, denn Alt und Jung unterstützen sich selbstverständlich im Alltag. »Kinder sind hier total wichtig. Die stören nicht, die werden geliebt! Jeder tut hier was für sie:

die Nachbarn, die Gemeinde, alle«, schwärmt Mandy. Auch in Ihrer Nachbarschaft suchen Familien händeringend nach Unterstützung und würden älteren Menschen dafür gerne die Einkäufe aus dem Supermarkt mitbringen. Es gibt so viele Schnittstellen in unserer Gesellschaft, von deren Nutzung wir alle profitieren können. Schauen Sie sich um. Machen Sie die Augen auf und gehen Sie den ersten Schritt in ein neues, gemeinsames Deutschland.

Dänemark, oh hyggelig, Smørrebrød und Wohlgefühl

Entsetzt stelle ich fest, dass mein Reisebüro mir acht Stunden Wartezeit am Flughafen von Kopenhagen verpasst hat. Ich bin unterwegs nach Århus, wo ich mich am nächsten Tag mit Professor Christian Bjørnskov treffen werde. Kurzerhand checke ich aus, steige in den Flughafenzug und stehe eine Stunde später mitten in Kopenhagen, dem Zentrum der Geschichte von Smørrebrød und hyggeligem Wohlfahrtsstaat. Die Stadt ist quirlig, aber trotzdem spürt man eine gewisse Gelassenheit. »Dänemark ist das Skandinavien für Anfänger«, scherzt Malte, dem ich später mit seiner kleinen Tochter Elli begegne. Er kauft ihr noch schnell ein Eis und nimmt sich dann alle Zeit der Welt für ein Interview. Mitte 40 ist er und mit lässigem T-Shirt und Cargoshorts unterwegs. Die blonde Elli umrundet uns während unseres Gesprächs auf ihrem roten Fahrrad. »Wir sind eigentlich mehr wie die Norddeutschen.« Das sind übrigens die Einzigen, mit denen sich die Dänen eine Landesgrenze teilen. Und ausgerechnet entlang dieser Grenze sind laut »Glücksatlas 2013«[14] auch die Deutschen am glücklichsten. Ist das Glück etwa über die Grenze zu uns nach unten gerutscht? Das wäre eine halbwegs plausible Begründung dafür, dass Schleswig-Holstein, Hamburg und Niedersachsen die glücklichsten Bundesländer Deutschlands sind. Dänisches Glück scheint also abzufärben. Ein wenig zumindest, denn die Dänen schätzen sich doch noch um mehr als einen Punkt glücklicher (8,3 zu 7,1 laut »World Database of Happiness«[15]) als die Deutschen. Oder war es vielleicht genau andersrum? Haben wir Deutschen den Dänen das Glück gebracht, indem wir ihnen einen Glückskönig schenkten? Denn seit 1849 übernimmt die Linie der deutschen Glücksburger die repräsentativen Aufgaben der Monarchie in Dänemark. Dasselbe Adelsgeschlecht stellte übrigens auch den norwegischen König. Wir haben also unser deutsches Glück über die Grenze hüpfen lassen. Schön blöd. Glücksburg ist im Übrigen auch die nördlichste Stadt Deutschlands. Weit war der Weg also nicht für die Glücks-Ritter, -Prinzessinnen und -Könige.

Aber warum sind die Dänen denn nun wirklich so glücklich? Wegen der hohen Bierpreise? Wegen des wechselhaften, kälteren Klimas? Wegen der im Vergleich zu Deutschland 25 Prozent höheren Lebenshaltungskosten? Oder gar wegen des Spitzensteuersatzes von 59,6 Prozent, fällig ab umgerechnet ca. 52 400 Euro Jahreseinkommen? Dänemark ist ein teures Pflaster, und die 5,6 Millionen Menschen hätten wahrlich allen

Grund zum Klagen. Tun sie aber nicht. Michael, ein englischer Wahldäne, sitzt völlig entspannt auf der Terrasse seines Restaurants in Århus. Graumeliertes, schulterlanges Haar, braungebrannt und Anfang 60, würde ich schätzen. Er lebt gerne hier: »Du kannst dreimal am Tag duschen, du kannst dreimal am Tag essen, du kannst arbeitslos sein und bekommst Geld vom Staat. Du bist in jeder erdenklichen Art geschützt. Wir zahlen viele Steuern, ja, aber genau deswegen funktioniert das System. Dänemark ist klasse!« Dieses System ist der sogenannte Wohlfahrtsstaat, der typisch ist für alle skandinavischen Länder. Sein Ziel ist knapp gesagt, dass es allen Menschen weitestgehend gutgehen soll. Im Gegensatz zu unserem Sozialstaat, dessen Ziel es ist, dass es keinem wirklich schlecht geht. Und es scheint in Dänemark zu funktionieren. »Das ist vielleicht auch Ausdruck für diesen Gemeinschaftssinn, dass der Einzelne sich in der Solidarität mit den anderen aufgehoben fühlt«, so findet Miriam, die Professorin für Germanistik an der Universität von Ålborg. Ich treffe sie und ihren Mann Reiner am Strand des kleinen Örtchens Slettestedt an der Nordsee, wo ich die beiden im Windschatten eines großen Fischerbootes interviewe. Solidarität bedeutet hier nicht nur, dass die, die mehr haben, für die sorgen, die weniger haben, es bedeutet auch ganz konkret, dass sich jeder Däne seiner Verantwortung für die Gemeinschaft bewusst ist. Sich relaxed zurücklehnen und zum Beispiel Arbeitslosengeld kassieren, das wäre dem Dänen peinlich. Die Einkommensschere ist klein, die Beschäftigungsquote ist die höchste in der EU, auch unter den älteren Arbeitnehmern. Erster Grund: Arbeit in Dänemark macht Spaß. Die Dänen sind nämlich nicht nur generell sehr glückliche Menschen, sondern gehören auch zu den glücklichsten Arbeitnehmern der Welt.[16] Zweiter Grund: Arbeiten in Dänemark ist »einfach«, denn die Kinderbetreuung ist exzellent geregelt. Deshalb nehmen Frauen traditionell schon lange gleichberechtigt am Arbeitsleben teil.

Aber Leben ist so viel mehr als Arbeit allein, vor allem bei den Dänen. Der Däne liebt das Leben, raucht, trinkt und isst ausgiebig und lebt dafür gerne ein wenig kürzer. Im Gegensatz zu den norwegischen Naturburschen, den ausgeglichenen Schweden und den schweigsamen Finnen ist Dänemark das »Enfant terrible« Skandinaviens. Joar, der norwegische Glücksforscher, nickt anerkennend: »Dänen sind glücklicher als wir – niemand weiß, warum. Meine Theorie ist, dass Dänen sehr hedonistisch eingestellt sind. Sie lieben die körperlichen Freuden des Lebens: Trinken und gutes Essen.« Raffiniert belegtes Smørrebrød zum Beispiel.

Mandy und Rainer, die zwei Wahldänen, die ich ebenfalls in der Nähe von Ålborg interviewe, haben vor acht Jahren Ostdeutschland verlassen, weil sie dort keine Perspektiven mehr für sich sahen. In Dänemark fanden die Ingenieurin und der Industrieelektriker ihr Glück und zwei gute Jobs. Ich spreche mit ihnen auf der Terrasse ihres gemütlichen, typisch dänischen Landhauses, beige gestrichen, weiße Sprossenfenster, lieblicher Garten – ohne Zaun. Die Wahldänen strahlen übers ganze Gesicht, als sie mir von ihrem Leben unter Dänen berichten. Es besteht hier ein enger Familienzusammenhalt. Mandy findet das schön. »Natürlich ist es ein großer Vorteil, dass die Familien wegen der Arbeit nicht so weit auseinandergerissen werden wie in Deutschland. Das Land ist einfach nicht so groß.« Es ist Sonntag, ihr kleiner Brunnen im Garten plätschert ruhig vor sich hin. Nur einmal wird die Stille für eine halbe Stunde unterbrochen, als Per, der Nachbar, den Rasen mäht. Seinen eigenen und den seiner drei Nachbarn gleich mit. »Auf so einem Rasenmähertraktor, den sich hier ein paar Nachbarn zusammen geleistet haben«, fügt Mandy schmunzelnd hinzu. Es ist übrigens um die Mittagszeit. Stören tut das hier keinen.

»Diese Zufriedenheit und diese Gelassenheit der Menschen hat uns sofort gefallen.« Zusammen genießen, das ist der Kern des dänischen Lebens. »Hyggelig« heißt das Zauberwort – und ist nicht zu übersetzen. Mit »gemütlich« vielleicht? Es ist viel mehr als das, es ist eine Intimität, ein Gefühl von enger Verbundenheit, Heiterkeit, Zufriedenheit und Gelassenheit, alles kombiniert in einem Begriff. Als ich mich wenig später auf eine Baustelle in Ålborg verirre, sehe ich Jacob, um die 20, weißer Sicherheitshelm, Heavy-Metal-T-Shirt und eine Kippe in der Hand. Praktikant sei er hier. »Warum sind die Dänen so glücklich?«, frage ich ihn. »In Dänemark sind wir wirklich höflich und freundlich zueinander. Beim Einkaufen, bei der Arbeit oder unter Freunden. Wir probieren einfach, füreinander das Beste zu tun.« Zum Abschied winkt er mir schüchtern nach, der ideale Schwiegersohn, und nimmt noch einen Zug von seiner Zigarette.

Hyggelig ist hier eine Lebenshaltung. Reiner, den ich am Slettestrand interviewe, empfindet das als sehr angenehm: »Hier ist alles ein bisschen ruhiger. Alles ist langsamer. Die Züge fahren langsamer, die Autos fahren langsamer. Selbst der Bürger läuft langsamer, würde ich sagen.« Unheimlich viel zu tun zu haben, gestresst zu sein und im Tiefflug von einem Termin zum anderen zu hetzen, damit können Sie in Dänemark Ihren Wichtigkeitsgrad nicht erhöhen. Wenn Sie nicht gut für sich selbst sorgen und für Ihre Familie, Freunde und Hobbys nicht die nötige Zeit finden, dann haben Sie deutlich etwas falsch gemacht in Ihrem Leben – zumindest aus dänischer Sicht. Und das wissen auch die Arbeitgeber. »In Dänemark wird der Mensch gepflegt. Auch auf der Arbeit«, so Rainer, der Industrieelektriker. Dieses ganzheitliche Denken, in dem der Mensch als Summe all seiner Lebensrollen gesehen wird, ist typisch für das dänische Menschenbild. »Wenn du neu in einem Unternehmen bist und gleich schwanger wirst, dann wirst du nicht schief angeschaut. Im Gegenteil. Der Chef freut sich, denn wenn die Frauen zurückkehren, sind sie

Mütter und haben dann ein ganz ander niveau als vorher«, so Mandy. Arbeitslo als »zeitlich frei verfügbares Potential und ältere Arbeitnehmer als Schatz an Jüngere. Menschen sind Menschen un mit Verschleißerscheinungen. Sie besitzen die Fähigkeit, geistig zu wachsen, ihr Leben lang.

In Dänemark ist jeder ein gleichwertiger Teil der Gesellschaft, und das liegt an den zehn Geboten, an die sich hier jeder hält. Nicht die aus der Bibel, sondern komischerweise die aus einem Roman des norwegisch-dänischen Autors Aksel Sandemose aus dem Jahre 1933. Hierin beschreibt er eine fiktive Stadt Jante und ihr Gesetz, bestehend aus zehn Geboten, die im Kern lauten: »Du sollst nicht denken, du seist etwas Besonderes oder besser als wir.« Anscheinend ist es Sandemose mit seinem Buch gelungen, mitten ins Herz der dänischen Bevölkerung zu treffen und das in Worte zu fassen, was unseren Nachbarn seit Jahrhunderten so unglaublich wichtig ist: das Bewusstsein, dass ich genauso viel wert bin wie du. Und an dieses Gesetz halten sich nicht nur die Dänen, sondern auch die Norweger und Schweden. Weniger ausdrücklich tun dies übrigens die Finnen, die allerdings eher russisch geprägt sind, oder die Isländer, die unter amerikanischem Einfluss stehen. Dieses Gesetz von Jante, auf Dänisch »Janteloven«, sorgt dafür, dass die Dänen einander respektvoll, höflich und vertrauenswürdig begegnen. Rainer legt den Arm um seine

›Und auf dieses Gesetz kannst du bauen.« Mandy ganz begeistert: »Ja, man vertraut sich. Im Winter stehen hier oft ein paar Autos hintereinander vor der Bäckerei und bei allen steckt der Schlüssel, weil es draußen so kalt ist und man möchte, dass die Standheizung weiterläuft. Keiner käme auf die Idee, dass jemand sein Auto stehlen könnte.« Rainer nickt heftig: »Man verlässt sich hier auf den anderen.« Und Mandy sprudelt weiter: »Man merkt auch nicht, wenn jemand einen besseren Job hat als man selbst. Weil das Jante-Gesetz sinngemäß auch bedeutet: *Du sollst nicht prahlen*. Es ist für die Dänen etwas ganz Schlimmes, wenn jemand angibt. Das macht man einfach nicht. Natürlich freut man sich und sagt: *Wow, hast du ein neues Auto?* Man freut sich für jemanden, aber es wird nicht damit angegeben. Auch nicht mit Titeln. Wenn du irgendjemanden mit Doktor oder Professor ansprichst, dann ist das peinlich und unangenehm, ein No-go. Das ist unglaublich entspannend!«

So kenne ich das auch aus meiner holländischen Heimat. Respekt ist gekoppelt an die Person, nicht an ihre Funktion. Weshalb sollte ich einen Professor – fachlich brillant, aber menschlich unterirdisch – mehr respektieren als Frau Heiner? Die Kassiererin im Supermarkt bei mir um die Ecke, die dafür sorgt, dass jeder Kunde ein bisschen besser gelaunt den Laden verlässt? »Du sollst nicht glauben, dass du zu irgendetwas taugst«, lautet ein weiteres Jante-Gebot. Ein leichtes Beklemmungsgefühl steigt in mir auf. Sich immer der Gemeinschaft unterordnen zu müssen, klingt nach kleindörflich spießiger Tyrannei. In der Tat kritisiert der Skandinavienexperte Bernd Henningsen, Professor für Skandinavistik an der Humboldt-Universität zu Berlin, das Gesetz als einen Aufruf zum Konformismus und zur Mittelmäßigkeit, der jegliches Streben nach Höherem im Keime erstickt. Das leuchtet mir ein. Wobei ich mich frage, ob der nette Experte auch schon einmal mit den Dänen selbst gesprochen hat? »Ich denke, wir sind so glücklich in Dänemark, weil wir zwar hören, was der Rest der Welt sagt, aber unsere eigene Meinung haben. Wir sagen, was wir wollen, und leben, wie wir wollen«, so beschreibt es mir der junge Gustar aus Kopenhagen. Kurz, die Dänen sind ein freidenkendes Volk.

4
Nimm dir deine Freiheit!

Du wirst nicht in einer Box geboren. Du kannst deinen eigenen Weg gehen. Es wird nichts von dir erwartet. Du kannst dich immer entscheiden und musst für dich selber die richtige Wahl treffen.

Ane, Bauingenieurin, verheiratet und Mutter zweier Kinder, Århus, Dänemark

Möwen fliegen kreischend über den schmalen Kanal, der vor meinem Hotel in Århus vorbeiführt. Ein lustiges Hotel, das mir Christian Bjørnskov da empfohlen hat. Die Zimmer sind den Kojen eines Passagierschiffes nachempfunden. Und so habe ich das Gefühl, ich stünde mitten im Hafen, während ich auf Christian warte. Jung müsste er sein, Anfang 40 vielleicht, und blonde Haare müsste er haben, falls die Internetfotos das halten, was sie versprechen. Und so weit stimmt auch alles, als er auf einmal vor mir steht, während ich noch verträumt die schönen dänischen Backsteinhäuser am Kanal betrachte. Blaue Augen, markantes Kinn. Außerdem trägt er eine knackige Jeans und ein legeres T-Shirt, das eindeutige Anzeichen für aktiven Schwimmsport umspielt. Kurz »ein lekker ding«, wie wir Holländer jetzt unverblümt sagen würden. Ich kann mir schlimmere Interviewpartner vorstellen! Plaudernd gehen wir am Wasser entlang in sein Lieblingsrestaurant »Memphis Roadhouse«. Christian ist außerordentlicher Professor für Volkswirtschaft an der Universität Århus. Wir bestellen uns eine Karaffe Wasser, und er erzählt mir gleich seine ganz persönliche Geschichte zum Thema Glück: »Es war an einem Sommertag vor zehn Jahren. Ich saß in meinem Büro und arbeitete gerade an einer PhD-These darüber, was Vertrauen für die Wirtschaft bedeutet. Irgendwann hatte ich keine Lust mehr dazu, habe mir stattdessen ein Eis gekauft und währenddessen eine Studie über die Ökonomie des Glücks gelesen. Und statt das zu tun, was ich tun sollte, fing ich an, einen Artikel über den Zusammenhang von Vertrauen und Glück zu schreiben, denn ich ging davon aus, dass die zwei irgendetwas miteinander zu tun haben mussten.« Er lacht und dreht gedankenverloren die beschlagene Wasserflasche auf dem Tisch. Seitdem erforscht er das Glück, vor allem den Zusammenhang zwischen Glück und Vertrauen und Glück und Freiheit. »Und das war ein Ergebnis meiner Überzeugung, dass ich die Freiheit habe, mit meiner Zeit zu tun, was immer ich möchte.« Es ist windig. Bauschige Schäfchenwolken schieben sich in schöner Regelmäßigkeit vor die pralle Sonne und machen mir die Einstellung der Kamerabelichtung schwer. Chris, der Eigentümer des Restaurants, ist so nett, uns einen Sonnenschirm an den Tisch zu stellen. Zehn Minuten später hebt der allerdings ab und fliegt im hohen Bogen über die Straße in Richtung Kanal. »Oh, oh«, ruft Christian und sprintet hinterher. Schirm weg. Glücksforscher weg. Schade eigentlich.

»Ja, die Freiheit zu haben, dein eigenes Leben verändern zu können, sichert dein Glück. Das Bewusstsein zu haben, dass du dein Leben kontrollieren kannst, ist das, was glücklich macht«, erzählt Christian weiter, nachdem er den Sonnenschirm sportlich wieder eingefangen hat. Dass er da recht haben könnte, leuchtet mir ein. Immerhin habe ich tags zuvor noch mit einem netten, blonden Spendensammler um die 20 in Århus gesprochen: »Ich denke, uns Dänen ist sehr bewusst, dass wir in einer freien Welt leben. Und das macht uns glücklich.« Die Glücklichen wissen immer, dass sie die Freiheit haben, selbstbestimmt Entscheidungen in ihrem Leben zu treffen. Und diese Freiheit nehmen sie sich folglich auch. »Du musst selbst die Wahl treffen können. Du musst wissen, was du selbst willst, aber du musst dich auch trauen, dich zu entscheiden. Zum Beispiel mit einer anderen Verlobten nach Hause zu kommen, als deine Mutter es möchte. Es geht nicht nur um die äußere Gegebenheit, wählen zu können, sondern auch um deine eigene *Fähigkeit*, dich zu entscheiden«, so Ruut, der Begründer der »World Database of Happiness«. Sie befinden sich also immer im Spannungsfeld der gesellschaftlichen Voraussetzungen, wie Regeln, Tabus und Erwartungen, und Ihrer eigenen persönlichen Befähigung, frei zu handeln. Wenn Sie in einer Gesellschaft leben, in der Freiheit einen großen Wert besitzt, dann werden Sie eher die Fähigkeit entwickelt haben, Ihre Freiheiten zu sehen und sie zu nutzen. »Wenn du die Jugend zu autonomen Persönlichkeiten heranwachsen lässt, die dann später auch in einer Gesellschaft leben, in der man sich etwas aussuchen kann, dann werden das glückliche Menschen«, meint Ruut. Die Fähigkeit zur Freiheit kann man lernen: »Es ist wichtig, dass du dazu erzogen wirst, deine eigenen Entscheidungen treffen zu können«, meint Ruut. »Der Lehrer kann sagen, *so ist es und nicht anders,* oder er sagt, *hier ist ein Problem, wie könnten wir das lösen?*«

Mich macht es glücklich, die Freiheit zu haben, genau das Leben zu leben, das ich leben möchte.
Alexander, Drehbuchautor, Oslo, Norwegen

Hier in Island haben Menschen das Gefühl, tun und lassen zu können, was immer sie wollen. Es ist ein freies und friedliches Land in vielerlei Hinsicht.
Dóra, Direktorat für Gesundheit, Reykjavík, Island

Ich glaube, Kanada ist ein großartiges Land. Wir haben hier sehr viel Freiheit. Wir haben eine

Menge Möglichkeiten. Und ich glaube, das sorgt dafür, dass die Menschen hier glücklich sind.
Wes, Handwerker, Brandon, Kanada

Man hat in Dänemark eine große Freiheit, das zu tun, wozu man Lust hat. Es ist leichter, glücklich zu sein, wenn man über sein Leben bestimmen kann.
Mille, Schülerin, Århus, Dänemark

»Freiheit bedeutet, dass man nicht unbedingt alles so machen muss wie andere Menschen«, brachte es Astrid Lindgren bereits auf den Punkt. Sein Leben frei zu gestalten führt zu individuellen Lebensentwürfen. »Je regulierter eine Gesellschaft aber ist, desto weniger Chancen haben die Menschen, selbst etwas an ihrem Leben zu ändern. Die Dänen haben relativ wenig Regeln, und die, die sie haben, sind sehr schlau«, so Christian. Das gilt auch für die ungeschriebenen Regeln, wie Tabus. »Sie haben einen großen Einfluss auf dein Leben. In Dänemark ist kaum eine Lebensentscheidung tabu. Im Süden der USA kannst du nicht schwul sein oder musst mit 30 verheiratet sein. All das ist in Dänemark völlig okay. Jeder, der kein reguläres Leben führen möchte, kann immer noch ein anderes Leben führen und damit glücklich sein«, so Christian gelassen. Dass dies auch für die Australier gilt, bestätigt mir die deutsche Korrespondentin Esther Blank, die ich ein paar tausend Kilometer entfernt in Sydney treffe: »Fast jeder Australier besteht darauf, dass er ein Individualist sein kann. Und wenn dann jemand kommt und sagt, ihr müsst alle auf einer Seite parken oder alle müssen um zehn Uhr nachts ruhig sein, dann meldet sich sofort massiver Widerstand.« Esther lacht. »Das ist der Unterschied zu Deutschland. In Australien hält man sich nicht stumpf an Regeln, weil es Regeln gibt, sondern weil man einsieht, dass sie irgendetwas bewirken.« Danyka, die ich zufällig bei den Live-Video-Aufnahmen ihrer neuen CD im »Parc des Amériques« inmitten von Montreal treffe, wirft ihre langen, hennaroten Haare aus ihrem blassen, schönen Gesicht. Sie kann dem auch für Kanada zustimmen: »Ich denke, wir sind hier so glücklich, weil wir so offen sind. Wir sind ein junges Land, wir sind multikulturell, und vielleicht ist das der Grund, weshalb wir weniger Druck verspüren, uns konform einer bestimmten Kultur zu benehmen. Vielleicht haben wir deshalb das Glück, mehr das sein zu können, was wir sind.« Dieses ultimative Gefühl persönlicher Freiheit kennt auch Jean-Sébastian, den ich am Sonntagmorgen beim Streichen seiner Haustür in Montreal erwische: »Jedes Mal, wenn ich die Grenze zu Kanada passiere, fühle ich mich frei. Weißt du, Glück ist auch eine Sache von Freiheit. Du kannst arm sein, aber wenn du frei bist, ist das nicht mehr wichtig. Wir haben wirklich, wirklich Glück in Kanada.« Und auch dort, wo sie tatsächlich arm sind und frei, wie in Costa Rica, sind sie dieser Meinung. Wie der Müllmann José, der sich beherzt auf die Brust klopft und ausruft: »Claro que sí! Ich bin glücklich. Ich bin frei im Denken und Tun. Ich kann machen, was ich möchte, und das macht mich glücklich.«

Beschränkungen sind eine lästige Sache: oft stillschweigend praktiziert, meist nicht hinterfragt und nur indirekt kommuniziert. Doch zu einem großen Teil bestehen sie nur in unserer Gedankenwelt. So ist mein erster Gedanke, als ich in Luzern einen alten, hageren Mann, der gebückt auf einem Mäuerchen vor der Kirche sitzt, anspreche: »Ob ich das wohl tun sollte? Der ist bestimmt nicht glücklich.« Adrett angezogen mit Anzugshose, weißem Hemd und blauem Sakko, reicht er mir seine stark zitternde Hand, über die sich eine transparente Haut zieht. Weit gereist sei er, viel gesehen habe er: Amerika, Frankreich und Mexiko. Und jetzt sitzt er hier und verkauft Kerzen, der Arme, denke ich mir. Ich setze mich neben ihn auf das Mäuerchen. Freiheit? Nils Baume schaut mich aus seiner gebückten Haltung von der Seite lächelnd an: »Heute mache ich dies, und morgen kommt eine Änderung. Das ist in Ordnung. Erfolg ist, wenn man mehr weiß als davor. Also mit 87 Jahren, was ist noch möglich? Es gibt nie so viele Chancen wie jetzt, in diesem Alter. Alt ist man erst, wenn man nichts Neues mehr unternehmen will.«

Sie können im Rahmen Ihrer Möglichkeiten immer frei handeln. Ihnen obliegt die Verantwortung. Es gibt so viele Menschen, die weniger Chancen haben als Sie, wie Herr Baume in Luzern oder José, der Müllmann in Costa Rica, und trotzdem Freiheit empfinden, weil sie wissen, dass sie Dinge in ihrem Leben ändern können. Auf diese Art sind ganze Nationen gegründet worden wie Kanada oder Australien. »Ich glaube, dass die Menschen, die nach Australien emigrieren, wissen, dass sie auf sich gestellt sind.« Esthers Blick schweift über die Bucht Sydneys. »Und das ist so eine Grundeinstellung, dass man versucht, sich selbst zu versorgen und auch so viel wie möglich selbst zu regeln. Dass man mehr Risiken eingeht und auf sich nimmt.«

Den Schweden Thomas treffe ich auf der Fähre von Dänemark nach Schweden. Er ist Mitarbeiter auf dem Schiff und führt mich rauf aufs Dach der Fähre, von wo aus wir über das weite Meer schauen: »Meine Freiheit macht mich glücklich. Ich kann mir aussuchen, was ich tun möchte. Ich bin zu nichts verpflichtet«, schreit er gegen den Höllenlärm der Maschinen, des Windes und der kreischenden Möwen an. Und, ja, einen Rat fürs Glück hat er auch:

»Sorge dafür, dass dir nie langweilig wird. Verändere dein Leben! Verändere deine Arbeit! Verändere alles! Lauf rückwärts! Gebrauche deine Phantasie. Sieh die Schönheit des Lebens!« Wir schauen beide auf die lieblichen, kleinen rot-weißen Häuser, die jetzt langsam an der Fähre vorüberziehen. Ich seufze tief. Gebrauche deine Phantasie, hallt es in meinem Kopf wider. Es gibt niemals einen Grund, es nicht zu tun. Obwohl uns bestimmt eine Menge guter Ausreden einfallen: Wir sind zum Beispiel zu alt. Nils Baume ist da anderer Meinung. Wir haben ja die Kinder. Maike macht trotzdem ihre Reise. Vielleicht warten wir erst die Gehaltserhöhung ab? Vielleicht, wenn wir in Rente sind oder das Haus abbezahlt ist. Vielleicht auch einfach im nächsten Leben …

»Du hast nur ein Leben, also *go for it*!« Lebhaft gestikulierend fährt Danyka, die Sängerin, fort. »Freiheit macht mich glücklich, weil ich meine eigenen Entscheidungen treffen kann. Es ist auch okay, dabei manchmal die Kontrolle zu verlieren. Das ist egal, wenn ich dafür mein Leben wirklich *lebe*.«

Die beiden Forscher Ruut und Christian sind sich darüber einig: Je mehr Freiheit Menschen in ihrem Leben erfahren, desto glücklicher sind sie. Brechen Sie Tabus, brechen Sie Regeln, folgen Sie Ihrem eigenen Traum und Ihren eigenen Ideen! Wenn Sie nicht den ersten Schritt gehen, warum sollte es jemand anderes tun? Ottar, isländischer Banker und der Freund von Nanna, der Glückselfe, die m… in Island begleitet, schreibt mir später eine E-Mail: »Wir haben hier viel Freiheit und Möglichkeiten, unsere Träume zu erfüllen. Ich denke, dass die Bewohner Deutschlands auch glücklicher wären, wenn sie auf das hören würden, was sie glücklich macht. Sie sollten nicht zulassen, dass die Gesellschaft etwas von ihnen erwartet.« Dem kann Lars aus Dänemark nur zustimmen: »Wenn man immer darauf bedacht ist, etwas so zu tun, wie man denkt, dass jemand anderes es haben möchte, dann verschwendet man viel zu viel Zeit an solche Gedanken, anstatt sich seiner eigentlichen Aufgabe zu widmen.«

Glücksforscher möchten, dass Sie Ihre Freiheit nutzen, damit Sie Ihr Leben so einrichten, wie Sie es sich wünschen. Ein echt populärer Deutscher übrigens auch: »Was immer du tun kannst oder träumst, es tun zu können, fang damit an! Mut hat Genie, Kraft und Zauber in sich«, so Johann Wolfgang von Goethe. Fangen Sie an! Egal ob Sie sich jetzt für mehr Arbeitsstunden entscheiden, für einen Job, der Ihnen besser entspricht, für fünf Kinder oder eine Reise durch die 13 glücklichsten Länder der Welt. Daniel, den ich auf der Baustelle in Ålborg treffe, ist davon überzeugt, »dass die Dänen so glücklich sind, weil sie so viele Möglichkeiten haben herauszufinden, was ihnen Spaß macht. Und dann machen sie das auch.« Wenn Sie sich Ihrer Freiheit bewusst sind, sind Sie angehalten zu handeln. Und das ist wohl die größte Herausforderung Ihres Lebens. Wie bei Christian, der vor ein paar Monaten sein eigenes Café in Göteborg eröffnet hat: »Sie sagen hier in Schweden, dass du sein kannst, was immer du sein möchtest. Und dadurch entsteht für viele Menschen ein großer Druck. Es gibt keine Entschuldigung mehr, etwas nicht zu tun.« Guter Punkt, den ich sofort mit Ruut in Holland kläre: »Macht zu viel Freiheit nicht unglücklich?« – »Die andere Seite von Freiheit ist, dass du wählen *musst*«, räumt Ruut ein. »Wenn du eine Jacke kaufen möchtest, und es gibt verschiedene Jacken, dann ist es lästig, dich zu entscheiden, und du läufst immer Gefahr, dass du mit der falschen Jacke nach Hause kommst. Aber wenn nur ein Jacken-Modell im Laden hängt, dann kannst du beinahe hundertprozentig davon ausgehen, dass es für die meisten Leute die falsche Jacke ist.« Die Auswahl zu haben hat also seinen Preis. Ruut nickt. »Doch letztendlich lohnt sie sich, weil wir wissen, dass Menschen glücklicher sind, wenn sie in einer Gesellschaft leben, in der sie sich für vieles frei entscheiden können.«

Ich bin mir ganz sicher, dass Sie jetzt eine Menge brillanter Erklärungen parat haben, weshalb Sie in Ihrem speziellen Fall nicht in der Lage sind, Ihre Freiheit zu nutzen. Verpflichtungen haben Sie, Verantwortung tragen Sie. Der richtige Zeitpunkt ist noch nicht da. Doch in jedem noch so kleinen Käfig haben Sie die Freiheit, einen Teil Ihrer Träume zu verwirklichen. Dass es manchmal nicht gleich so geht, wie Sie sich das wünschen, dass Sie Kompromisse eingehen müssen, das habe ich am eigenen Leib gespürt. Ich habe mich fünf Jahre lang für einen Job motiviert, der mir zwar nicht entsprach, mir aber die Möglichkeit bot, währenddessen parallel meinen Traum zu verwirklichen. Wir sind immer gebunden und frei zugleich.

Oft ändern wir nichts an unserer Lebenssituation, weil wir dann betroffen feststellen würden, dass wir schon viel eher etwas hätten tun können. Auf einmal erscheinen Teile unseres bisherigen Lebens sinnentleert. Wenn wir jedoch so weitermachen wie bisher, brauchen wir uns auch nicht zu fragen, warum wir nicht schon eher aktiv in unser Leben eingegriffen haben. Vor fünf Jahren landete ich in einer Lebenskrise, wie sie das Leben früher oder später für jeden von uns bereithält. Wahrscheinlich, um daran zu wachsen. Genau das tat ich, ich nahm ab jetzt mein Leben vollständig selbst in die Hand.

Und wenn ich jetzt zurückschaue, frage ich mich immer noch, wo ich eigentlich die letzten 25 Jahre war. Ich hätte mich schon viel eher, viel aktiver in mein Leben einbringen können. Vorbei. Und das tut weh. Vor kurzem habe ich meinen neuen Pass abgeholt. Die Beamtin schaut auf das alte Foto in meinem Ausweis, dann auf das neue, dann auf mich und platzt heraus: »Sie sehen ja aus wie ein ganz anderer Mensch.« In diesem Moment wird mir bewusst, dass ich mich mit viel Mut und mit Hilfe der Menschen, denen ich etwas bedeute, neu erschaffen habe. »Ja, und genau so fühlt sich das auch an!«, antworte ich bestimmt. Sehen Sie es doch einfach einmal so: Wolfgang Amadeus Mozart starb mit 35 Jahren und hinterließ 21 Opern, 18 Messen, an die 50 Werke für Orchester, 42 Lieder … Heutzutage werden wir durchschnittlich über 80 Jahre alt. Verglichen mit Mozart habe ich jetzt mit Mitte 40 noch einmal mein ganzes Leben vor mir, obwohl ich schon die Hälfte hinter mir habe. Wer weiß, was ich noch alles erschaffen kann? Wer ich in der Zukunft noch alles sein werde?

Freiheit ist, heute jemand anderes zu sein als der, der du gestern warst. Es ist dem Menschen jedoch ein großes Bedürfnis, kongruent zu sein. Auf unsere Meinung soll Verlass sein, und wir wollen uns nicht rechtfertigen, weshalb wir jetzt anders denken oder handeln, als wir es vorher taten. Wir fühlen uns unserer eigenen Geschichte verpflichtet. Wir haben Angst vor Brüchen im Lebenslauf, vor allem hier in Deutschland. Vielleicht ist das auch eine Folge der »German Angst«? Dass wir einfach zu oft gegen die Mauer gerannt sind und es deshalb vorziehen, das Leben wohlgeordnet unter Kontrolle zu halten. In anderen Ländern sind Brüche normal und oft nachdrücklich erwünscht. Weil es die intensivste Art des Lernens ist: das Scheitern, die Krise, die ausweglose Situation, die uns dazu zwingt, eine andere Richtung einzuschlagen. Kontrolle über unser Leben haben wir nämlich nicht, wenn wir festhalten, sondern gerade dann, wenn wir uns verändern und loslassen, auch die Kontrolle, so absurd es klingt. Eetu denkt nach: »Ja, Glück bedeutet auch, dir darüber klarzuwerden, dass du nicht alles kontrollieren kannst, was um dich herum passiert. Und wenn du dir dessen bewusst geworden bist, nun, dann werden die Dinge von selber schon ziemlich gut laufen.« Der Regen tropft vom knallgelben Schirm mitten in Eetus Gesicht. Er ist Touristenführer in Helsinki und mit seiner Kollegin unterwegs. Das Leben ist wie ein Papierdrache, wenn Sie die Leinen zu kurz halten, dann wird er nicht aufsteigen, geben Sie ihm zu viel Leine, dann reißt ihn die nächste Böe hinweg. Das Leben ist ein ständiges Kontrollieren und Loslassen. Die Fäden dazu halten Sie in Ihrer Hand. »Ich bin glücklich, weil ich weiß, dass ich die Kontrolle darüber habe, glücklich zu sein oder traurig. Das zu wissen ist ziemlich klasse. Ich habe die Wahl, mein Leben zu wählen«, so John Philipp, der Amerikaner und langjährige Wahlkanadier, den ich mit seiner Freundin in der Abendsonne von Montreal treffe. Sie haben die Fäden in der Hand. Nutzen Sie sie!

Für viele Menschen, die ich in Deutschland kennengelernt habe, ist es komfortabler, auf die Verantwortung zu verzichten und sich lieber über mangelnde Möglichkeiten zu beklagen, anstatt selbst die »Eier« zu haben, etwas zu verändern. Das mit den Eiern stammt nicht von mir, sondern von einem netten Rentner in Luxemburg, Jorge Arend heißt er. Ich treffe ihn bei wirklich fiesem Schmuddelwetter und bin sehr erleichtert, dass er mir trotzdem ein Interview gibt. Jorge ist gutgelaunt und adrett gekleidet in beigem Trenchcoat und passendem Hut. Er verteilt gerade Eiskratzer für seinen Verein, der das Ziel hat, das Bahnhofsviertel von Luxemburg zu verschönern. »Wie die Deutschen glücklicher werden können?«, darauf hat Jorge eine eindrucksvolle Antwort: »Sie sollten Eier haben, und die sollen sie auch einsetzen. Sie sollten sich selbst ins Leben einbringen, denn das bringt Glück. Das sage ich Ihnen, das bringt Glück.« Bei so viel Leidenschaft kann ich mir ein breites Grinsen hinter der Kamera nicht verkneifen. »Es macht glücklich, wenn man weiß, dass man etwas fertigbringt, selbst fertigbringt, und andere daran teilhaben lässt. Man muss versuchen, seinen eigenen Weg zu gehen. Unser früherer Wirtschaftsminister hat immer gesagt: *Trau dich*. Trau dich ist sehr gut. Dafür ist eine gewisse Unterstützung gut. Die kann man von der Familie bekommen, von Freunden und in den wenigsten Fällen vom Staat.« Diese frei denkenden Menschen, die sich etwas zutrauen, sind irgendwie verdammt lästig. Menschen, die anders handeln, führen uns unsere eigene Mutlosigkeit und Begrenztheit vor. Immer bringen sie alles durcheinander, stellen das in Frage, was vermeintlich sicher scheint. »Wenn ein dänischer Chef sagt: *So wird es gemacht!*, dann fragt immer irgendeiner: *Warum? Was wollen wir erreichen?* Ich schätze diese Lockerheit und Freiheit, die dazu führt, dass man sich traut, nachzufragen. Nur so kann man zusammen noch besser werden«, findet hingegen Lars, der rotblonde Leiter des Ingenieurbüros in Ålborg.

Wir können also als Gesellschaft nur wachsen an diesen Mitdenkern, die wir in Deutschland vielleicht Querdenker nennen würden. Im Idealfall sind sich diese Menschen jedoch der Verantwortung bewusst, die sie allein schon durch die Art, wie sie ihr Leben führen, für andere übernehmen. Denn wir Menschen sind soziale Wesen, wir können gar nicht anders, als wahrzunehmen, was um uns herum geschieht. Andere Menschen lernen von jedem Schritt, den sie tun. Gerald Hüther, der Neurobiologe mit den Kirschen, den ich in Göttingen dazu befrage, drückt es so aus: »Glücklich sind Menschen immer dann, wenn sie die Gelegenheit bekommen, ihre beiden Grundbedürfnisse nach Verbundenheit und Nähe einerseits und nach Wachstum, Autonomie und Freiheit anderseits stillen zu können.« Gemeinsam mit anderen über uns herauszuwachsen ist das Ziel freier Gesellschaften. Die größte Verantwortung, die Sie für Ihre Mitmenschen übernehmen können, ist, dass Sie das Beste aus sich selbst machen. So wie Kirsten, eine 71-jährige Dänin, die ich in der Einkaufsstraße von Århus treffe: »Weißt du, ich will eine glückliche Person sein, und ich will ein gutes Leben führen. Und ich arbeite daran, ein glückliches Leben zu haben. Ich sitze nicht nur rum und warte darauf, dass andere Menschen etwas für mich tun, ich unternehme selbst Dinge. Wenn du eine positive Haltung hast, dann gibt es immer jemanden, der dich begleiten möchte.« Professor Bengt Brülde, Philosoph und mein schwedischer Experte für Glück, schaut mich kritisch über sein Weinglas hinweg an: »Einige Studien haben ergeben, dass Schweden das individualistischste Land der Welt ist. Aber dann rede ich von gesundem Individualismus. In einer Gesellschaft mit einem hohen Vertrauens- und Solidaritätsniveau hat jeder eine reale Möglichkeit, das Leben zu leben, das er gerne möchte. Und ich glaube, aus der Glücksperspektive ist das eine sehr gute Kombination.« Weil sonst Freiheit und Individualität in rücksichtslose Ich-Zentriertheit und einen Selbstverwirklichungswahn abrutschen würden, in dem für Respekt und Zuwendung kein Platz mehr wäre.

Jammern und Jammern

»Es ist in Dänemark schwierig, wirklich unglücklich zu sein, ohne dass jemand kommt und versucht, dir zu helfen«, so Martin, der Kita-Leiter aus Kopenhagen mit Panamahut, lässigem Hemd und einjähriger Tochter, die sich auf wackeligen Beinen an ihm festhält. Fast schon habe ich Mitleid mit den Dänen. So richtig im Selbstmitleid darf sich hier wohl keiner suhlen.

Moment! Auch die Dänen scheinen sich zu beklagen. Das höre ich erstaunlicherweise von Christian, dem Eis essenden Glücksökonom: »Dänen sind wirklich glücklich mit ihrem Leben, aber sie sind auch mündig genug, zu artikulieren, was ihnen nicht passt. Also klagen sie viel über kleine Dinge, weil sie daran glauben, sie verändern zu können. In einer guten Demokratie willst du, dass Menschen sagen, was ihnen nicht gefällt. Sonst verändert sich ja nichts.« Sich beklagen ist also eine gesunde Form der Partizipation in einer frei denkenden Gesellschaft. Und sich zu beklagen ist völlig in Ordnung, wenn man es nicht andauernd tut. »Bis zu einem bestimmten Punkt darfst du das Negative als Teil deines Lebens umarmen. Nur kurz. Sehr kurz. Nur insoweit, dass du es dadurch besser verstehst und etwas gewinnst, aber nicht so lange, dass es ein permanenter Teil deines Lebens wird«, so Robert Cummins, der australische Glücksforscher mit britischem Humor, den Sie bald in Sydney treffen werden. »Aber jammern wir Deutschen nicht auch einfach nur gerne?«, fragt mich ein Redakteur einer bekannten Abend-Talkshow nach meiner Rückkehr aus Skandinavien. Ja, das tun wir. Und genau das ist das Problem. Denn jammern ist nicht das Gleiche, wie sich zu beklagen.

»Mein Name ist Ahmeed. Ich bin in Zürich geboren und Jurist. Ich denke, das Unglück in Deutschland kommt vom vielen Jammern, wenn ich mir das Urteil erlauben darf. Ich hab den Eindruck, die Deutschen mögen es einfach. Vielleicht entlastet sie das. Aber wenn man die ganze Zeit jammert, hat man auch das Gefühl, es geht einem wirklich schlecht. Es wäre mal einen Versuch wert, weniger zu jammern. Eventuell stellt sich dann auch das Glück ein. Denn es gibt wahnsinnig viel, für das die Deutschen dankbar sein können. Es geht ihnen ja sehr, sehr gut.« Wer sich seiner Freiheit und seiner Eigenverantwortung bewusst ist, der jammert nicht, sondern handelt, wie die Dänen. Und dieses Handeln kann auch darin bestehen, sich bei Zuständigen zu beklagen. Aktiv. Nicht passiv.

Ich besuche Bitte in Stockholm, eine drahtige, sehr aufgeweckte kleine 76-jährige Schwedin, mit rot-weiß karierter Bluse und beiger Cargo-Hose. Ihre Nummer habe ich von Peter Frisk, den Interviewpartner aus einem Park in Göteborg, bekommen. Früher war sie Lehrerin für Geschichte, Kunst und Englisch, später hat sie mit Migrantenkindern gearbeitet. Jetzt ist sie – na ja – »Aktivistin« und setzt sich dafür ein, dass Stockholm so grün bleibt, wie es ist. O Gott, nein, vor die Kamera möchte sie absolut nicht. Wir gehen erst mal rauf in ihre niedliche Küche und trinken einen Kaffee. Erst als sie mich mit einem Marmeladenbrot verwöhnt und meine fiese Blase am Fuß versorgt hat, kommt ein »Na gut. Was willst du mich fragen?«. Schweden überrumpelt man nicht. Sie schaut mich aufgeweckt und herausfordernd an, als sie mir auf meine Frage antwortet: »Ja, ich bin glücklich mit meinem Leben. Wenn du nicht hungerst und ein Dach über dem Kopf hast, Kinder, eine Familie und gute Freunde, dann gibt es keinen Grund, nicht glücklich zu sein!« Zwei Stunden bleibe ich, und Bitte zeigt mir ihre gesamte Aktion, Plakate, Entwürfe auf ihrem PC. Und ist dabei so quirlig, dass ich mir vorkomme wie eine lahme Ente. »Wir sind ziemlich glücklich hier in Schweden. Die Dinge, die wir ändern möchten, versuchen wir auch zu ändern.

Du kannst dich nicht einfach nur hinhocken und dich beschweren. Auch wenn du nicht das erhältst, für das du dich angestrengt hast, es macht einen Unterschied, ob du versuchst, etwas zu verbessern. Du musst dich anstrengen für die Dinge, an die du glaubst.« Zum Abschied schenkt sie mir einen großen Bildband über Stockholms Parks mit Widmung. Und umarmt mich herzlich. Ich bin gerührt … Das Buch allerdings muss ich den restlichen Tag mit mir herumschleppen. Es wird schwerer und schwerer und steht jetzt bei mir zu Hause im Bücherschrank.

Schweden – Nicht zu dick auftragen, ordentlich grüßen

Flughafen Stockholm. Ich hieve meinen Koffer in den Bauch des Flughafenbusses, der mich ins Zentrum fahren soll. Die Schweden sind ein sehr modernes Volk, technisch versiert und hoch vernetzt, so viel weiß ich bereits. Die Fahrkarte für den Flughafenbus löse ich dementsprechend per Kreditkarte im Bus. Sensationell einfach. Theoretisch zumindest. Denn ausgerechnet heute funktioniert das Gerät nicht. Der Busfahrer schickt mich zum Automaten an der Haltestelle. Kein Problem! Immerhin bin ich schon ein paar Tage in Skandinavien unterwegs und habe Hektik und Problemdenken weit hinter mir gelassen. Geduldig wurstle ich mich durch das schwedische Menü. »Till?« Ja, was weiß denn ich, bis wohin? »Antal resenärer?« Nur ich alleine. Jetzt werde ich aber doch ein wenig nervös. Ein Beamter der Buslinienengesellschaft kommt mir zu Hilfe. Und während meine Kreditkarte noch im Automaten steckt und ich »betala?« per Knopfdruck bestätige, höre ich, wie ein Motor startet und sich Türen zischend schließen. Das kann nicht mein

Bus sein, ich stehe ja schließlich noch hier. Und meine Kreditkarte steckt noch. Aus dem Augenwinkel sehe ich, wie ein Bus wegfährt. Meiner. Mit meinem Koffer.

Ein großer orangefarbener, erkläre ich später dem Personal und bin froh, dass nur eine Holländerin auf die Idee kommen kann, mit einem knatschfarbenen Koffer um den Globus zu reisen. Zu meiner eigenen Überraschung kann ich mir mein Lachen kaum verkneifen. Mir ist mein Koffer weggefahren. Die Situation ist absurd komisch, und ich bin erstaunlich gelassen. Zu lange Skandinavien, könnte man meinen. Mit Ruhe scheint das hier aber auch tatsächlich alles prima zu klappen. Der Busfahrer wird informiert, mein Koffer an der nächsten Station ausgeladen und im nächsten Bus bei mir wieder eingeladen. Ich habe mich weder über den Busfahrer noch über das Busunternehmen oder die beschissene schwedische Organisation (Ist doch wahr!) aufgeregt. Bin höflich und entspannt geblieben ... Alles richtig gemacht. Gelassen bleiben, nicht zu dick auftragen, ordentlich grüßen: Maike undercover in Stockholm.

Hier stehe ich dann im Land von Astrid Lindgren, Nils Holgersson und den Erfindern des Katalysators und des Dreipunkt-Sicherheitsgurts. Von Tetra Pak, H&M und Ikea ganz zu schweigen. Schweden gibt sich modebewusst und hochmodern. »Sie sind auf ihre Art und Weise immer vorne mit dabei, weil sie wissen, dass sie kreativ sein müssen«, so Tilmann Bünz, Schwedenliebhaber, Skandinavienexperte und langjähriger Korrespondent des deutschen Fernsehens. Stockholm führt weltweit die Liste der Städte mit den meisten Beschäftigten in der IT- und Softwarebranche an. Zusammen mit den Finnen haben sie die beste Internetabdeckung der ganzen Welt. Nun gut, bei 9,6 Millionen Einwohnern auf einer Fläche von 450000 Quadratkilometern (im Vergleich zu den 80,5 Deutschen auf 357000 Quadratkilometern), wovon wiederum nur acht Prozent bebaut sind und 53 Prozent aus Wald bestehen, ist eine drahtlose Abstand-Überbrückungs-Technologie mehr als willkommen. Das fand der Schwede Niklas Zennström wohl auch und hat den Internet-Telefonanbieter »Skype« gegründet, der heutzutage Menschen aus der ganzen Welt face-to-face miteinander telefonieren lässt. »Wenn es funktioniert, funktioniert es«, ist ein bekannter Satz des eher schüchtern wirkenden Milliardärs mit Harry-Potter-Ausstrahlung. Ähnlich nüchtern sieht es auch Christian, der junge Besitzer der Espressobar in Göteborg: »Was immer du machst, entscheide dich dazu und tu es einfach. Es ist egal, was. Aber das, was du tust, das tue gut.« Es ist die pragmatisch geerdete Haltung, die den Schweden auszeichnet und mir so sympathisch macht. Der Mittzwanziger hat seine halblangen, dunkelbraunen Haare zu einem Zopf zusammengebunden und lächelt mich offen an, als ich mit meiner Kamera bepackt in seine Bar an einer Ecke in Göteborg stiefele. »Ich mag es, wenn Kunden nicht nur kommen, um ihren Espresso hier zu trinken, sondern wenn sie auch ihr Herz bei mir lüften. Das ist für mich die Chance, ihnen etwas zurückzugeben.« Der Espressoapparat faucht mir durch mein Interview. Christian lächelt mich entschuldigend an. *The coffee must go on.* Warum denkst du, dass die Schweden so glücklich sind, frage ich ihn, während er den verlockenden Milchschaum in ein Latte-macchiato-Glas füllt. »In Schweden haben wir viel Natur, und ich glaube, die Natur hat eine gewisse Kraft. Sie macht dich ruhig, und wenn du ruhig bist, ist es einfacher, glücklich zu sein.« Ein Stammkunde betritt das Café, ein Italiener, wie Christian stolz einwirft. »Ich weiß nicht genau, weshalb wir so glücklich sind«, fährt Christian fort. »Ich denke mal, dass wir alles haben, was wir brauchen: ein Dach über dem Kopf, Essen, jeder kann eine Ausbildung machen, und wenn man keinen Job hat, dann bekommt man Geld vom Staat. Wir haben alle Basisdinge, die wir brauchen, um zu überleben, und ein wenig mehr. Und ich glaube, es ist für jeden möglich, das zu tun, was er tun möchte. Zum Beispiel wollte ich vor ein paar Jahren ein eigenes Café eröffnen, und jetzt habe ich eins.« Christian strahlt mich an. Und ich frage mich, während ich die Kamera wieder einpacke, ob dieser Satz genauso nicht auch in Deutschland Gültigkeit hätte: Wir haben alles, was wir brauchen, und ein bisschen mehr.

Am Tag darauf komme ich in den Genuss dieser schwedischen Natur, die Christian mir beschrieben hat. Ich bin inzwischen weiter nach Stockholm geflogen und sitze nach einer Stunde Busfahrt auf der Veranda eines typisch rotgestrichenen Gartenhäuschens, ganz in der Nähe der Insel, die Astrid Lindgren mit ihrem Buch »Ferien auf Saltkrokan« unsterblich gemacht hat. Tilmann Bünz, der deutsche Skandinavienliebhaber, hat mich zu sich nach Hause eingeladen. Jetzt schenkt er mir noch ein wenig Kaffee in die Blümchentassen nach. Ich erzähle ihm von meinen Schwierigkeiten mit den scheuen Schweden. Viele winken nur freundlich ab, wenn ich sie anspreche. Er lächelt und nickt: »Es ist sehr unschwedisch, sich auf die Brust zu klopfen und zu sagen: Ich hab das alles geschafft, ich hab's wirklich hinbekommen, ich bin wohlhabend oder glücklich. Vielleicht ist das eine Erklärung dafür, warum die Schweden auf die Frage, ob sie nun die Glücklichsten sind, sich innerlich erst einmal zurechtrückeln und sich fragen: Kann das sein? Wen haben Sie da gefragt? Ich will dem jetzt auch nicht ganz widersprechen, aber ich kann es nicht gewesen sein. Der Schwede möchte nicht auffallen, möchte lieber ein Teil des Ganzen sein, und innerhalb des eigenen Lebens kann man dann doch tun und lassen, was man will – bis zu einem gewissen Grad jedenfalls.« Tilmann findet das sehr angenehm.

Und dementsprechend gestaltet sich auch der schwedische Wohlfahrtsstaat: Jeder ist ein Teil des Ganzen. Tilmann erklärt mir das genauer: »Für den Schweden ist es wichtig, dass es einen starken Staat gibt. Und der Staat sorgt für eine gewisse Gerechtigkeit.« Er sorgt für Kinderkrippen, für eine Bezuschussung der Kinder, wenn sie das Elternhaus verlassen, er bezahlt die Pflege im Alter und sogar die Beerdigung seiner Bürger. »Der Staat sorgt für eine gewisse Verteilung des Einkommens. Das durchschnittliche Einkommensniveau der einkommensstärksten 20 Prozent der Bevölkerung ist fünfmal höher als das der einkommensschwächsten 20 Prozent. Das sind staatlich-kollektiv geregelte Sachen, und infolgedessen ist das Individuum recht frei.«

»Wo ist denn da die Freiheit? Wenn der Staat so stark ist?«, platze ich heraus. »Der Staat ist stark, aber – davon sind die meisten Schweden überzeugt – um das Individuum stark und unabhängig zu halten. Dem Einzelnen wird etwas an Last genommen. Das ist sehr schwedisch, denke ich«, sinnt Tilmann. Sehr wohltuend, so ein festes Sicherheitsnetz für jeden ... Es fängt auf. Und es grenzt natürlich auch ein. Superüberflieger, Exzentriker und Selbstdarsteller haben in Schweden schlechte Karten. »Astrid Lindgren hat das ja bereits auf den Punkt gebracht: *Ohne Schule gibt es keine Ferien*«, so Tilmann weiter. »Ohne Grenzen keine Freiheit. Innerhalb der Grenzen ist jeder maximal frei, seine Individualität zu leben.«

Tilmann und ich schweigen noch ein wenig und genießen zusammen ein Stück Schweden aus dem Bilderbuch: dichter, dunkelgrüner Wald umgibt uns, leise knisternd fällt der Nieselregen auf den See, neben uns liegt friedlich das rotgestrichene Haupthaus, dessen weiße Sprossenfenster und Dachgiebel die rote Farbe noch frischer leuchten lassen. Ruhe, Natur und Einsamkeit. So langsam verstehe ich die schwedische Seele. »Bin ich den Schweden mit der Kamera zu sehr auf die Pelle gerückt?«, überlege ich fast mit einem schlechten Gewissen. »Vielleicht bist du noch zu schnell, du hast einfach ein anderes Tempo«, beruhigt mich Tilmann. Normalerweise werden *Südländer* wie du und ich am Anfang erst einmal verrückt, weil alles einfach länger braucht.« Tilmann grinst mich genüsslich an. »Und das ist sehr angenehm. Die Deutschen könnten von den Schweden eine gewisse Entschleunigung lernen, dass man zum Beispiel auch ohne Raserei auf den Autobahnen gut vorankommt«, findet Tilmann. Er schwenkt noch einmal gedankenversunken seinen Kaffee in der Tasse. »Wenn ich hier für mein Boot einen Bootsplatz benötige, rufe ich die Werft an und frage: *Habt ihr einen Platz? – Joaaah. Vielleicht. Vielleicht, wenn da einer was verkauft.* – Eine Woche später: *Habt ihr einen Bootsplatz? – Joaaah. Vielleicht, ja, könnte schon sein.* Der Schwede kommt mit wenig Worten aus, ein *Hej* zur Begrüßung, und das reicht dann auch schon.« Ich strecke gemütlich meine Beine aus, schaue schweigend in den schwedischen Wald und entlasse die Hektik aus meiner Seele. Weniger Worte, mehr Ruhe. So ist das Leben viel schöner …

Mit für mich schon extremster Ruhe und Zurückhaltung übe ich mich gleich am nächsten Tag in schwedischer Sprachlosigkeit. Was soll ich sagen, es klappt besser. Tikka, die fröhliche, blonde Schwedin um die 60, gibt mir gerne ein Interview. Sie ist mit ihrer Schwägerin und den Ehemännern unterwegs. Als ich sie anspreche, nehmen die allerdings unauffällig Reißaus. Typisch! Vergnügt und mit roten Wangen geben beide Damen mir ein Interview, halb auf Schwedisch, halb auf Englisch. Wir schlagen uns sprachlich so durch. Ich möchte von Tikka das Geheimnis der schwedischen Seele erfahren: »Ja, man sagt den Schweden nach, sie seien so düster und traurig, und das ist total, ja wirklich, total falsch! Die Schweden sind sehr integer. Bevor sie dich reinlassen in ihre Welt, dauert es eine Weile. Wir möchten das Gefühl haben, dass du gut zu uns passt und wir gut zu dir passen. Ich denke, wir sind sehr sensibel. Aber wenn du in der schwedischen Gesellschaft aufgenommen wirst, dann ist es für immer.« Für immer ein Teil des Ganzen.

5
Hier sind wir Menschen

Wenn du die Leute auf der Straße siehst, dann kannst du nicht sagen, wer reich ist oder wer arm. Wenn du ins Krankenhaus kommst, wirst du genauso behandelt wie der Premierminister. Es gibt keinen Unterschied. Wir sind hier gleich. Hier sind wir Menschen.
Hassan, Besitzer diverser libyscher Restaurants, Montreal, Kanada

Meine Beute ist durchaus sehenswert, als ich nach einem Tag Schweden abends in meine Jugendherberge zurückkehre. »Oh! Lass mal sehen!«, bittet mich Gustav, ein Mitarbeiter an der Rezeption, neugierig, nachdem ich ihn gefragt habe, wo ich meine Sachen zum Trocknen aufhängen kann. Wir breiten ein einmal zwei Meter großes Tuch auf dem Boden des Empfangsbereichs aus. »Vorsicht!«, warne ich Gustav, »die Farben sind noch nass.« Doch der betrachtet bereits nachdenklich das Kunstwerk aus schwedischer Hand. Wie in jedem Land habe ich auch die Schweden gebeten, den Pinsel zu schwingen. Sie sollten malen und schreiben, was sie in ihrem Land so glücklich macht. »Lagom«, liest Gustav laut vor und nickt zufrieden. »Ja«, sagt er, »das Bild drückt genau das aus, was den Schweden wichtig ist: Menschen, aber nicht zu viele. Ein Glas Wein – siehst du, da unten rechts? –, aber nicht zu voll das Glas. Schnee, aber nicht zu viel …« Inzwischen haben sich ein paar Jugendliche um das Tuch versammelt und nicken zustimmend. Bevor wir es mit den noch nassen Farben an der sauber aufgehängten Fremdwäsche vorbei auf die Wäscheleine hieven, habe ich bereits das wohl wichtigste Wort in Schweden gelernt: »Lagom«. Nicht zu viel und nicht zu wenig, eben gerade richtig.

Diese Haltung des Maßhaltens durchzieht die schwedische Gesellschaft wie ein roter Faden. Kaum vorstellbar, dass sie ausgerechnet von den Wikingern stammen soll. Nach dem alltäglichen Plündern sollen sie angeblich abends am Lagerfeuer friedlich das Trinkhorn gezückt haben. Und damit sich die rauen Kerle nicht gegenseitig abschlachteten, trank jeder reihum einen Schluck. »Laget om« bedeutet sinngemäß »einmal für die ganze Mannschaft«, damit auch für den Letzten etwas übrig blieb. Angemessen eben. Zurückhaltend. Rücksichtsvoll. Egal ob Hauptmann oder einfacher Kämpfer. Standesdünkel ist jedwedem sozialen Frieden abträglich. »Lagom« heißt nicht zu viel Hektik, aber auch keine lahme Socke. Nicht zu viel Hierarchie, aber man weiß schon, wer letztendlich bestimmt. Ein wenig Weiblichkeit hier, ein wenig Männlichkeit dort, aber bitte maßvoll. Mal schiebt er den Kinderwagen, mal sie. Obwohl mein erster Eindruck in Schweden eindeutig anders ist.

Hier habe ich mehr »Ers« die Kinderwagen schieben sehen als »Sies«. Rabenmütter kennt man hier wohl nur aus Tierfilmen. »Die Schweden haben ein ausgeprägtes Gerechtigkeitsgefühl. Sie möchten gerne, dass es allen gutgeht und dass alle mitkommen. Dass etwas *lagom* ist, umschreibt dieses Grundbedürfnis schön. Keiner soll allzu viel haben, keiner soll allzu viel angeben. Das sorgt für eine gewisse innere Balance, die den Schweden sehr wichtig ist«, so Tilmann, der selber einen äußerst ausgeglichen Eindruck auf mich macht.

Dieser Gedanke, dass alle Menschen gleich viel wert sind und niemand besser ist als der andere, begegnet mir in den meisten glücklichen Ländern. Und er wird stets begleitet von einer großen Toleranz, natürlichem Respekt und erlesener Höflichkeit. Denken Sie an Lars aus Dänemark, der sich gerne die Zeit nimmt, um seinen Mitarbeitern alle Fragen zu beantworten; die exzellente Kinderbetreuung in Island, die dafür gesorgt hat, dass es ganz normal ist, bereits während des Studiums Kinder zu bekommen; die solidarische Art und Weise, wie die Norweger ihren Reichtum für nächste Generationen bewahren möchten, oder die Luxemburger, Australier und Kanadier mit ihrer immensen Wertschätzung anderer Kulturen. Wo und wie auch immer Sie diese humanistische Haltung erspüren, die Kernaussage ist immer gleich: Wir sind alle unterschiedlich und haben doch alle denselben Wert; unabhängig von Macht, Ruhm oder Geld. Das kann auch Tilmann bezeugen: »Die Schweden sehen es nicht als besonders mondän an, wenn sich jemand benimmt wie ein russischer Oligarch. Damit kann man hier niemandem besonders imponieren. Das entspricht nicht der Norm, denn die Norm ist eine humane.« Menschlichkeit ist Trumpf. Findet auch die Jugend Norwegens. Erinnern Sie sich noch an Lotte, die norwegische Korrespondentin? Ich habe das Vergnügen, auch ihre 20-jährige, bildhübsche Tochter Mimi im Hafen Oslos zu interviewen: »Warum die Norweger so glücklich sind? Ich weiß es eigentlich nicht. Vielleicht, weil wir uns alle als gleichberechtigt ansehen und auch so behandeln. Es gibt keine großen sozialen Unterschiede, keine strengen Hierarchien. Jeder ist ungefähr auf demselben Niveau und hat dieselben Möglichkeiten zu sein, was er sein möchte.«

Diese grundsätzlich offene und humane Einstellung herrscht auch auf der anderen Seite der Welt: in Australien. Fragen Sie mich nicht, wie sie dorthin gekommen ist. Im Zweifel durch die circa 23 Millionen Einwanderer, die in diesem Land miteinander auskommen wollten? Fakt ist, so erklärt mir Esther, dass sich die Australier prinzipiell von niemandem in die Suppe spucken lassen. »Ich glaube, dass man sich frei genug fühlt in dieser relativ toleranten Gesellschaft, so zu sein, wie man ist. So kann jemand mit Kleidung rumlaufen, die vielleicht in Deutschland Aufsehen erregen würde. Hier kümmert sich kein Mensch drum. Es ist okay, man kann so sein.« Ich schaue über das türkise Wasser und den weißen Strand der Bucht vor Sydney. Was braucht ein Mensch, um er selbst zu sein? Verbundenheit? Freiheit? Verantwortung? Ein hohes Maß an Toleranz und Akzeptanz in der Gesellschaft, die ihn umgibt? »Australien ist eine sehr egalitäre Gesellschaft. Hier zählt das, was man in seiner Freizeit macht, in seinem Club oder Verein, mit den Nachbarn oder Freunden, und nicht, welchen Status man besitzt«, unterbricht Esther meine Gedanken. Das muss dann aber eine andere Art der Egalität sein, als ich sie aus Schweden kenne, rufe ich kritisch hinter der Kamera gegen den Wind zu ihr herüber. Ich habe in Sydney doch einige Maseratis gesehen!

»Das sind die Zuhälter«, lacht Esther herzlich. Ich habe wohl versehentlich mein Quartier im berühmt-berüchtigten Kings-Cross-Viertel Sydneys bezogen, der Reeperbahn Australiens. Aber dann fährt sie ernst fort: »Wenn ich einen Maserati fahre, dann wird sich derjenige, der im kleinen Mazda neben mir fährt, nicht schlechter fühlen oder weniger wert. Australier halten sich nicht für etwas Besseres.« Also findet sich das Jante-Gesetz »Du sollst nicht denken, dass du etwas Besseres bist« auch auf einem ganz anderen Kontinent wieder. Der humanistische Wert ist folglich universell und weltumfassend anwendbar, denke ich ergriffen hinter meiner Kamera. »Hier bin ich Mensch, hier darf ich's sein«, ziehen Goethes Worte durch meine Gedanken. Wie schön! Und wie wohltuend es wäre, wenn auch ich mich hier in Deutschland nicht immer im Standesdünkel verheddern müsste. Doktor hier, Professor dort, man hat sich wirklich Mühe gegeben, mich nach meiner Rückkehr aus den autoritätsimmunen Niederlanden zu resozialisieren. Doch es irritiert mich immer noch. Vor kurzem habe ich mir eine Wohnung angeschaut. Die Maklerin empfängt mich bereits mit einem zuckersüßen Lächeln: »Guten Tag Frau von den Boom!«

»Van den Boom«, korrigiere ich freundlich.

»Ja natürlich. Also Frau von den Boom, hier ist die Küche … das Bad hat leider kein Fenster … Ja, hier gibt es auch eine Zwischentüre, Frau von den Boom.«

»Van den Boom, Frau Paulus. Das ist ein holländischer Name und bedeutet nicht mehr als Maike vom Baum!«

»Ach – das ist ja interessant!« Der leicht enttäuschte Blick ob meiner profanen Herkunft entgeht mir nicht. »Nun gut, Frau von den Boom, Herr Dr. Walter würde auch die Gardinen gerne mit verkaufen.«

Ich rolle mit den Augen und gebe mich geschlagen. Ich bleibe adelig.

Status, in welcher Form er auch erscheinen mag,

engt ein. Weil Sie sich an äußeren Werten orientieren, anstatt die Person zu sehen, die da vor Ihnen steht. Sie werden in Finnland den Tänzer und Schriftsteller Väinö aus Helsinki kennenlernen: »Für mich, der ich in Finnland aufgewachsen bin, hat Glück eine Menge mit dem Vertrauen in die Gesellschaft zu tun. Dass wir erzogen wurden in dieser sehr lockeren Art der sozialen Interaktion, die schon in der Schule Hierarchien vermeidet. Ich glaube, das setzt sich dann später im Arbeitsleben fort, in allem eigentlich. Es gibt hier keine strenge Trennung zwischen Menschen unterschiedlichen Alters, zwischen Menschen mit verschiedenen Berufen oder denen, die einen anderen sozialen Status haben. Auch auf zwischenmenschlicher Ebene sind wir ziemlich unkompliziert. Ich glaube, das beeinflusst den späteren Umgang miteinander. Es gibt einfach nicht so viel Abgrenzung untereinander.« Wir sind doch alle nackt auf die Welt gekommen, nicht wahr? Und wem kann das bewusster sein als den Finnen mit ihren über zwei Millionen Saunen? Wer sich regelmäßig vor anderen entblößt, der kann sich auch hinter nichts verstecken. Und man munkelt, die wichtigsten Verträge würden in Finnland in der Sauna abgeschlossen, ohne Schlips und ohne Papier. Dementsprechend machen in den Glücksländern Kleider auch keine Leute. Oder Autos, wie bei uns. »Man kann auch mit einer Rostbeule kommen und ist trotzdem angesehen. Man wird hier nicht über Besitz definiert, sondern als Mensch gesehen. Das ist sehr entspannend. Es ist hier keine Ellbogengesellschaft, weil dieser Respekt füreinander da ist«, so Mandy aus Dänemark. Der Schwedenexperte Tilmann schaut mit nachdenklichem Blick in das grüne Grün Schwedens. »Die Hierarchien sind hier im Allgemeinen flach. Wer gewohnt ist, Dinge anzuordnen und von den mittleren Chargen ausführen zu lassen, der wird in Schweden wahrscheinlich Schwierigkeiten haben. Die fehlen hier nämlich. Man muss sich dann doch ziemlich schnell selbst vor seine Leute stellen und sagen: So machen wir das jetzt.« Erkenne ich da ein wenig Schadenfreude in Tilmanns Blick? Es ist wahr, wenn Hierarchien fehlen, können Sie sich nicht mehr hinter anderen Personen verstecken. Einen kleinen Vorgeschmack habe ich Ihnen ja auch bereits in Bezug auf die Dänen gegeben, bei denen immer einer hinterfragt, warum er etwas tun soll. Das ist vielleicht anstrengender für den »Chef«, aber wesentlich gesünder für den Rest, wie die Stressstudie der Techniker-Krankenkasse 2013 zeigt. Mitarbeiter scheinen sich genau dann besonders gestresst zu fühlen, wenn sie wenig Einfluss auf den Inhalt und die Abläufe ihrer Arbeit haben und sich zudem erst mühsam einen Platz in der Rangordnung erobern müssen.

Die Holländer wissen weder, was sie mit Ihrem Arbeitszeugnis anfangen sollen, noch ist in der Wirtschaft Ihre Studienrichtung interessant. Wenn Ihre Persönlichkeit stimmt, dann kann man Ihnen auch den Rest beibringen. Ich habe zum Beispiel als Kunsttherapeutin tonnenweise Stahl verkauft, Menschen rekrutiert und die Unternehmenskommunikation geleitet. Das zu sein, was man sein möchte, erfordert noch etwas: ein enormes Selbstvertrauen, auch ohne Sockel genug Größe zu besitzen, anderen auf Augenhöhe zu begegnen. Unabhängig von Titeln, Herkunft oder Geld.

Apropos Geld, wat denn nu? Muss jeder ungefähr auf dem gleichen Niveau sein oder nicht? Die Norweger, Dänen und Schweden sagen eindeutig: Ja. Für sie ist es ein grundlegendes Zeichen der Loyalität ihren Mitbürgern gegenüber, einen Großteil des Verdienstes in einen gemeinsamen Topf zu zahlen, damit jeder ungefähr gleich viel verdient. Das findet zumindest Aron, der norwegische Segler, der auch im Außenministerium arbeitet: »Ich arbeite momentan an einem politischen *Whitepaper-Entwurf* mit dem Namen *Teilen, um zu wachsen*. Teilen ist sehr wichtig, um Gleichheit in der Gesellschaft zu erreichen. Und das ist ein Wert an sich, der skandinavische Länder prägt.«

Mal abgesehen davon, dass Geld nur bis zu einem bestimmten Niveau glücklich macht: Macht es jetzt glücklich, wenn die Einkommensunterschiede so gering wie möglich sind, wie in Norwegen oder

Schweden? Oder können sie auch größer sein, solange es niemand zeigt, wie in der Schweiz? Oder sind Einkommensunterschiede völlig okay, wie in Island, Kanada, Australien oder Luxemburg? Ungleichheit in Besitz ist eine verzwickte Sache, auf die ich während meiner Reise keine Antwort finden konnte. Was jedoch deutlich wurde: Ungleichheit ist kaum ein Problem, wenn der Respekt vor jeder Person gewahrt wird.

Herbert Bopp grinst in meine Kamera. Er ist Korrespondent für Kanada und analysiert seit über 30 Jahren die Unterschiede der deutschen und kanadischen Kultur: »In Deutschland definiert man sich hauptsächlich über zwei Dinge: zum einen über den Beruf, vor allem, wenn man einen sehr exponierten Beruf hat, und zum anderen über die Familie und Freunde und das Netzwerk, das man sich im Laufe seines Lebens aufgebaut hat. Das alles finde ich für Deutschland sehr passend, weil eben die ganze Gesellschaft so funktioniert. In Kanada wäre das ganz unpassend. Es ist für die Kanadier völlig unerheblich, ob du einen Doktortitel oder einen Professorentitel, zwei Porsche oder vielleicht gar kein Auto, sondern nur ein verrostetes Mountainbike in deiner Garage hast. Man definiert sich über andere Dinge.« Eishockey zum Beispiel. Ich könnt mir in den Hintern beißen, dass ich ausgerechnet heute Nachmittag nach Winnipeg in die Walachei Kanadas weiterfliege. Denn mitten in Montreal stehe ich auf einmal vor einem riesigen Eishockey-Maskottchen von an die 15 Meter. Es ragt hinter einer Eisbahn und riesigen Videoleinwänden in die Höhe. Hochkonzentrierte Betriebsamkeit. Keiner hat Zeit für so etwas Profanes wie ein Interview. Heute Abend wird schließlich feierlich die Eishockeysaison eröffnet. Und das ist wichtiger als Weihnachten und Ostern zusammen. Für Eishockey sterben Kanadier. Ganz groß sind unter den Kanadiern auch kleine sportliche Wetten wie »Bei welcher Temperatur habe ich es am längsten draußen ausgehalten?«. Herbert grinst: »Bei –55° Wein zu trinken ist fast ein Kunststück, denn da gefriert so langsam der Alkohol.« Wen interessiert bei solchen Aktionen schon ein Nobelschlitten mit ferngesteuerter Standheizung?

Jean-Sébastian nickt und schaut zufrieden über sein geliebtes Montreal: »Hier wird niemand nach seinem Äußeren beurteilt, sondern nach dem, was er tut und wie er ist. Und ich finde, das gibt dir selbst ein großes Stück persönlicher Freiheit.« Vielleicht sollten wir damit aufhören, uns abzugrenzen. Frei nach dem »Jedermansrecht«, das Sie bald in Schweden kennenlernen. Es bedeutet, dass jedem alles gehört … zumindest die Natur. Wo wollen Sie Ihr Zelt aufschlagen? Im Wald, am Wegesrand, am See oder in einem Vorgarten? Nur zu. Fühlen Sie sich frei, dort Mensch zu sein, wo Sie möchten. Je weniger Zäune, desto mehr Platz ist ja auch für jeden Einzelnen da. Das gilt auch für Zäune in Form von Titeln, Hierarchien oder Standesdünkel. Entsprechend schnörkellos sind diese Gesellschaften, was manchen als Verlust erscheinen mag. Kein elegantes »Herr Professor«, »Gnädige Frau« … Auch kein »Seine Majestät, der Kaiser« oder »Ihre Majestät, die Königin«. »Der Umgang mit unserem Königshaus ist sehr locker. König zu sein ist einfach ein Job. Ich sehe das Königshaus mehr als eine Art Marketing-Unternehmen für Dänemark«, findet Lars, der »Chef« des Ingenieurbüros in Dänemark. Bleib mal auf dem Teppich und mach einfach deine Arbeit. »Doe normal, doe je al gek genoeg!« – »Benimm dich normal, dann benimmst du dich schon verrückt genug«, würde der Holländer da nur trocken sagen. So wie man es ein paar tausend Kilometer entfernt auch einfach tut, bestätigt mir Esther: »Diese eher lockere Umgangsweise miteinander ist ganz anders als in Deutschland. Und daher ist es einfach eine angenehmere Gesellschaft. Wenn ich hier den Premierminister interviewe, dann nennt er mich Esther und ich ihn Kevin oder Jim. Jeder Australier, der hier seine Politiker sieht, nennt ihn beim Vornamen. Sehr egalitär, sehr locker.« Und ganz schön entlastend, kann ich mir vorstellen. Und zwar für beide Seiten.

Sie sparen sich das lästige Lavieren zwischen »Sie« und »Du«, Professor und Doktor. Sie kommen gleich zum Punkt, und wenn Sie das nicht freiwillig tun, dann werden Sie kurzerhand dazu gezwungen. In Schweden zumindest. In den sechziger Jahren gab es hier eine sogenannte »Du«-Reform. Diese Reform wird dem damaligen Direktor der nationalen Gesundheits- und Sozialbehörde zugeschrieben. Bei seiner Amtsantrittsrede 1967 stellte er klar, dass er alle Beamten dieser Behörde in Zukunft duzen werde. (Ich mag klare Ansagen.) Und das passte natürlich gut zur egalitären Auffassung der Schweden. Tilmann, der Schwedenschwärmer, findet, dass das vieles erleichtert. »Es ist nicht so, dass man dadurch sofort einen tiefen Zugang zu den Menschen findet, aber eine bestimmte Barriere ist erst mal weg und man kann sehr schnell auf sachlicher Ebene miteinander reden und sich austauschen, ohne dass da allzu viel Platz ist für Herrscherallüren.«

Alle Menschen haben den gleichen Wert, Sie erinnern sich? Egal, woher sie kommen.

Esther aus Sydney ist in ihrem Enthusiasmus für ihre Wahlheimat nicht zu bremsen und fährt schon wieder mit ihrer dunklen, angenehmen Stimme fort: »Australien ist eine multikulturelle Gesellschaft, da kommen Menschen aus der ganzen Welt zusammen, aus verschiedenen Kulturen, und deshalb haben sie eine gewisse Toleranz füreinander entwickelt. Man muss einfach seinen Nachbarn akzeptieren können. Und diese tolerante Art, miteinander umzugehen, macht das Leben hier sehr viel leichter für alle. Es gibt einfach weniger Reibungspunkte.« Ich habe absolut keine Ambitionen, in diesem Buch alle aktuellen gesellschaftspolitischen Themen anzusprechen, an denen sich die Politiker die Zähne ausbeißen. Fakt ist jedoch, dass die Akzeptanz kultureller Vielfalt nach Informationen der Studie »Radar gesellschaftlicher Zusammenhalt« in unserem Land schwindet.

Toleranz wird jedoch nachdrücklich jedem abverlangt, der seinen Fuß auf australischen Boden setzt: »Jeder Einwanderer, der Australier wird, muss schwören, dass er die Gewohnheiten der australischen Gesellschaft respektiert *und* auch die all derer, die aus anderen Ländern eingewandert sind«, so Esther. Nur so funktioniert ein Einwanderungsland mit unzähligen Nationalitäten. Aber auch jeder Neu-Däne wird mit dem Hinweis begrüßt, dass hier jeder willkommen ist, der die Werte einer respektvollen Gesellschaft achtet. Das Buch »Mitbürger in Dänemark – Was Neubürger über die dänische Gesellschaft wissen sollten« des Ministeriums für Flüchtlinge, Einwanderung und Integration umfasst 172 Seiten. Es beginnt mit »Willkommen als neuer Mitbürger in Dänemark« und stellt in einem liebevollen Vorwort gleich klar: »Dänemark ist eine demokratische Gesellschaft mit Freiheit, Verantwortung und Entfaltungsmöglichkeiten für alle.« Die Broschüre »Guide to Living in Germany« umfasst hingegen gerade mal 30 Seiten und trägt den Slogan: »Make it in Germany«. Der erste Satz lautet: »Wohnen: Deutschland bietet eine große Vielfalt an qualitativen Mietwohnungen.« Haben wir so wenig über unsere gesellschaftlichen Werte zu sagen?

Menschen aus anderen Ländern werden woanders als Bereicherung gesehen, die durchaus glücksbringend sein kann. »Ich bin Robert und Anwalt hier in Montreal. Ich denke, die Kanadier sind so glücklich, weil es hier viele Leute mit unterschiedlichem Hintergrund gibt. Wir haben gelernt, zusammenzuleben, wir zollen einander sehr viel Respekt.« Und das findet auch Alexandre, Portier eines renommierten Hotels in Montreal: »Kanadier sind glücklich, weil wir in einem friedlichen Land leben. Wir gehen sehr respektvoll miteinander um, und wir sind sehr tolerant.«

Im Regen Luxemburgs begegne ich Nora aus Deutschland – groß, hellbrauner Kurzhaarschnitt, vergnügtes Lächeln, und Alain, ursprünglich aus Haiti – schlank, groß, dunkelbraune Haut, mit einem charmanten Lachen. Nora findet den Umgang unter den Menschen in Luxemburg sehr angenehm: »Es ist der Mix in Luxemburg: Du hast hier viele offene Menschen.« Alain ergänzt: »Du triffst hier Menschen aus verschiedenen Ländern. Sie öffnen dir die Augen. Du siehst die Welt auf eine andere Art und Weise. Es ist hier nicht so, dass nur die Deutschen mit den

Deutschen zusammen sind oder nur die Afrikaner mit den Afrikanern. Nein, alle verbinden sich untereinander, reden miteinander, und das macht sehr viel Spaß. Mich macht das glücklich.« Wie jetzt? Multikulti soll eine Kultur glücklich machen? Ist das in Deutschland denkbar? Halten Sie sich fest, es kommt noch doller. Jean-Sébastian aus Montreal behauptet sogar Folgendes: »Wir sind multikulturell. Dieses Land gehört nicht uns, sondern allen. »Ups. Nix mit Deutschland den Deutschen? Dass ein Land nur denen gehört, die als Erste hier waren, oder denen, die die Mehrheit formen, ist ein ungewöhnlicher Gedanke für Einwanderungsländer wie Luxemburg, die Schweiz, Kanada und Australien. Immerhin sind auch Deutsche manchmal Ausländer. Deverin Kürkmüller, Besitzerin eines schicken Ladens in Zürich, findet das gut: »Wir haben ja sehr viele Deutsche in der Schweiz, die beruflich da sind. Als sie kamen, war da schon erst einmal die Reaktion: *Uh, die nehmen uns Arbeit weg!* Aber ich denke, es gibt viele Gebiete, wie in der Pflege, in der Medizin ... Was machen wir da ohne die Deutschen? Sie bringen doch auch die Qualität in die Arbeitswelt. Das ist doch etwas Tolles.«

Ja, was machen wir ohne einander? Nach Zahlen der OECD lag Deutschland 2012 bei der dauerhaften Zuwanderung auf Platz zwei, hinter den USA. Rund 400 000 Menschen wollten sich für längere Zeit hierzulande niederlassen. Was hindert uns daran, dies als Kompliment zu sehen? Ich weiß, es ist manchmal schwierig, vor allem, wenn Menschen kulturell bedingt ihr Gesicht bedecken. Doch, zum Vergleich: Würde man den Anteil der Ausländer an der Gesamtbevölkerung der Schweiz auf Deutschland umrechnen, ergäbe das eine Zahl von 20 Millionen Fremden hier bei uns. Davon sind wir wirklich weit entfernt.[17]

Jan, die Nachbarin, an die mich Jean-Sébastian nach unserem Interview weiterreicht, hat jahrelang als Diplomatengattin in allen möglichen Ländern dieser Welt gelebt. Wieder zurück in Kanada, vermisst sie das Ausland nicht, denn: »In Montreal haben wir viele Menschen aus Westindien, aus dem Mittleren Osten, aus Südamerika. Du kannst in Montreal durch verschiedene Länder spazieren: Wenn du in Klein-Italien bist, dann spielt sich das Leben draußen auf den Straßen ab, und die Menschen reden miteinander nur italienisch. Und die Straße rauf ist das portugiesische Viertel, da hörst du Portugiesisch, und die Läden verkaufen portugiesische Spezialitäten. Ich finde das phantastisch! Vertrautheit führt zu Verständnis. Meiner Meinung nach bereichert das unsere Kultur.« Jan nickt entschlossen, bevor sie fortfährt: »Manchmal befürchten ein paar Kanadier, dass wir unsere eigene Kultur aufgeben, aber ich denke, dass wir sehr viel mehr erhalten als verlieren. Gut, uns sind ein paar Dinge abhandengekommen, aber ich denke nicht, dass sie uns gestohlen wurden. Wir haben sie den anderen überlassen.« Das portugiesische Viertel, das italienische, das französische, das englische. Ich laufe in Montreal einmal durch die ganze Welt.

»Jeder ist gut in irgendwas«, steht an der Außenseite einer finnischen Schule, und ich denke, genau so sollten wir einander im Leben begegnen. Jeder wird in jedem anderen etwas Wertvolles finden können, was er selbst nicht besitzt. Es wäre schön, wenn wir uns als Menschen schätzen würden, die einander ebenbürtig sind.

Es wird schon dunkel in den Straßen Montreals. Zeit, die Kamera einzupacken und Feierabend zu machen. Da sehe ich Olivia mit ihrem Mann und ihren zwei Kindern, fünf und zwei Jahre alt. Eine Familie habe ich bisher in Kanada noch nicht gesprochen, also müssen die vier dran glauben. Klingt draufgängerisch, ist aber gar nicht so schwierig, denn sie machen es gerne: »Was mich glücklich macht?«, fragt Olivia noch mal nach. »Das hier! Wir waren einfach draußen, und jetzt geben wir ein Interview über Glück! Das ist sehr cool, das geht nicht überall. Aber was mich am allerglücklichsten macht, ist meine Familie. Die Möglichkeit zu haben, für sie zu sorgen und ihnen das zu geben, was sie in ihrem

Leben brauchen. Meinen Kindern beizubringen, ein guter Mensch zu sein, tolerant und respektvoll … Das macht mich glücklich am Ende des Tages.«

Die Schweizer und der Raum für die anderen

Waren Sie schon mal mit Gummistiefeln in der Oper? Meine sind übrigens camouflagegrün. Bis zu den Knien gehen sie und sind richtig schön durchgeschwitzt. Bei jedem Schritt schmatzen sie ein wenig. Morgens hatte es noch heftig geregnet, jetzt sind es 25 °C. Ich bin den ganzen Tag unterwegs gewesen. Alle Interviews am Zürcher See und in der Umgebung sind im Kasten, also Abmarsch heim. Ich schlendere noch einmal am See entlang und genieße die Abendsonne. Endlich ein wenig Zeit, um mich umzuschauen. Neugierig studiere ich den Spielplan des direkt am Ufer gelegenen Opernhauses. Heute: Verdis La Traviata mit Anna Netrebko als Violetta. Ich kann nicht widerstehen, und es sind sogar noch Karten da! Leider habe ich keine Zeit mehr, mit der Bahn in meine Pension zu fahren, um mich umzuziehen. Mit roten Ohren schiebe ich mich eine Stunde später an die Wand gepresst an langen Abendkleidern entlang zu meinem Platz. Bloß nicht nach unten schauen, meine Damen, bloß nicht nach unten schauen, bete ich mein

Mantra vor mich hin. Aber auch meine Oberbekleidung ist mehr als Understatement. Eher unterirdisch: eine graue Wolljacke mit Fellkragen über grauer Jeans im Used-Look. Aber keiner schaut mich abwertend an. Im Gegenteil, eine nette ältere Dame, meine Sitznachbarin, unterhält sich in der Pause angeregt mit mir. »Ach? Sie sind das erste Mal hier in der Schweiz?« Wider Erwarten sucht sie nicht sofort das Weite. Alles scheint absurd normal. Keiner lässt mich merken, wie peinlich deplatziert ich hier bin. Man schaut mich an, als stünde ich dort in passendem Aufputz. Nach dem Pausengong genieße ich entspannt die zweite Hälfte. Auf diesem Wege ein großes Danke an das Zürcher Opernpublikum.

Wenig später zuckelt die Straßenbahn Nummer 11 mit mir durch die nächtlichen Straßen zurück in Richtung Pension. Ich lasse die Interviews des Tages noch einmal Revue passieren und suche nach Erklärungen für das Verhalten der Opernbesucher. Marco Zanker fällt mir da ein. Mit beiden Ellenbogen lehnt er mittags in seiner schwarzen Lederjacke auf dem Tisch, um die dreißig, kernig, gut aussehend, männlich. »Wie sind denn die Schweizer so?«, hatte ich ihn gefragt. Ich erwarte eine klare Ansage. »Jeder denkt darüber ein wenig anders«, antwortet er abwägend, »aber ich glaube, die Leute gehen hier respektvoll miteinander um. Wir sind eine sehr offene Gesellschaft. Manche empfinden uns vielleicht als abweisend und kalt, aber das ist eher die höfliche

Distanz, die man zum andern einnimmt, um ihm seinen Freiraum zu lassen. Wir wollen, dass es dem anderen gutgeht und dass jeder nach Möglichkeit so sein kann, wie er möchte.«

Dass jeder sein kann, wie er möchte, das ist den Schweizern tatsächlich urwichtig. Denn die Schweiz ist seit einigen Jahrhunderten nicht mehr als ein lockerer Staatenbund, zu dem sich die Bewohner der Alpenregion aus freien Stücken entschlossen haben. Nicht, weil sie denselben Glauben, dieselbe Sprache oder denselben Beruf hatten, sondern weil sie es wollten. Vom katholischen Tessiner Tischler bis zum protestantischen Berner Banker haben sie den Eid geschworen, zusammen als stolze Schweizer durchs Leben zu gehen. Hier gibt es keine starke Regierung, die sagt, wo es langgeht. 26 Kantone bestimmen selbständig über Finanzen, Recht, Wirtschaft, Bildung und einige Ressorts mehr. Und damit in einem Kanton nicht auf einmal völlig andere Regeln gelten als in einem anderen, müssen die Schweizer viel miteinander reden und verhandeln. »Das Harmoniebedürfnis, das Bedürfnis nach Ausgleich der Kräfte, das ist schon schweizereigen. Ja, es ist natürlich auch ein bisschen negativ, dass alles ein bisschen langsamer läuft«, so Martin Kießling, ein Architekt um die 45, der in einem Zürcher Park genüsslich vor meiner Kamera sein Weinglas schwenkt. Ohne dieses Harmoniebedürfnis bestünde die Schweiz aber nicht mehr, man hätte sich bereits heillos zerstritten.

Am späten Mittag stolpere ich bei Deverin, einer großen, schlanken Frau, Anfang 60, mit pfiffigem Kurzhaarschnitt, in den Laden. Den Unterschied zwischen den Schweizern und den Deutschen erklärt sie mir folgendermaßen: »Der Deutsche ist einfach der, der sich vorne hinstellt und sagt: *So ist es richtig, so machen wir das.* Und dann gehen alle in die gleiche Richtung. Bei uns funktioniert das nicht so. Der Deutschschweizer sagt *links*, der Welschschweizer *rechts*, der Tessiner *ja, gehen wir mal in der Mitte, das ist vielleicht das Einfachste.*« Puh, wie anstrengend, denke ich mir. Aber es kommt noch schlimmer. All diese unterschiedlichen Menschen haben auch noch die Möglichkeit, was immer ihnen unter den Nägeln brennt, zur allgemeinen Abstimmung zu bringen. Sie können sich in ihrem Kanton dafür starkmachen, dass vor die Schule im Ort endlich ein Zebrastreifen kommt oder auf nationalem Niveau über Themen wie *Schluss mit den Steuerprivilegien für Millionäre* oder *Rettet unser Schweizer Gold*[18] abstimmen lassen. Oder aber für eine Erhöhung der Abgaben zur Arbeitslosenversicherung plädieren. Die wurde übrigens angenommen. Sich jedes Mal in eines dieser Themen vertiefen? Und zwar nicht nur im eigenen Interesse, sondern auch im Interesse aller Eidgenossen? Ich würde wahnsinnig werden. Heidi, eine junge Physiotherapeutin aus Luzern, beruhigt mich da: »Die niedrigen Wählerquoten zeigen, dass die meisten dann in der Politik doch nicht alles mitentscheiden. Aber wir hätten die Möglichkeit. Vielleicht macht das einen glücklicher, wenn man denkt, man hätte ja die Chance, aber man nutzt sie halt nicht.« Das bestätigt mir auch Professor Bruno Frey, den ich Ihnen bald vorstellen werde: »Für das Glück ist diese Autonomie ganz außerordentlich wichtig! Jeder Mensch fühlt sich so ernst genommen.« Ganz überzeugt bin ich allerdings noch nicht und frage bei Ahmeed nach, einem freundlichen Herrn Mitte 30, mit dunkler Brille und Hut. Er ist gebürtiger Schweizer, hat türkische Eltern und arbeitet als Jurist in Zürich. »Ich glaube, die Möglichkeit teilzunehmen ist schon sehr wichtig. Weil man sich sonst machtlos fühlt. Das sehe ich auch bei vielen deutschen Kollegen oder meiner deutschen Freundin. In Deutschland ist der Staat weit weg, und man ist ihm einfach ausgeliefert. Dadurch, dass wir hier mitbestimmen können – und sei es nur ein kleines bisschen –, haben wir das Gefühl, dass nicht einfach über unsere Köpfe hinweg entschieden wird. Das hilft dem Glück.« Immerhin landen die Schweizer auf Platz vier der »World Database of Happiness«.

Ja, und das Entscheiden dauert und führt dazu, dass die Schweizer in allem langsamer und wohlüberlegter handeln und ich ihnen nicht mal eben kurz zwischendurch ein Interview abknöpfen kann. Auf einmal stehe ich vor ihnen mit einem kessen »Na, was macht Sie denn so glücklich?« auf den Lippen. Der Durchschnittsschweizer macht drei Kreuze, schließt die Augen und hofft, dass ich nicht mehr vor ihm stehe, wenn er seine Augen wieder öffnet. »Ja, die Deutschen ...«, Deverin zögert. »Wenn man in der Schweiz irgendwohin geht, dann begrüßt man sich zuerst. In Deutschland wird schon beim Reinkommen klargestellt, was man haben möchte und was nicht. Da gibt es doch den schönen Spruch: *Der Deutsche fragt nach der Zeit, und der Schweizer erklärt ihm die Uhr*.«

Bruno lacht vergnügt: »Der Schweizer glaubt nicht so wahnsinnig an große Ideale. Er meidet überhaupt alle Extreme. Und deswegen ist Glück vielleicht ein Wort, vor dem der Schweizer zurückschreckt. Er würde eher sagen, *es geht mir nicht schlecht* oder *ich bin ganz zufrieden*.« Meine Frage nach dem Glück ist also zu direkt, zu bedingungslos, zu polarisierend. Das könnte sein, meint Bruno: »Ich bin eigentlich erstaunt, dass die Schweizer so gut abschneiden. Denn hinter dieser Frage steckt ja: Wie zufrieden sind Sie mit dem Leben, das Sie führen? Und die Schweizer sind eher vorsichtige Menschen. Die sagen nicht, ich bin superglücklich!« Ja, die Schweizer geben sich bescheiden, mit stolzgeschwellter Brust läuft hier keiner herum.

Nun gut. Ich ändere meine Taktik. Dem Schweizer nähere ich mich jetzt, ähnlich wie dem Schweden, überlangsam und auf Umwegen. Denn die Schweizer mögen ja mit der Schweizer Uhr die Pünktlichkeit erfunden haben, die Herrschaft über die Zeit haben sie sich trotz allem bewahrt. Das bedeutet, man nimmt sich seine Zeit. Und das hat durchaus seine Vorteile, erklärt mir Deverin: »Der Schweizer überlegt sich alles zehnmal, eben sehr langsam und gemächlich. Wenn er dann aber zu etwas ja oder nein sagt, dann ist das so, und es bleibt auch so.« Schlagfertigkeit ade, braucht hier kein Mensch. Der erste Gedanke muss nicht immer der beste sein.

Deverin aus dem Laden stimmt dem zu: »Also die Deutschen sind dann für uns Schweizer doch zu schnell, zu üppig. Da ziehen wir uns ein bisschen zurück und denken: *O Gott, was ist jetzt denn wieder los?* Viel, sehr viel wird bei euch diskutiert, Fußball zum Beispiel. Die Deutschen würden ja für diesen Ball sterben, das würde jetzt ein Schweizer nicht unbedingt tun. Für ein Weißbier übrigens auch nicht.«

Weltverbessern, große Visionen haben und zu den Sternen greifen, das tun sie vielleicht mal bei sternklarer Nacht auf der Alm. Ansonsten bleiben sie lieber im Tal der Tatsachen, tüfteln, werkeln, optimieren und erfinden. Wie sonst hätte sich diese karge Alpenrepublik Informationen der Weltbank zufolge zur fünftreichsten Nation der Welt mausern können? Nils Baume, der alte Herr, den ich später in Luzern treffe, schaut nachdenklich auf die Straße: »Die Schweizer sind nüchtern und sachlich. Es sind keine Phantasten. Schweizer sind Realisten.« Ahmeed kann dem nur zustimmen: »Und das ist ganz angenehm, weil es wahnsinnig entlastet.« Keine großen Gefühle, wenig Leidenschaft – komisch, so blutleer, wie sie sich beschreiben, kommen sie mir gar nicht vor.

Inzwischen haben sich Werner und Mona zu uns in Deverins Laden gesellt. Er Nähmaschinenhändler und sie

Altenpflegerin. Ein sehr aufgewecktes Pärchen um die 60. Werner prustet los: »Der typische Schweizer? Also gemäß Schema ist der Schweizer ein *Bünzli*.« Ich werfe ihm, an der Kamera vorbei, einen fragenden Blick zu. »Ein Bünzli, das ist so ein Langweiler: korrekt und verklemmt«, erläutert er mir und grinst übers ganze Gesicht. Seine Frau fängt furchtbar an zu lachen. »Erinnerst du dich noch an die zwei Alten gestern Abend ...?«, fragt er seine Frau und pufft sie in die Seite. Ich werde das Gefühl nicht los, dass der Kerl mich aufs Korn nimmt. »Ich denke mal, sehr viele Schweizer sind einfach nicht zu ernst. Wir nehmen uns selbst nicht so schrecklich wichtig und lachen viel und gerne über uns selbst«, fügt Deverin entschuldigend hinzu. »Das stimmt«, lacht Mona. »Es braucht hier nicht viel, dann kriegt man ein Lächeln.«

6
Die geschmeidige Gesellschaft

Man braucht hier keinen Grund, um höflich zu sein,
man ist es einfach. Das macht glücklich.
Jacob, Praktikant, Ålborg, Dänemark

Zürich. Ende Oktober. 13.05 Uhr. Ich bin zu spät. Und das im Land der sprichwörtlichen Pünktlichkeit. Kurzer Druck auf die Klingel des CREMA – Center for Research in Economics, Management and the Arts –, und drei Stockwerke weiter oben stehe ich hechelnd bei Herrn Frey vor der Tür. Bruno Frey. Genau genommen Prof. Dr. Dr. h.c. mult. Bruno S. Frey. So ein Titel lässt selbst autoritätsimmune Holländerinnen wie mich vor Ehrfurcht erzittern. Doch was da so betitelt daherkommt, ist ein durchweg freundlicher und zugänglicher Ökonom, der mich in sein einfach, aber modern eingerichtetes Büro im Dachgeschoss führt. Bruno ist Gründer des Instituts und Professor an der Zeppelin Universität in Friedrichshafen. Aufgeweckter, neugieriger Blick aus vergnügten Augen und ein breites Grinsen unter dem silbergrauen Schnurrbart. Wie alt wird er sein? Er verrät es mir nicht. »Ich habe ein sehr gutes Leben«, antwortet Bruno auf meine Frage, ob er eine glückliche Person sei. »Ich bin in meinem Beruf und in meinem Privatleben ganz außerordentlich glücklich, ja. Das ist eine wunderbare Sache! Und ich glaube, es ist günstig, wenn man einfach immer zuerst schaut, was positiv ist, selbst wenn etwas Schlimmes passiert. Zum Beispiel, wenn sich jemand, der sich das Bein beim Skifahren bricht, sagt: *Ja, ich habe noch Glück, dass ich nicht beide Beine gebrochen habe!*« Bruno grinst. Glück ist, sich nur *ein* Bein zu brechen! Klingt makaber, ist aber so. Gekleidet in dunkler Cordhose, braunkariertem Hemd und schwarzen Schuhen, sieht er sehr konservativ und einen Tick langweilig aus, wie ich mir halt so einen Schweizer Professor vorstelle. Wären da nicht diese Socken! Ich sehe sie erst am Ende unseres Interviews und halte natürlich gleich mit der Kamera drauf. Ringelsocken sind es: schwarz, orange, gelb, grün und blau. »Ja«, schmunzelt er, »solche Socken zu tragen macht auch glücklich!« – »Aber nicht nur!«, beeilt er sich noch hinterherzuschieben.

Stellen Sie sich jetzt mal vor, Sie wären außer sich vor Wut, warum auch immer. Und wollten jetzt sofort eine Lösung! Wie würde man wohl in den Glücksländern darauf reagieren? Böse Zungen behaupten, der Schweizer suche schon nach einem Kompromiss, bevor Sie überhaupt Ihren Standpunkt erklären können. Die Finnen nehmen Sie lieber gleich mit in die Sauna und sprechen erst dann wieder mit Ihnen, wenn Sie nackt mit einem Bier in der Hand gemeinsam auf den See glotzen. Während Sie vom Australier einen kameradschaftlichen Seitenknuff verpasst bekommen, begleitet von einem »Take it easy. Have fun!«. Die Kanadier werden Sie hingegen mit hochgezogenen Augenbrauen befremdet ansehen und sich fragen, aus welchem Gefängnis Sie denn gerade ausgebrochen sind, wenn Sie mit hochrotem Kopf vor ihnen stehen. Und während Sie sich selbst fragen, in welcher verrückt gewordenen Welt Sie gerade gelandet sind, raunt Ihnen Ihr Bewusstsein zu: in einer Welt, in der menschliche Wärme auch ohne Reibungsenergie entsteht.

Willkommen in Norwegen, Island, Schweden, Kanada, Kolumbien, der Schweiz … In der Welt, in der Menschen versuchen, auf eine respektvolle, vernünftige Art miteinander umzugehen. In einer Welt, in der jeder alles daran setzt, Konflikte gar nicht erst entstehen zu lassen, und wenn, sie in gemeinsamem Einvernehmen und im Interesse aller zu lösen. In einer Welt, in der es Menschen einfach nur doof finden, sich zu streiten. »Ich glaube, ein Teil des Glücksgefühls, das die Kanadier empfinden, hängt auch damit zusammen, dass sie keine ausgeprägte Streitkultur haben«, so Herbert, mein Kanadakorrespondent. Kanadier halten dich schnell für einen *Party Pooper*, einen, der die Party mit Streit durcheinanderbringt. Sie diskutieren vielleicht ein bisschen an der Oberfläche, aber dann ist es auch gut.

Kanadiern sind Konflikte tatsächlich ein Gräuel, und nach der Party muss man ja auch noch »gemeinsam durch eine Tür gehen können«, wie die Holländer sagen. Dafür hält der Kanadier sich selbst und seine eigene Meinung gerne ein wenig zurück. Tilmann Bünz, den Sie vor kurzem auf der Terrasse seines typisch schwedischen Hauses kennengelernt haben, kann das für Schweden unterschreiben: »Sie vermeiden es, zu viel Aufmerksamkeit auf sich selbst zu lenken. Sie möchten gerne Teil eines Ganzen sein, in dem eine gewisse Balance herrscht.« Und diese empfindliche Balance können Egomanen, Selbstverliebte oder sogenannte Alphatiere durch rücksichtslose Selbstdarstellung sehr schnell ins Wanken bringen.

Miriam, die Germanistin aus Dänemark, sieht den Unterschied zu der deutschen Mentalität: »Es gibt einen großen Sinn für Harmonie hier, und, wenn man es kritisch sagen möchte, dann besteht bei den Dänen eine gewisse Konfliktscheu. In Deutschland haut man da eher mal mit der Faust auf den Tisch.«

Marco Zanker, der Schweizer mit der schwarzen Lederjacke, kneift kritisch die Augen zusammen. Harmoniesucht ist das nicht, so findet er. »Man wirft dem Schweizer immer vor, jeder versuche es dem anderen recht zu machen. Das kann schon so sein, dass man sich selbst ein wenig zurückzieht, aber das sorgt dafür, dass für die anderen auch noch genug Platz da ist.«

Sie nehmen sich selbst für den anderen zurück. Ich schaue ihn nachdenklich durch meine Kamera an. Von der Warte aus habe ich das distanzierte Verhalten der Schweizer noch nie betrachtet. Die Erklärung gefällt mir außerordentlich.

Ach was, denken Sie sich vielleicht, chronische Vermeider, Duckmäuser, Arschkriecher, Schlappschwänze, allesamt! Sie gehen und suchen sich lieber jemanden, den Sie richtig anmotzen können und der dann ebenso undifferenziert zurückfaucht und Ihnen das gute Gefühl gibt, dass es eine Welt ohne Konflikte nun einmal nicht geben kann. Und auch nicht geben sollte, weil so ein Streit auch herrlich befreit. Eine Utopie, die sich die van den Boom da auf ihrer Reise zurechtschustert.

Keine klare Ansage, kein deutlicher Standpunkt, keine felsenfesten Ansichten, das wird in Deutschland oft als ein Zeichen von Schwäche gedeutet. Aber zeugt es nicht vielmehr von menschlicher Größe, seine eigene Meinung im Lichte einer anderen zu prüfen. Ein Urteil zu revidieren? Groß beizugeben. Die Glückskinder haben alle eine Meinung, auch eine deutliche. Nur nicht immer so »geradlinig«, nach dem Motto: »So muss es sein und nicht anders«, wie Deverin die deutsche Haltung umschreibt. Denn wenn zu viele Menschen auf ihrem eigenen Standpunkt beharren, drohen zu viele unlösbare Konflikte, und die Gemeinschaft könnte auseinanderbrechen. Und die Glücklichsten wollen partout eine Gemeinschaft sein, so viel wissen wir ja bereits aus den vorherigen Kapiteln. Deswegen versucht man, den gemeinsamen Konsens zu finden und einander bei Konflikten mit Offenheit und Vernunft zu begegnen.

»Ich möchte mich den Leuten gegenüber vernünftig verhalten, und ich möchte auch, dass sie sich vernünftig mir gegenüber verhalten«, so Lars, der Chef des Ingenieurbüros. Er schaut mich ernst an. »Alles andere ergibt für mich keinen Sinn.«

Auch nicht für Väinö, den Tänzer und Autor aus Helsinki. Groß, schmales Gesicht und blonde, an den Seiten sehr kurz geschorene Haare, das Deckhaar korrekt zur Seite gescheitelt; eine Frisur, die ich in Finnland öfter sehe. Anfang 30 wird er sein und ist, typisch finnisch, sehr nett und sehr zurückhaltend. Zurzeit wohne er in Berlin und schreibe dort für die finnische Presse: »Ich habe immer gedacht, es sei ein Klischee, dass Finnen gerne in der Natur sind. Dass sie ruhig sind und ihren eigenen Raum brauchen. Aber jetzt in Berlin merke ich, dass ich dieses Verhalten auch an mir selbst wiederfinde. Und ich glaube, es ist ein Schlüssel zum Glück, dass Finnen in jeder Situation die Ruhe bewahren.« Klappe halten, bis 23 zählen, nachdenken, was wirklich wichtig ist und wie man etwas sagen könnte, ohne den anderen zu verletzten. Darauf verwenden andere Länder Unmengen von Energie. »In Diskussionen wird in Deutschland doch sehr hart miteinander umgegangen, und da hört man öfter: *Das ist vollkommen falsch* und ähnliche Ausdrücke. In der Schweiz sagt man, *da habe ich Mühe mit* oder *da bin ich nicht ganz einverstanden*. Und das ist dann das Signal, dass man wirklich nicht einverstanden ist.« Bruno schaut mich freundlich an.

Wie l-a-n-g-w-e-i-l-i-g, denke ich spontan. Und wie e-n-t-s-p-a-n-n-e-n-d gleich hinterher. Ungefähr so langweilig, wie so manchem das Glück generell erscheinen mag. Zu wenig Ecken und Kanten, zu wenig Tiefgang, deutsche Melancholie. So sieht es auch der Schwede Peter Frisk, den Sie aus dem Stadtpark in Göteborg kennen. »Wir haben keine tiefe Seele, deshalb sind wir die Zehntglücklichsten der Welt. Wir haben nicht das Dunkle, wir haben keine Armut. Wir hatten keinen einzigen Krieg, wir haben keine Naturkatastrophen, wir haben kein einziges Problem. Irgendwie hatten wir es immer zu gut in Schweden. Natürlich können wir uns deshalb glücklich schätzen, aber wir vermissen auch etwas. Wir haben keine Poesie in uns. Das siehst du in der bildenden Kunst, in der Literatur und der Theaterkunst. Wir haben keine Tiefe. Das ist meine Meinung.« Und wenn Sie jetzt spontan an die Massen dunkler Schwedenkrimis denken … Man munkelt, das sei eine Art Marketingaktion einiger Autoren gewesen, die endlich einmal anders wahrgenommen werden wollten als nur als niedlicher Abklatsch Astrid Lindgrens.[19] Ich genieße noch ein wenig die Sonne und schaue im Park ein paar Leuten beim typischen Schweden-Schach zu, einem traditionellen, hölzernen Wurfspiel. O ja, hinsichtlich des Tiefgangs können sie eine Menge von den Deutschen lernen. Und sicherlich ist dies ein sehr wertvoller Aspekt unserer deutschen Kultur und ein Brunnen der Inspiration. Nur müssen wir uns immer entscheiden zwischen dem kritischen Denker mit vergrämtem Gesicht in Weltuntergangsstimmung oder dem seichten, oberflächlichen Partylöwen? Als Halbholländerin empfinde ich oft beides, und finde das völlig okay. Ich denke, die Kunst ist es, darin die Balance zu halten …

Egal wie tief die Seele ist – und bei Finnen vermute ich, ist sie um einiges tiefer als bei uns – oder wie leicht der Geist, wie zum Bespiel in Australien: In den Glücksländern ist man nicht auf Krawall gebürstet. Was ist der Trick dabei? Menschen sind einfach nur nett zueinander und äußerst rücksichtsvoll. Sie schrauben ihr Ego runter, weil sie sich nicht in Konflikten verhaken möchten. Wie zwei Segelboote versuchen sie, geschmeidig aneinander vorbeizugleiten und nicht bei voller Fahrt ineinanderzurauschen.

Vielleicht noch mal freundlich grüßen? Zwei Schiffe auf Kollisionskurs drehen ab, und zwar erstaunlicherweise nicht das kleinere vor dem größeren, sondern beide zugleich, denn Sie sind ja beide dafür verantwortlich, wenn es kracht. Wichtig ist, was Sie verbindet, und nicht das, was Sie trennt. Und was ist dabei immer der kleinste gemeinsame Nenner? In diesen Ländern ist es immer der, dass man zusammen eine gute Lösung für alle Parteien finden möchte. Und so werfen die Besatzungen der zwei Schiffe sich schon mal gegenseitig die Leinen rüber und reden erst einmal. Sehr lange. Und sehr ruhig. Nichts für aufbrausende deutsche Gemüter.

Bruno erklärt es mir so: »Wir Schweizer treffen Entscheidungen anders als Deutsche. In der Schweiz besteht in Gremien die Tendenz, gar nicht abzustimmen, sondern so lange miteinander zu reden, bis man einen Konsens gefunden hat. Und ein guter Vorsitzender erspürt diesen Konsens frühzeitig. Nach einiger Zeit kommt er mit genau diesem Vorschlag und hat damit Erfolg.« Der Vorteil des Konsensprinzips besteht darin, dass die Stimme jedes Einzelnen großes Gewicht hat und gehört werden muss. Es ist kein Mehrheitsprinzip, denn jeder muss mit einem Beschluss einverstanden sein und jeder kann mit seiner Stimme den gesamten Prozess lahmlegen. Er muss für sich selbst abwägen, ob seine Gründe dafür wichtig genug sind oder ob er seine

Bedenken nicht doch zurückstellt und eine andere Entscheidung mittragen will. Deverin, die pfiffige Frau aus dem Zürcher Laden, muss da herzlich lachen: »Also in Deutschland würde unser System so gar nicht funktionieren, denke ich. Sie sind einfach so geradeaus und klar. Und bei uns wird immer so lange um den heißen Brei herumgeredet, bis es dann endlich hinhaut: so nach drei oder vier Tagen.« Eine Meinung ist hier eine schöne Basis für eine lange Gesprächsrunde, auf der Suche nach dem heiligen Gral: dem Konsens, bei dem sich alle gut fühlen.

Wie uneffizient! Was soll der Vorteil davon sein? In den Bilanzen werden Sie ihn definitiv nicht finden, auch wenn die Schweiz, Norwegen, Dänemark oder Kanada zu den wohlhabendsten Ländern der Welt gehören. Hier geht es nämlich nicht um Gewinn, sondern um ethisches Handeln. Lars aus Dänemark hat viel mit deutschen Unternehmen zusammengearbeitet: »Da waren viele, die hatten Angst vor ihrem Chef, und ich denke, das ist nicht richtig. So sollte man nicht mit Menschen umgehen.« Das Menschenbild der Glücksländer passt zum skandinavischen Jante-Gesetz: Jeder Mensch ist gleich viel wert und hat genau die gleichen Rechte sowie das Potential, sich stetig frei weiterzuentwickeln. Und die Gemeinschaft bringt ihm dazu genug Offenheit und Vertrauen entgegen. Das fängt in diesen Ländern bereits bei der Kindererziehung an. Mandy hat das bei der Einschulung ihrer Tochter in Dänemark miterleben dürfen: »Der Übergang vom Kindergarten in die Schule wird super vorbereitet. Die zukünftigen Lehrer kommen erst in den Kindergarten, damit sich alle ein wenig anfreunden können. Danach können die Kinder in die Schule gehen, um die Klassenräume zu besichtigen. Und die Kinder, die das Jahr davor eingeschult wurden, können im Gegenzug noch mal zurück in ihren ehemaligen Kindergarten. Die Kinder werden ganz sanft rübergeführt. Das Menschenbild in Dänemark ist wirklich ganzheitlich.« Es ist eine sehr rücksichtsvolle Gesellschaft, so findet Mandy.

Oft verpufft der trennende eigene Standpunkt oder verliert immens an Dringlichkeit, sobald wir ein allgemein gutes Gefühl miteinander haben. Und so verwenden Dänen, Kanadier, Schweizer und Norweger Unmengen von Zeit auf dieses gute Grundgefühl. Da nicke ich heftig. Ich kenne das aus holländischen Besprechungen, bei denen jeder gehört werden musste, auch wenn er gar nicht direkt betroffen war. Jeder hat eine Meinung und vielleicht einen ganz frischen anderen Blick auf die Sache. Der Praktikant bestimmt, der Geschäftsführer oft am wenigsten. Und anstelle einer klaren Ansage wurde nach Stunden ein Tablett mit holländischen »broodje kaas«, Kaffee und Buttermilch, auf den Tisch gestellt, zur Stärkung, um dann fröhlich weiterzureden. Lars soll mir bitte einmal erklären, wie das die Dänen handhaben: »Also ich finde nicht, dass wir zu viel Zeit auf Besprechungen verwenden. Ich kann zwar etwas vorschlagen, aber vielleicht wissen es meine Mitarbeiter noch besser. Wenn wir eine Besprechung haben, und eine Person versteht etwas nicht, dann reden wir später noch einmal gesondert drüber. Die Krise hat dafür gesorgt, dass die Preise gefallen sind und wir noch effizienter arbeiten müssen. Trotzdem sollte man sich immer die Zeit nehmen, um Dinge zu erklären.«

Schließlich soll jeder verstehen, welchem Zweck er dient und welchen Sinn sein Tun hat. »Wenn die Mitarbeiter selbst Einfluss auf ihre Arbeit haben, dann macht es ihnen viel mehr Spaß und sie leisten auch mehr. Sie machen weniger Fehler, und das Produkt, das am Ende rauskommt, ist besser. Daran glaube ich.« Lars sagt das klar und völlig ruhig. »Wenn die Leute bei uns im Büro zur Arbeit kommen, dann haben sie ein Grinsen im Gesicht.« Lars strahlt mich an. Er ist stolz darauf. »Ich habe das Bild eines Mannes vor Augen, der in einem Steinbruch einen schweren Stein bricht. Er sollte nicht nur Anweisungen bekommen, sondern auch den Sinn seiner Arbeit erkennen können. Wenn er weiß, dass dieser Stein für den Bau einer Kathedrale ist, dann macht das Ganze auch gleich viel mehr Spaß. Das ist meine Einstellung.« Die Umfrage des Unternehmens Stepstone »Glückliche Mitarbeiter – Erfolgreiche Unternehmen?«[20] unter mehr als 14 800 Unternehmen und Arbeitnehmern in sieben europäischen Ländern gibt ihm recht. Nicht nur, weil die Dänen dort am besten abschneiden, sondern auch, weil die überwältigende Mehrheit der Befragten angibt, dass zum Glücklichsein am Arbeitsplatz ein respektvoller Umgang, ein gutes Betriebsklima und eine offene und faire Behandlung gehören nebst einer interessanten Tätigkeit. 97 Prozent der Arbeitgeber sehen einen deutlichen Vorteil in glücklichen Mitarbeitern: ein höheres Mitarbeiterengagement. Und damit schließt sich der Kreis: Sie beziehen Menschen mit ein, und diese werden sich mit ihrem Einsatz revanchieren. Bei dieser Studie bildete Deutschland übrigens das Schlusslicht.

Tilmann, der Schwedenkorrespondent, beschreibt es so: »In Schweden wird auf den Einzelnen Rücksicht genommen, denn man sagt sich: Die Leute sind ja nicht blöd, die wissen ja, wie sie arbeiten wollen, und sie können sich auch gut vorstellen, das effizienter zu machen. Mitarbeiter sind sowieso die beste Quelle für den Erfolg eines Unternehmens.« Er nickt und nimmt noch einen Schluck aus der Blümchentasse. Es nieselt immer noch in den schwedischen Sommer hinein. Ich schenke mir auch noch etwas Kaffee nach. »Es hat in Schweden immer revolutionäre Ideen gegeben. Die Abschaffung des Fließbands war eine Weile lang ein Projekt bei Volvo. Das haben sie nach einer Weile aber wieder aufgegeben. So ist das in Schweden: immer ein neuer Gedanke, flache Hierarchien, alle sollen mitreden können. Es gibt für alles irgendwie einen Weg, etwas friedlich zu lösen, ohne dass es einen großen Streit gibt«, schließt Tilmann seine Gedanken ab.

Zugegeben, entsprechend lasch wird eine solche Diskussion wohl sein. »Und sehr schwedisch wäre es dann, es jetzt auszudiskutieren, auszudiskutieren, noch ein Treffen und noch ein Treffen. Es muss alles erst gehört werden, alle Einwendungen werden möglicherweise sogar protokolliert.« Tilmann grinst breit und schaut dem Kaffee zu, den er in seiner Tasse kreisen lässt. Böse Zungen behaupten, die Schweden würden sich dann letztendlich nur einigen, weil die Teilnehmer sonst einschliefen. Wie schwedische Talkshows wohl aussehen mögen, frage ich mich. Gibt es die überhaupt? In Deutschland hätten sie auf keinen Fall Erfolg, mutmaße ich. Ein befreundeter Redakteur einer beliebten Abend-Talkshow erklärte mir das Problem: »Ich finde deine Reise supergenial, Maike. Aber das Thema Glück können wir schlecht bringen, das ist nicht kontrovers genug.« Ein Hoch auf die deutsche Streitkultur? Lernt der Deutsche nur, wenn's göttergleich knallt? Während die Glücksländer panisch auf dem Boden herumkriechen, um den kleinsten gemeinsamen Nenner zu suchen? In

Verhandlungen kommen die Schweizer dann auch nicht so gut weg. »Weil sie immer versuchen, schon mit einer Position reinzugehen, die für die anderen akzeptabel ist«, so mein Glücksforscher Bruno. »Während andere Länder, und da denke ich auch an die Deutschen, mit der maximalen Forderung beginnen, aber wissen, dass man sie letztlich nicht durchsetzen kann. Und dann … ja … findet man vielleicht einen Konsens, meistens aber nicht. Es kommt zu Abstimmungen, und die Verlierer sind unzufrieden. In der Schweiz redet man lange, es ist alles nicht so elegant. Aber wenn dann mal eine Entscheidung getroffen wurde, stehen die Leute auch dahinter, weil sie sich beteiligt fühlen. Ich glaube, im Großen und Ganzen wird ein bisschen mehr Rücksicht auf die Menschen genommen. Und das macht, glaube ich, auch zufrieden.«

Nee! Wie anstrengend, denk ich mir. Es ist einfacher, draufzuhauen, als so achtsam mit jedem seiner Mitmenschen umzugehen. Und da schwant es mir langsam, dass das Bemühen um eine geschmeidige Gesellschaft so duckmäuserisch gar nicht ist, sondern ein Akt einer menschlichen Größe, die Alpha-Tiere nur erahnen können. Es entsteht jedes Mal wieder die Situation, in der sich zwei Menschen frontal an einer Tür begegnen. Man versucht an der Körpersprache des anderen abzulesen, wer jetzt zuerst gehen soll. Dann gehen beide zur selben Zeit.

Stopp! Nein! Zurück … Kichern. Beide machen eine freundliche, einladende Geste und lassen dem anderen den Vortritt, bis sich endlich einer entscheidet, und der andere heilfroh ist, ihn vorgelassen zu haben.

Es sind die stillen, die unauffälligen Führungskräfte im Hintergrund, die ruhigen, bescheidenen Menschen, die man vielleicht mal konsultiert, wenn es richtig brennt. Ansonsten sorgen sie einfach nur dafür, dass die Stimmung und die Richtung stimmen. Sie wissen über die Schwierigkeiten der Putzfrau Bescheid, wissen, wie Ihre Kinder heißen und sprechen dieselbe Sprache wie ihre Mitarbeiter in der Produktion. Und das geschieht nicht etwa aus einer jovialen Haltung heraus, dass man den Untergebenen auch mal seine Aufmerksamkeit schenkt oder sich zu ihnen herablässt, sondern aus der tiefen Überzeugung, dass man zusammen eine Gemeinschaft formt, bei der oft die kleinsten Rädchen das Gesamtkonstrukt am Laufen halten. Und eines dieser kleinen Rädchen kann auch der Chef selbst sein, der für seine Mitarbeiter Kaffee holt oder den Filter an der Kaffeemaschine in der Kantine auswechselt. Wer sonst? Hat der nichts Besseres zu tun? Nein, hat er nicht, denn es sind diese kleinen Gesten, die Freude bringen. »Egal, wie klein das Problem ist: Lars spricht alles an und löst es sofort und unkompliziert. Auch wenn es mal die Bremsspuren im WC sind. Lars ist gefühlt immer auf einer Ebene mit uns. Er stellt sich nicht über uns. Im Gegenteil, manchmal habe ich sogar das Gefühl, dass er uns auf einen Sockel hebt«, erzählt Mandy begeistert über ihren dänischen Chef.

Auch Michael, der Eigentümer des englischen Restaurants in Århus, möchte, dass es jeder gut hat: »Ich öffne mein Restaurant jeden Tag um 12 Uhr selbst. Es macht mich glücklich, jeden meiner Mitarbeiter persönlich zu begrüßen und ihm das Essen zuzubereiten. Und vor zwei Tagen waren im Supermarkt Mixer im Angebot. Also habe ich 24 gekauft und verteilt, so dass sich jeder morgens zu Hause gesunde Smoothies machen kann.«

Es ist erstaunlich, wie respektvoll Menschen aus den Glücksländern mit ihren Mitmenschen umgehen. Und das kann in vielen Ländern sehr unterschiedliche Formen annehmen. So hat mir in Schweden erst mal keiner geholfen, meinen großen Koffer in den Bus zu hieven. Aus Respekt vor meiner Selbständigkeit. Ein Schwede würde sich gekränkt fühlen, wenn man ihm einfach, wie es mir zum Beispiel in Australien passiert ist, vor lauter Hilfsbereitschaft den Koffer beinahe aus der Hand reißen würde. Im Aussi-Land wird jedem Kameraden geholfen, in Schweden dagegen wird jedem sein Raum gelassen.

Tilmann denkt schwedeneigen noch einmal tief

nach und nickt ein paarmal bestätigend: »Ja, Schweden ist ein Land, in dem Menschen das ›ich‹ nicht so betonen. Und das ist sehr angenehm, auch für Hinzugezogene.« Wenn Sie in Schweden jemandem mit dem Einkaufswagen in die Hacken fahren, dann dreht sich kein Schwede mit einem »Mensch! Passen Sie doch auf!« um. Sie würden sich umdrehen, ja, aber eher mit einem »Oh, entschuldige bitte, dass ich hier im Weg stehe. Ich hab was gesucht.« Ich denke, ich brauche niemandem zu erklären, wie entspannt sich dadurch das Miteinander gestaltet. Ebenso in Kanada. Wenn dort eine Kasse öffnet, dann stürmen nicht automatisch alle dahin, sondern lassen natürlich dem den Vortritt, der als Nächster dran gewesen wäre. Ein wenig mehr Höflichkeit und ein wenig mehr Nachgeben im täglichen Umgang miteinander würde uns hier in Deutschland sicherlich auch gut stehen.

> Es ist uns ein Fest, mit anderen zusammen zu sein. Wir versuchen immer, jemandem ein Lächeln zu entlocken. Wir genießen einfach die Gesellschaft des anderen.
> *Jeff, Wirtschaftsprüfer, Melbourne, Australien*

> Man sollte andere versuchen zu verstehen, man sollte nicht immer nur kritisieren, sondern das Beste in jedem Menschen suchen.
> *Alexandro, Ladenbesitzer, San José, Costa Rica*

Die Dänen bedanken sich ganz viel. Wenn jemand für die ganze Familie gekocht hat, sagt man: ›Danke fürs Essen‹. Wenn man mit Freunden einen schönen Abend verlebt hat, dann sagt man beim nächsten Mal, wenn man sich trifft, ›Tak for sidst‹. Danke fürs Sehen. Das ist eine Würdigung, die man miteinander teilt.
Manja, Ingenieurin, Ålborg, Dänemark

Behandle Menschen so, wie du selbst behandelt werden möchtest. Behandle sie gut, dann wirst du Gutes zurückerhalten.
Friðjón Fannar,
Mitarbeiter bei der größten Zeitung Islands, Reykjavík

Achten Sie doch einfach einmal auf die kleinen verbalen Ohrfeigen in Ihrer Umgebung. Deutsche sind wahre Weltmeister in unvollständigen Sätzen: Schönen Tag noch! Bitte zahlen! Ober, drei Bier! Und das am liebsten durchs ganze Restaurant brüllen. Holländer können so etwas nicht ausstehen und finden das typisch deutsch. Meine Lieblings-Kassiererin im Supermarkt bei mir um die Ecke hat's dagegen drauf. »Guten Tag, würden Sie mir bitte Ihre EC-Karte reichen? Vielen Dank. Sammeln Sie auch Treuepunkte? Nein? Dann kann ich bei Ihnen nicht punkten? (Lachen) Das ist aber schade. Dann wünsche ich Ihnen einen besonders schönen Tag!« Beängstigend!

Und es kostet Zeit. Meine Zeit, denn auch wenn die Schlange hinter ihrer Kasse länger ist, stelle ich mich bei ihr an, in froher Erwartung einer Dusche voll Freundlichkeit.

Die bekommen Sie übrigens in Kolumbien nicht nur an der Supermarktkasse. Hier treffe ich auf Javier Coria, in dessen angesagtem Restaurant »Upper Side 81st« ich zu Abend esse. 31 Jahre alt und ursprünglich aus Madrid, leitet er seit drei Jahren das Etablissement mitten in der heißbeliebten Ausgehszene Zone T. Er ist ganz vernarrt in die kolumbianische Kultur. »Die Menschen hier haben *buena vibra*, eine gute Energie, die sich übertragen lässt und die unglaublich ansteckend ist. Sie versuchen immer, den anderen nicht zu verletzen. Sie denken viel drüber nach, wie sie etwas am besten sagen könnten. Sie sagen zum Beispiel nicht: *Hey, gib mir mal kurz den Rechner, bitte.* Sie sagen: *Könntest du mir bitte kurz den Rechner schenken?* Sie sind sehr höflich, freundlich, empfindsam, und ich glaube, dass sie das glücklich macht.« Trotzdem hatte Javier als Spanier am Anfang auch so seine Probleme. »Der Kolumbianer kann nicht nein sagen. Er lässt alles offen und konkretisiert nichts. Wenn du einen Spanier fragst: *Treffen wir uns am Freitag und reden über die Arbeit?* Dann antwortet er *ja* oder *nein*. Der Kolumbianer sagt: *Okay, vielleicht, wir reden noch mal.* Damit zurechtzukommen war für mich wirklich schwierig.«

Martin, der Zürcher Architekt, blinzelt genießerisch mit einem Glas Weißwein in der Hand in die Sonne. Seine Ehefrau versucht derweil die quirlige Zweijährige wieder einzufangen. »Jaaa, wie können die Deutschen glücklicher werden? Vielleicht sollten sie ein bisschen mehr Zurückhaltung zeigen. Sich selber nicht so in den Mittelpunkt stellen. Nicht so sehr mit den Ellbogen durchs Leben gehen. Ein bisschen weniger Kavallerie ...« Er zwinkert mir zu. Hat er da jetzt gerade auf meine camouflagegrünen Gummistiefel geschaut?

Finnland, Blau wie der See, Weiß wie der Schnee

Ich schmeiß meine Kamera hin und geh nach Hause! Die Finnen machen mich fertig. Wie soll ich ein Volk interviewen, das nicht redet? Völlig entnervt stehe ich auf dem Kamppi-Platz mitten in Helsinki. Zum ersten Mal kommen mir Zweifel, ob dieses Land wirklich auf die Liste der glücklichsten Länder gehört. Ich war natürlich schon vorbereitet durch die zahlreichen Witze, die mir ihre skandinavischen Nachbarn über sie erzählt hatten: »Ein finnisches Ehepaar guckt zusammen einen Hollywood-Film. Am Ende kommt es zum Happy End und zu einer romantischen Liebeserklärung, und sie sagt dann zu ihm: *Sag mal, könntest du mir nicht auch noch mal eine so schöne Erklärung machen?* Er: *Ich habe dir meine Gefühle vor 20 Jahren erklärt. Wenn sich etwas ändert, werde ich dir rechtzeitig Bescheid geben.*«

Hier stehe ich also mitten im August in dem Land, in dem sich alles auf das Wesentliche konzentriert. Reden ist Silber, Schweigen ist Finnland. Astrid und Nika, zwei Studentinnen, die im Café eines Theaters jobben, erklären mir das Phänomen: »Die Finnen wissen tatsächlich nicht, wie sie ihre Gefühle ausdrücken sollen. Ich denke, das ändert sich langsam, aber wir rennen nicht auf der Straße herum und sagen, wie glücklich wir sind. Wenn jemand danach fragt, okay. Wir sind glückliche und spaßige Menschen, wenn man uns besser kennenlernt.« Das nehme ich ihnen sogar ab, denn welches andere Land veranstaltet schon preisdotierte Meisterschaften in Handyweitwurf, Moorfußball, Frauentragen und Wettmotzen? Nika nickt zustimmend: »Wir lieben einfach unsere Privatsphäre und mögen es nicht, uns so offen auszudrücken wie andere. Also, wir sprechen einander nicht einfach auf der Straße an, das wäre merkwürdig.«

Das habe ich bereits gemerkt, danke für den Hinweis. Aber ich bin immerhin nicht die Einzige. Mit hämischem Vergnügen beobachtete ich meine Kollegen vom finnischen Fernsehen bei ihren vergeblichen Versuchen, Menschen zu einem Interview zu bewegen. Wenig später kriege ich Oli, einen Banker, in der Mittagspause vor die Kamera. Und er sagt Erstaunliches: »Ich habe mir gesagt, dass es sehr viel schöner ist, glücklich zu sein als unglücklich. Das ist eigentlich alles. Ich bin glücklich, weil ich mich dazu entschieden habe, mir nicht zu viele Sorgen zu machen.«

Geht doch, dass mit dem Reden. »Es wird besser«, meint Rebecca Liebermann. Seit 1983 ist sie Journalistin für Fernseh-, Radio- und Nachrichtenagenturen, eine echte Finnlandexpertin. Blasse Haut, dunkles Haar, schwarzes Brillengestell zu roten vollen Lippen, eine interessante Frau.

»Früher kam da immer eine Fünf-Minuten-Pause. Zwischen ausreden lassen und warten, bis vielleicht noch ein Nachgedanke kommt«, erklärt Rebecca mir. »Und dann kam der nächste Satz, und der hieß meistens: *Ja, ich bin ganz deiner Meinung.*« Sie bricht in schallendes Gelächter aus. Für mich ist das eine ganz neue Erfahrung, denke ich doch meistens schneller, als ich reden kann. Finnen denken entweder langsam oder aber sie müssen ein unheimlich gutes Gedächtnis haben, rätsele ich. Denn nach fünf Minuten hätte ich längst wieder vergessen, was ich sagen wollte. Aber wenn der Finne nichts zu sagen hat, sagt er nichts. Ich treffe Karri, einen weitgereisten und deshalb erstaunlich eloquenten Finnen, der gerade ein neues Start-up-Unternehmen eröffnet: »Hat dir schon jemand erklärt, wie ein Finne total begeistert und außer sich sein kann vor Glück, ohne einen einzigen Ausdruck im Gesicht?« Nein, hat man nicht. »Man munkelt, es hätte mit der Kälte zu tun. Bei minus 20 Grad bist du bis auf einen Sehschlitz eh so eingepackt, dass niemand deinen Gesichtsausdruck erkennen kann, da verkümmert deine Körpersprache.« Väinö, der Tänzer, der gerade auf der Treppe sein Buch liest, denkt lange nach. »Es ist ein schnell gefälltes Urteil, auch für die Finnen selbst, zu behaupten, dass wir reserviert oder irgendwie schüchtern sind. Aber vielleicht hat das eher mit dem Respekt für die Privatsphäre zu tun. Den Menschen wird hier wirklich ihr eigener Raum und ihre eigene Zeit gegönnt.« Man rückt sich verbal, räumlich oder zeitlich nicht auf die Pelle. Über das Schweigen der Finnen kann man endlos reden, so scheint es, auch Tilmann Bünz: »Es stimmt schon ein wenig. Wenn du dir überlegst, was du wirklich sagen möchtest, was wirklich notwendig ist, dann reduziert es das Ganze sehr. Also dieses rheinisch-niederländische Geplapper, das kannst du hier getrost wegstreichen. Und der Finne würde dann einfach sagen, *das schadet doch nichts. Dann kommt man zum Kern.*« Probieren Sie es aus. Erst denken, dann reden und dann nur das sagen, worauf es ankommt. Vielleicht kehrt dann die finnische Ruhe auch in Ihre Seele ein.

Ich nehme den Bus nach Turku, ehemalige Kulturhauptstadt Europas, gelegen an der südwestfinnischen Küste. Vier Stunden schweigsame Busfahrt an roten Holzhäusern vorbei. Malerisch liegen sie in sattem Grün, wie Farbkleckse eines impressionistischen Malers. Bauschige Wolken, graulila bis schneeweiß, halten eine tiefblaue Luft. Alles in diesem Land scheint klar voneinander abgegrenzt zu sein, jede finnische Wolke nimmt sich ihren Raum. Sakari Suominen, Arzt und Wissenschaftler, holt mich mit einem schüchternen, schiefen Grinsen von meinem Hotel ab. Er forscht an der Universität von Turku in der Abteilung für öffentliche Gesundheit und ist Parttime-Professor an der Nordic School of Health in Göteborg, Schweden. Die Haare und Wimpern sind rotblond, dazu gebräunte Haut und blau-weiß gestreifter Seglerpulli. Er war heute mit seiner Freundin segeln, kommt direkt vom Hafen. Sakari spricht sehr gutes Deutsch und nimmt mich zum Interview mit auf ein Restaurantboot an einem Fluss mitten in der Stadt. Als ich ihm meine Eindrücke der verschlossenen Finnen schildere, lächelt er und nickt verständnisvoll: »Die Finnen sind eher stille Typen, verglichen mit anderen nordischen Ländern. Aber wenn du einen Finnen kennst, dann kannst du auf ihn bauen. Dann ist er ein enger und verlässlicher Freund.«

»Was können wir Deutschen von euch lernen?«, frage ich Sakari. Er hat erstaunlich schnell eine Antwort parat: »Offenheit und Ehrlichkeit. Finnen meinen, was sie sagen. Sie sagen es nicht immer so höflich, aber es ist nicht ihre Absicht, unhöflich zu sein. Von ihrer direkten Art, sich auszudrücken, könnten andere Länder etwas lernen. Wenn Probleme offen in den Prozess integriert und nicht unter der Tischdecke versteckt werden, dann besteht eine größere Chance, diese Probleme zu lösen.«

Ade! Vetternwirtschaft, denke ich hämisch im Stillen.

In Finnland fällt Anfang November der erste Schnee, und erst im Mai verschwinden die letzten braunen Reste. An Weihnachten bleibt es 19 Stunden dunkel. Auf dem Senatsplatz vor dem berühmten weiß strahlenden Dom Helsinkis treffe ich Lone, eine zierliche blonde Frau, Mutter zweier kleiner Kinder. Sie hat ein paar Jahre im Ausland gelebt und ist jetzt froh, wieder in Finnland zu sein: »Viele Menschen denken, dass Finnland im Winter ziemlich depressiv sein kann, denn es ist wirklich dunkel, und du siehst kaum die Sonne. Aber besonders wenn du Kinder hast, kannst du den Schnee genießen, Ski fahren und all diese Winteraktivitäten unternehmen. Jeder muss da persönlich entscheiden, ob er glücklich ist oder nicht.« Mein Bild der Finnen ändert sich langsam. Sie sind nicht kalt oder unnahbar. Im Gegenteil, ich denke, es sind sehr empfindsame Menschen. Oli, der Banker, nickt entschlossen: »Die Finnen können sich auf ihre Gesellschaft verlassen. Es wird sich um Menschen gekümmert. Wir haben kein kaltes ökonomisches System hier. Das könnte ein Grund für unser Glück sein. Ich finde, es ist ein gutes Land zum Leben.« Es regnet in Finnland, grau in grau, in einer Stunde werde ich meinen Bus zum Flughafen nehmen. Die zwei Touristenhelfer mit ihren riesigen gelben Regenschirmen und ebenso gelben Jacken mit einem großen »i« drauf kann ich jedoch nicht ignorieren. Eetu heißt er, Siiri sie, beide um die 25 und Studenten. Eetu kann meinen Eindruck über die Finnen nur bestätigen: »In Finnland zu leben bietet dir eine Menge Möglichkeiten, deine Interessen zu erkunden oder deine Träume zu verwirklichen. Und die finnische Regierung fängt dich auf, wenn du fällst.« Siiri nickt zustimmend: »Ich glaube, dass uns Chancen geboten werden, ist das größte Glück für uns Finnen.«

Finnen haben eine bewegte Geschichte, aber sie haben niemals ernsthaft versucht, die Welt zu erobern. Sie waren immer damit beschäftigt, ihr eigenes Überleben zu sichern und nicht zwischen Schweden und Russland (und während des Zweiten Weltkriegs zwischen Deutschland und Russland) aufgerieben zu werden. Sakari erzählt weiter: »Wir hatten in unserer Geschichte ziemlich harte Zeiten. Vielleicht sind wir deshalb ein Volk, das gerne zeigt, was man im realen Leben alles hinbekommen kann. Dass nicht die Worte, sondern die Taten zählen.« Dem kann die kleine Siiri nur zustimmen: »Finnen sind mutig. Sie versuchen immer etwas Neues. Sie wissen, was sie wollen, und dann geben sie alles.« Pro Einwohner haben sie die meisten Patentanträge nach Japan, Deutschland und den USA. Vor allem auf dem Gebiet der Hightech-Patente sind sie führend. Mit Abstand. Trotzdem durchläuft Finnland gerade eine schwere Krise. Mit Hilfe vieler kleiner Start-up-Unternehmen und zum Beispiel einem neuen Fokus auf die Gen-Industrie versuchen sie die Wirtschaft am Laufen zu halten. Einen dieser kleinen Start-up-Unternehmer haben Sie bereits kennengelernt: Karri. Er verleiht am Kamppi-Platz in Helsinki Fahrräder an Touristen und bietet Sightseeing-Touren an: »Finnen sind hartnäckig und entschlossen, *Sisu* ist unser Ausdruck dafür. Wir Finnen kommen ursprünglich aus den Sümpfen und wurden eines der größten Hightech-Länder der Welt. Wenn du das schaffst, dann bist du allein deswegen schon glücklich. Dafür brauchst du sehr viel Entschlossenheit.« Und die trainieren sie mit Spaziergängen bei minus 25 °C, Eisbaden,

Eishockey, Langlauf oder auf dem Fitnesspfad. Finnen sind beängstigend gesund. Und Finnen nutzen die Natur optimal für Sport und Entspannung. »Die Beziehung zur Natur … das macht sie wirklich glücklich«, so Rebecca. »Jeder freut sich, wenn die Sonne scheint und er im Sommer in seinem Sommerhäuschen verschwinden kann, um am See rumzuhängen oder am Meer. Das sind Glücksgefühle für die Finnen.«

Finnen. Ihre Nationalfarben nennen sie liebevoll »Blau wie der See, Weiß wie der Schnee«.

7
Hier tanken Sie auf

Eetu: »Was ich an Finnland so liebe?
Den finnischen Sommer! Er ist kurz, aber wundervoll.«
Siiri: »Ja, das ist das Beste. Die Sonne und der Sommer.
Eetu: »Wenn du in den Nächten
wegen der Sonne nicht schlafen kannst.
Siiri: »Ich liebe aber auch das Extreme an Finnland:
Im Winter ist es dunkel, aber es schneit. Ich glaube,
immer nur Sommer wäre auch ziemlich langweilig,
wenn zwischendrin nicht ein wenig Schnee fällt.
Städtische Touristenführer, Helsinki, Finnland

Ich bin mit Nanna, meiner elfengleichen Assistentin in Island, unterwegs im Herzen Reykjavíks. Es ist ein sonniger Freitagmittag, die Terrassen sind brechend voll und die ersten Anzeichen des traditionellen isländischen Wochenendbesäufnisses sind bereits in einigen nebligen Blicken zu erkennen. Auch bei den drei adretten Herren in Anzug, die uns zu einem Bier einladen. Vor die Kamera wollen sie nicht. Als zwei der drei einen Nachschub an Getränken holen, lehnt sich Johan, der Dritte im Bunde, verschwörerisch zu mir herüber: »Du willst wissen, warum wir glücklich sind?« Er schaut geheimnisvoll lächelnd über den Platz. »Weißt du, wir kennen Orte, die kein Tourist kennt.« Pause. »Du fährst zwei Stunden auf dem

Motorrad. Irgendwohin. Egal wohin. Die Natur ist immer da. Dann hältst du an und steigst ab. Ruhe umgibt dich, kein Mensch weit und breit. Du legst dich irgendwo hin, vielleicht schläfst du ein wenig. Egal wann, denn es ist ja eh immer hell. Du weißt nicht, wie spät es ist, Zeit ist unwichtig geworden. Dann fährst du irgendwann weiter, stundenlang. Der Wind saust dir um die Ohren. Dein Kopf ist leer. Du hörst nur die Geräusche der Natur. Du fährst querfeldein über Felsbrocken, durch Bäche, an Wasserfällen und dampfenden Quellen vorbei.« Johan stößt kurz auf. »Und dann bist du müde und erschöpft, hältst an einem Fluss. Du ziehst dich nackt aus. Hier ist niemand außer dir. Du legst dich in den Fluss. Genießt die Wärme und die Strömung. Alle Flüsse hier sind warm, weißt du … Deine Muskeln entspannen sich, dein Kopf wird frei. Wo in der Welt kannst du so etwas finden?«

Schon wieder so eine isländische Geschichte? Das sei kein Märchen, so versichert mir Nanna später. Genauso nutzen Isländer die unberührte Natur, die noch unberührt sein kann, weil man nicht versucht hat, sie sich zu unterwerfen, pardon, zu »kultivieren«. Wie anders ist schon die Aussicht, die mich beim Blick aus dem Flieger erwartet: das satte Grün Kolumbiens und Costa Ricas, die kargen Lavafelder Islands und die schneebedeckten Gebirge Norwegens. Schon bevor ich gelandet bin, spüre ich die Macht der Natur. In Deutschland nicht. Da erwarten mich beim Landeanflug wohlgeordnete Felderflächen.

Und auch Tilmann Bünz, unser Schwedenliebhaber, wird lyrisch bei der Beschreibung der schwedischen Natur: »Es gibt ein Werbeplakat einer skandinavischen Fluglinie, das für mich sehr viel über Schweden aussagt: Man sieht auf diesem Plakat zwei Bilder. Das eine zeigt eine graue Novemberstimmung, eine Tankstelle und ein Auto an dieser Tankstelle. Das zweite Bild zeigt einen Mann, der auf einem Steg sitzt und auf einen See hinausschaut. Auf der einen Seite steht *Auftanken in Deutschland* und auf der anderen Seite steht *Auftanken in Schweden*. Das ist irgendwie so eine Essenz.« Und vielleicht auch der Unterschied in der Mentalität.

Die meisten Bewohner der Glücksländer fühlen sich sehr stark mit der Natur verbunden. So wie Lilly, Mutter von zwei kleinen Kindern, die mir an einem sonnigen Morgen mitten in Montreal entgegenkommt: »Die Natur Kanadas ist so präsent und gewaltig, dass sie Teil unserer Kultur und Teil unserer Geschichte geworden ist. Sie gibt uns das Gefühl, geerdet zu sein.« Dem kann auch Michel, der dänische Wahlkölner, nur zustimmen: »Irgendwo an der Küste sitzen und aufs Wasser schauen. Egal bei welchem Wetter. Da kommen wir zur Ruhe, dann nehmen wir uns wieder wahr, dann hört auch das Gehirn auf zu plappern. Für mich ist das eine Form von Meditation. Es gibt ja auch die These, dass Küstenbewohner zufriedener sind.« Und die Dänen sind nie weiter als 60 Kilometer vom Meer entfernt.

»Also wer seine Laune vom Wetter beeinflussen lässt, der hat sowieso schon verloren«, lächelt Tilmann, mit dem ich auf seiner Terrasse sitze. Er weist auf den Nieselregen, der uns lautlos umgibt. »Das hier ist nicht Capri. Hier geht es um etwas anderes. Hier geht es um den Geruch der Luft nach dem Regen, darum, dass die Tiere so zahm sind und dass man das Gefühl hat, in der Natur nur zu Gast zu sein.« Übrigens ist entgegen der landläufigen Meinung auch das deutsche Gemüt relativ witterungsbeständig. Sie mögen vielleicht bei Regen schlechte Laune haben, Ihre Grundstimmung scheint davon unangetastet zu bleiben, so die Schlussfolgerung des »Glücksatlas 2012«. Das Lamentieren über das Wetter können Sie sich also getrost sparen. Es regnet? Na dann ziehen Sie doch eine Regenjacke an. Das ist kein Grund zum Klagen. Weichei! Die High-Heels lassen die Damen bei Regen auch besser im Schrank, und schminken lohnt nicht. Verläuft eh im Regen. Und wenn Sie dann in den Spiegel schauen, dann sind Sie auf einmal so unberührt wie die Natur, die Sie umgibt. Wie ich. Seit mir auf der Fähre von Dänemark nach Schweden die Gischt jegliches Make-up vom Gesicht gewaschen hat, kommentiere ich mein Spiegelbild immer öfter mit: Passt. Geht auch ohne Farbe.

»Wir haben alle möglichen Arten von Wetter, mit denen wir uns arrangieren müssen«, so Dóra, die Elfenglücksforscherin aus Reykjavík. »Wenn es zum Beispiel friert und schneit, kannst du herrlich in einer heißen Quelle draußen sitzen und relaxen. Das ist wunderbar für dein Wohlbefinden und dein Glück.« Und die Kanadier lieben nach Aussage von Herbert, dem deutschen Korrespondenten, den Winter sogar oft mehr als den Sommer: »Die Kanadier sagen, der Sommer ist zwar auch nett, aber die eigentlich intensivere Jahreszeit ist der Winter. Da empfinden wir unsere Glücksgefühle am intensivsten, da sind wir näher an der Familie, da können wir unserem Eishockey-Club frönen.«

»Dieses intensive Winter-Glücksgefühl gibt es wirklich. Menschen, die diese Kälte lieben. Auf einmal hat man diesen wahnsinnigen Winter mit all seinen Kinderfreuden, die man genießen kann. Man kann auf der Ostsee spazieren, einen schwedischen Glühwein auf dem Eis trinken und genießen, dass man wieder zurück zur Natur gekommen ist. Das sind Glücksmomente!« Tilmann hört gar nicht mehr auf zu schwärmen.

Knut: Du solltest da reingehen, Maike, und die Fotos abfotografieren. Die sind alle vom Leben hier draußen.
Inger Lise: Das braucht sie ja nicht.

Knut: Nein, aber sie möchte ja wissen, warum wir glücklich sind. Wir bauen Gemüse an, Kartoffeln, Möhren, Salat … Und wir angeln: 50 … 100 … 150 Kilogramm holen wir rein. Alle angeln hier draußen. Am meisten Kabeljau und Forellen. Und im Herbst jagen wir. So ist das Leben hier draußen in der Natur. Ich könnte es nicht besser haben. Es ist hier superb!
Inger Lise: Ich bin auch sehr zufrieden. Hier draußen können wir unsere Ruhe finden. Wir können dem Leben der Tiere folgen. Wir sind eins mit der Natur. Und wir tun, was wir möchten. Ich kann aufstehen, wann ich möchte.
Knut: Was sehr spät ist!
Inger Lise: Wenn ich hier bin, dann lebe ich auf … Auf einer Skala von 0 bis 10 würde ich sagen – also, ich weiß nicht, ob man zu 100 Prozent glücklich sein kann, aber – ich bin sehr nah dran an der Zehn.
Knut: Bei mir ist es eine Zwölf.
Knut und Inger Lise, Rentner, Nord-Kvaløya, Norwegen

Aron, der Segler aus Norwegen, nickt eifrig und sehr vergnügt: »Wir sind echte Outdoor-Menschen in Norwegen. Ich bin sicher, dass einige von uns Norwegen nicht verlassen, weil sie das Langlaufen in den Bergen vermissen würden. Es gibt hier noch Natur, und man kann mit ihr auskommen.«

Man muss mit ihr auskommen, und man will mit ihr auskommen. Denn sie gibt den Menschen ihre Zeit und Ruhe zurück. Wie viel ihnen ihre Natur bedeutet, zeigen die Schweden allein schon in ihrer Nationalhymne. Es ist eine Ode an die Natur: »Ich grüße dich lieblichstes Land der Erde, deine Sonne, dein Himmel, deine grünen Wiesen lächeln!« Dort, wo die Natur ihre Muskeln spielen lässt und uns ihre Schönheit präsentiert, ist der Mensch sich der Unbedeutsamkeit seiner eigenen Existenz bewusst. Er ist einfach nur ein Teil des Ganzen.

Ich gehe viel zu selten raus in die Natur, denke ich beschämt. Und mich beschleicht so das Gefühl, irgendetwas verpasst zu haben: die dunklen kalten Winter in Norwegen, die heftigen Gegensätze von heißen Sommern und metertiefen Schneedünen in Kanada, die ewige Kälte Islands auf bebender, spuckender Erde, die unerträgliche Hitze und Trockenheit Australiens. Bären, die in Kanada an die Hintertür klopfen, Wale, die vor Sydney aus dem Wasser springen. Die hellen Nächte Finnlands oder das Wetterleuchten in Island. Irgendwie fühle ich mich seltsam entfernt von der Natur. Obwohl schon tausend Meter von meinem Haus entfernt der Bonner Stadtwald beginnt.

Wenn es denn ein Wald wäre! Eigentlich ist dieser Wald nicht mehr als eine mir dargebotene Auswahl an Möglichkeiten: links der lange Weg oder rechts der steile kurze. Dabei würde ich viel lieber draufgängerisch ab durch die Mitte laufen, Holz knacken hören, Zweige aus dem Gesicht streifen. Manchmal baue ich mit meiner Tochter einen Staudamm 50 Meter abseits des Weges, und habe immer das Gefühl, etwas Verbotenes zu tun. Rastplätze, Grillstellen, »Abenteuerpfade«, Aufklärungstafeln, Verbotstafeln. Wo ist sie denn hin, unsere unberührte Natur? Immerhin haben wir 11,1 Millionen Hektar (111 000 Quadratkilometer) Wald in Deutschland. Das ist rund ein Drittel der Gesamtfläche. Und jeden Hektar teilen wir uns nur zu siebt. Die waldreichen Nachbarländer Schweiz kommen auf sechs Einwohner pro Hektar Wald, Schweden auf 0,3 und Finnland auf 0,2 Einwohner, so die Schutzgemeinschaft Deutscher Wald. Nun gut, die Isländer besitzen gar keinen. Dafür trotzdem eine Menge Natur.

Lotte Wikant, meine norwegische Korrespondentin, die ich bezeichnenderweise im Feld vor ihrem Bauernhof zwischen Pferden und Schweinen interviewe, streichelt ihre Katze: »Natur ist hier in Norwegen für unser Glück sehr wichtig. Vielleicht haben wir hier auch nicht so viele Restriktionen für Naturerlebnisse, wie ihr sie habt.« Was meint Lotte denn jetzt mit Restriktionen? Vorgeschriebene Waldwege, verbotene Privatgrundstücke, abgesperrte Gelände meint sie. »Wir haben hier das *Jedermansrecht*, wie die Schweden und Finnen im Übrigen auch. Du kannst hier hingehen, wohin du willst.« Keine Schilder »Betreten verboten«, »Angeln verboten«, »Anlegen verboten«, »Toiletten benutzen«, »Waldweg gesperrt«.

Es gibt nämlich keine ordentlichen Wanderwege, höchstens mal einen mit Kieseln angedeuteten Pfad. Mit anderen Worten: Fühlen Sie sich wie Robin Hood und erobern Sie die Wälder! Ob sie dabei gerade durch einen privaten Garten laufen, bleibt für die meisten Skandinavienbesucher ein ewiges Geheimnis. Sie dürfen in den Seen baden und angeln, in den Wäldern spazieren oder zelten; essen dürfen Sie alles, was Ihnen in die Finger kommt, auch wenn Sie sich gerade auf Privatbesitz befinden. Halten Sie einfach einen angemessenen Abstand zum Wohnhaus und räumen Sie Ihren Müll weg. Die Skandinavier gehen davon aus, dass Sie Ihren gesunden Menschenverstand benutzen. Deshalb werden Sie auch in der Natur nicht gemaßregelt. Sie erinnern sich an das Thema Gemeinschaft, Freiheit und Verantwortung?

»Die Deutschen sollten vielleicht mehr in Kontakt mit der Natur sein.« Lotte schüttet sich noch ein wenig Kaffee in ihren Thermos-Kaffeebecher. »Als ich jünger war, wollte ich Norwegen verlassen und in Frankreich leben. Dann wurde ich mir eines Tages der Frische bewusst, die wir hier in Norwegen haben. Frische Luft, frisches Wasser. In den Bergen können wir das Wasser sogar trinken. Und da wurde mir klar, dass ich mein Land niemals verlassen könnte.« Und diese Naturerlebnisse machen auch die australische Korrespondentin Esther glücklich, die ich am Strand vor Sydney spreche: »Eines der schönsten Erlebnisse war es, neben meiner Tochter auf dem Pferd zu sitzen und über das Meer zu schauen, während die Pottwale vor uns aus dem Wasser sprangen. Das ist ein unglaubliches Gefühl, und das kann man hier erleben. Andauernd! Solche Naturerlebnisse, das ist, was mich wirklich glücklich macht.« Und das ist auch das Glück der Kanadier, wie mir George Master bestätigt, den ich auf einem staubigen Parkplatz interviewe. »Ich glaube, die Kanadier sind so glücklich, wirklich außerordentlich glücklich, weil wir mit der Natur verbunden sind. Und wir leben in einem wahnsinnig reichen Land. Du bist jetzt hier in Brandon, und in einer Stunde kannst du in der tiefsten Wildnis sein. Die Möglichkeiten sind so endlos, du kannst so viel unternehmen und das tun, was du liebst. Ich wohne zum Beispiel direkt an einem See, 15 Minuten von hier. Ich sehe Igel, ich sehe Bären, ich höre Kojoten. Ich denke, die Verbindung zur Natur bringt dich dem Glück sehr nahe.«

Ich fahre stundenlang auf den endlosen Straßen Kanadas, Australiens, Finnlands und Schwedens. Kein Mensch, kein Haus. Wie erfrischend. Wie allein. Wie fein. Wir sind ganz schön viele Menschen in Deutschland, denke ich während meiner Reise immer öfter. Immer und überall ein Haus. Ständig.

Im dichtbesiedelten Deutschland müssen wir uns mehr Mühe geben, Ruhe und übermächtige Naturerlebnisse zu finden. Denkt auch Nils, ein 31-jähriger Student, der seinen Sohn im Kinderwagen durch Göteborg schiebt: »Die Deutschen sollten die Natur mehr schonen, damit sie diese unberührter erleben können. Sie sollten nicht so viele Häuser und Straßen bauen.« Wie? Keine freie Fahrt für freie Bürger? Mir wäre inzwischen freie Natur für freie Bürger lieber. Steffi, die freche Berlinerin aus der Schweiz, berlinert fröhlich drauflos: »Also ich denke, dass die Schweizer so glücklich sind, weil sie so viel Natur haben. Sehr viele Berge rundherum, die Balsam für die Seele sind. Es ist ein kleines Land, es gibt hier nicht so viele Menschen, es ist nicht so übersiedelt. Hier hat man einfach viel mehr Platz und viel mehr Freiheit als in Deutschland.«

Ist das die Lösung? Zurück zur Natur? So profan und abgedroschen es auch klingen mag. Auch wenn es eine weniger perfekte und unberührte Natur-Variante ist als in den Glücksländern? Klar. Wer wird denn hier am Perfektionismus scheitern? Es reicht schon, einfach häufiger rauszugehen und das Wetter zu spüren. Auch und vor allem das sogenannte schlechte. Laufen Sie durch den Matsch und spüren Sie den Regen. Und vielleicht ist es eine gute Idee, das Fünf-Sterne-Hotel »all inclusive« so dann und wann einzutauschen gegen eine Null-Sterne-Hütte »all exclusive«, wie es die Norweger tun? Ohne Wasser, ohne Strom?

An meiner Garderobe hängen seit ein paar Wochen zwei gelbe Parka, sogenannte Friesennerze, Größe 36 und 140. Vor der Tür zwei Paar Gummistiefel, gelb und grün. Wir sind bereit mit der richtigen Kleidung für das richtige Wetter in richtiger Natur.

Kanada – Wo das Leben noch einfach ist

Sonntag, 1. Oktober, 9 Uhr morgens. Ich trete aus meinem Billig-aber-nett-Hotel in Alt-Montreal. Kamera- und Mikrophon-Stative über die eine Schulter, das Tonkabel lässig über die andere geworfen. Die Sonne scheint, angenehme 23 Grad, warmer Wind umspielt meine Nase. Leider habe ich mal wieder Glück mit dem Wetter, denn ich bin in Erwartung der zu dieser Zeit normalen 13 °C in meinen australischen Fellstiefeln unterwegs. Montreal heißt mich wärmstens willkommen, und meine Füße kochen. Trotzdem spürt man schon den Herbst, die Luft ist härter, und die Blätter an den Bäumen leuchten in fabelhaftem Rotorange. Es ist still auf den Straßen. Sonntagmorgen – ein schlechter Zeitpunkt für ein Interview. Hoffnungsvoll biege ich in Vieux-Montréal, der Altstadt Montreals, in ein typisches Wohnviertel aus vorherrschend grauen Kalksteinhäusern ab. Reichverzierte, schmiedeeiserne Treppen reichen aus den Vorgärten in die ersten Stockwerke.

Auf einer der Treppen steht ein Mann, Mitte 40, mit

lässig auf Hüfthöhe hängender Cargo-Hose und verwaschenem blauem T-Shirt. Sein goldbrauner Hund aalt sich in der Morgensonne. »Entschuldigen Sie. Mein Name ist Maike«, rufe ich flüsternd von unten rauf. »Ich komme aus Deutschland und möchte gerne herausfinden, warum die Kanadier so glücklich sind.« Zehn Minuten später stehe ich mit einer riesigen grünen Café-au-lait-Tasse in der Hand auf seiner sonnenüberfluteten Dachterrasse. Jean-Sébastian heißt der Mann und ist selbständiger Marketingberater. Während ich die Kamera aufbaue, sprechen wir über die Deutschen. Seine Augen fangen an, ehrfürchtig zu leuchten. »In Deutschland mögt ihr Disziplin. Das ist okay, und ihr könnt darin euer Glück finden. Wenn euch Disziplin glücklich macht, dann seid diszipliniert. Wir haben eine Menge von euch gelernt. Schaut euch eure Autos an, aber auch die Kunst. Ihr liebt die Details.« Jean-Sébastian sprüht vor Begeisterung. »Aber manchmal möchten wir euch sagen: *Relax!* Es ist okay, nicht immer 100 Prozent zu geben. Damit meine ich nicht, dass ihr faul sein sollt. Sondern einfach etwas menschlicher«, fügt er mit einem entschuldigenden Lächeln hinzu. »Ist kein Rat, nur eine Anregung. Wer bin ich schon?«

Ein Kanadier eben, und das reicht völlig aus, um dem Leben ganz anders zu begegnen, als wir das tun. In einem kleinen Waschsalon sehe ich kurz darauf Richard Stone sitzen. Er liest gerade die Zeitung, wie jeden Sonntag, wenn er seine Wäsche hier wäscht, so erzählt er mir. Elektrotechniker sei er und lebe seit 41 Jahren in Montreal. »In Kanada sind wir so glücklich, weil wir uns gerne amüsieren. Hier geht es nicht so sehr um Job oder Geld, sondern um das, was im Leben Freude bereitet: gutes Essen, guter Wein, Radfahren. Wir sind nicht so sehr darauf bedacht, viel zu besitzen. Wenn du viel Besitz hast, brauchst du einen Platz, um es hinzustellen, und dann hast du wieder etwas, worüber du dir Sorgen machen musst.« Richard zuckt gelassen mit den Schultern. Und er selbst, frage ich ihn. »Ich bin glücklich, weil die Welt ein phantastischer Ort ist!« Richard lacht mich verschmitzt an. Lässiges schwarzes T-Shirt, braungrauer Schnurrbart. Und irgendwie würde ich mich nicht wundern, wenn er beim Rausgehen noch mit seinem Westernhut grüßen und sich auf sein Pferd schwingen würde.

Ob die Kanadier alle so relaxed sind? Ich will es wissen und fahre deshalb gleich am nächsten Morgen ins Geschäftsviertel Montreals. Nahe der Rue Sainte-Catherine finde ich Kodwhani, einen dunkelhäutigen Mitbürger Kanadas, dunkler Anzug, rot-weiß kariertes Hemd, braune Krawatte und ein Lächeln von einem Ohr bis zum anderen. »Es ist ein wundervoller Tag heute! Es gibt hier phantastische Menschen. Wir haben einfach ein gutes Grundgefühl. Ich denke, das Glücklichsein kommt dann ganz einfach dazu.«

Die Kanadier scheinen sehr geschickt darin, das Leben als Konzentrat der kleinen Dinge wahrzunehmen. Nicht zu weit weg das Ziel, nicht zu kompliziert das Leben, nett an der Oberfläche ins Glück gerutscht. Den Deutschen Herbert Bopp nervt das manchmal, findet er doch, den Kanadiern mangele es eindeutig an einer guten deutschen Streitkultur. »Nach mehr als zehntausend Hörfunkbeiträgen und Filmen aus Kanada, Alaska und anderen Teilen der Welt moderiere ich lediglich noch ein paar Internet-Foren für einen Sender, schreibe an meinem kleinen Blog und lasse ansonsten den lieben Gott einen guten Mann sein«, so schreibt er mir vorab, als er mir sein Okay für ein Interview gibt. Entsprechend entspannt sitzt er mir gegenüber, Jahrgang 1949, graumeliertes Haar, runde Hornbrille, volle Lippen, sehr sympathisch, sehr groß und ziemlich gesprächig, wie man es von einem Korrespondenten erwarten darf. »In Deutschland kann man sich über alles Mögliche fetzen. Je kritischer, je kontroverser es zugeht, umso kurzweiliger der Abend. Das finde ich total klasse!«, so Herbert begeistert. »Kanadier hassen Konflikte, und ich glaube, ein Teil des Glücksgefühls, das die Kanadier empfinden, hängt damit zusammen, dass sie im Streiten nicht gut sind. Es ist schon viel heile Welt hier.«

Das harmonische Miteinander. Darauf kommt es an: rücksichtsvoll, umgänglich und Konflikte vermeidend. Herbert findet das schade. Ich hingegen finde es sehr entspannend, nicht immer von Menschen umgeben zu sein, die auf Teufel komm raus ihre Meinung feilbieten möchten, oftmals mit der Absicht, sich selbst darzustellen. Kanadier sind einfach immer schön nett zueinander, stellen sich höflich an, drängeln nicht und entschuldigen sich, wenn ihnen jemand die Vorfahrt nimmt.

Es ist ein sanfter Umgang miteinander, der aus der Notwendigkeit entstand, dass verschiedene Menschen über religiöse und kulturelle Unterschiede hinweg miteinander kommunizieren mussten, ohne dass eine zu große Verbindlichkeit oder soziale Konflikte entstanden. Denn Kanada ist ein Land, dessen Mentalität durch Einwanderer aus verschiedenen europäischen Ländern, meist Engländer und Franzosen, geprägt ist. Seit den 1970er Jahren nehmen auch die Zuwanderer aus dem Nahen Osten und aus asiatischen Ländern stark zu. Im Grunde ist jeder, der hier ankommt, erst einmal fremd und neu, so wie es viele andere vor ihm waren. Und so heißt der Kanadier auch jeden, der in irgendeiner Form frisch in seinem Leben erscheint, willkommen.

»Die ersten Pioniere kamen ins Nichts und haben aus dieser riesigen Fläche, die vierzigmal so groß wie Deutschland ist, eines der reichsten Länder der Welt gemacht. Und daraus entstand diese Zuversicht, dass man aus allem etwas machen kann. Okay, heute geht es mir vielleicht nicht so toll, hab zwar meinen Job verloren, Konto ist in den roten Zahlen, aber es wird schon wieder. Es sind Kämpfernaturen. Und der Blick in die Gegenwart gibt den Kanadiern recht, denn es geht ihnen blendend«, so Herbert.

Am nächsten Tag sitze ich im Flieger nach Winnipeg im Staat Manitoba. Von dort aus geht's weiter nach Brandon, schlappe 2000 Kilometer nordwestlich von Montreal. Dort wohnt Alex Michalos, mein Experte fürs Glück, von dem Sie schon im dritten Kapitel gehört haben. Bepackt mit Sandwich und »morning coffee to go«, mache ich mich mit meinem Leihwagen um sechs Uhr von Winnipeg auf den Weg ins drei Stunden entfernte Brandon. Immer geradeaus, links Felder, rechts Felder, keine Tankstelle, ab und an ein Haus im Nirgendwo. Vicky, eine rothaarige Tänzerin, Ende 40 mit blasser Haut und wasserblauen Augen, strahlt mich später in einem Restaurant, in dem sie gerade probt, an: »O ja, wir haben sehr viel Platz hier in Kanada. Ich glaube, das hilft den Menschen dabei, entspannt zu sein. Wir können allem entkommen, um Ruhe zu finden und zu reflektieren, was in unserem Leben gerade passiert.« Mit einer Fläche von fast zehn Millionen Quadratkilometern ist Kanada fast so groß wie ganz Europa, hat aber nur circa 35 Millionen Einwohner. Europa hingegen 742 Millionen. Es ist eines der am dünnsten besiedelten Länder der Welt.

Auf dem staubigen Parkplatz vor dem Restaurant entdecke ich George Master. Er lehrt an der Brandon University und lehnt gelassen an der offenen Klappe seines Kombis. Rot-schwarz kariertes Hemd, Sonnenbrille, Dreitagebart. Sein Freund Crake sitzt auf der Kofferraumablage. Er ist Vollzeitkünstler und lebt auf Pearl Island, einer kleinen Insel, auf der circa 20 Familien wohnen. Crake, der Stillere von beiden, denkt lange über meine Frage nach, warum die Kanadier wohl so glücklich sind. »Ich glaube, dass die Kanadier glücklich sind, weil sie die Möglichkeit haben, ihren eigenen Bewegungsraum zu finden. Sie haben ein Gefühl von Kontrolle über ihr Leben, dass sie die Dinge tun können, die sie mögen, und sich trotzdem mit Menschen umgeben können, wann immer sie es möchten.« Verbundenheit und Autonomie, der ewige Kreislauf des Glücks. Er begegnet mir an allen Orten.

»Haste Hunger?«, reißt Herbert mich aus meinen Gedanken. Klar habe ich Hunger. Ich habe immer Hunger, weil ich während der Reise bei all den spannenden Geschichten jedes Mal völlig vergesse zu essen. »Ich zeig dir die *Sathay Brothers*, eine asiatische Thai-Street-Kitchen.« Sein Kumpel Alex betreibt das Restaurant gemeinsam mit seinem Bruder. Eine Art Bar, lange braune Bänke, weiße Planen als Dach ... nach Haute Cuisine sieht das nicht gerade aus. Muss es auch nicht. Maike, wir sind in Kanada! Während wir in einer langen Schlange warten, raunt Herbert mir zu: »Der hat auch so einen typisch kanadischen Lebenslauf: BWL-Abschluss an der Uni. Nach zwei Jahren Geschäftsleben hatte er dann die Nase voll. Kochen konnte er eh schon immer besser. Jetzt hat er dieses Straßenrestaurant, und es ist hier immer brechend voll. Sehr gute Küche!« Und sehr scharf! Hechelnd bestelle ich mir noch ein Glas Wasser.

Später schickt Herbert mir einen Link zu seinem »Bloghausgeschichten«-Internetblog mit noch mehr Beispielen von Menschen, die sich die Freiheit genommen haben, in ihrem Leben das zu tun, was sie möchten: vom Richter, der sich pensionieren lässt und im Winter für andere Schnee schippt, vom erfolgreichen Software-Manager, der jetzt Rasen mäht und Swimmingpools pflegt, und vom ehemaligen Uni-Dozenten, jetzt Tausendsassa, der für seine Marzipantorten deutlich mehr respektiert wird als für seinen Doktortitel.

Willkommen in Kanada, befreie deinen Geist! Folge deiner Leidenschaft, deinen Träumen, deinen Talenten. Fang einfach an. Dann bist du erfolgreich, denn dann ist es dir gelungen, ein reiches und erfülltes Leben zu führen. Und *das* ist Erfolg. Das Beste aus dir selbst zu machen, egal ob dein Bankkonto davon profitiert oder nicht.

»Und es ist so typisch für die Kanadier«, so George vom Parkplatz, »dass sie sich für etwas wirklich Zeit nehmen. Du fährst durch Kanada, und dann hältst du hier in Brandon an und fragst die Leute *Hey, kann ich mit dir über Glück reden?* – Was antworten sie? *Klar, liebend gerne!* Und ich glaube, das ist die Botschaft an die Deutschen: Seid nicht so diszipliniert, lasst euch ein bisschen mehr treiben, habt ein wenig mehr *Flow*.«

8
Gut genug

Ich denke, was das Glück angeht,
müssen die Dinge nicht alle zu 100 Prozent passen.
Sie müssen einfach nur gut genug sein.
Rob, Arzt, Sydney, Australien

Brandon. Pünktlich und etwas aufgeregt biege ich in die 463 13th Street ein. Wen ich dort treffe, ist immerhin kein Leichtgewicht: Alex Michalos ist emeritierter Professor für Politische Wissenschaften an der University of Northern British Columbia. Er hat 24 Bücher und über 100 Fachartikel veröffentlicht. Er ist der Mitbegründer von sechs wissenschaftlichen Zeitschriften, Präsident der Canadian Commission for UNESCO's Sectoral Commission on Natural, Social and Human Sciences und Präsident einiger anderer hochangesehener internationaler Vereinigungen. Vor kurzem ist seine Enzyklopädie zur Erforschung der Lebensqualität und des Wohlbefindens herausgekommen. Sie besteht aus zwölf Bänden und reicht mir aufeinandergestapelt bis an die Hüfte.

Schläft der Mann auch mal?

Ich zupfe noch schnell meinen schicken dunkelblauen Samtrock und meine blaue Bluse zurecht, richte mein Haar, und los geht's. Alex steht schon verhalten lächelnd mit strahlenden Augen in der Tür. Ach, denke ich mir spontan, der ist ja nett. Schon wieder ein Glücksprofessor mit kariertem Hemd übrigens. Schlank, mittelgroß, Ende 70, mit schmalem Gesicht, filigraner Brille und nach hinten gekämmtem, graumeliertem Haar. »Hi, I'm Alex«, tönt es mir mit einer überraschend tiefen, vollen Stimme entgegen. Das Leben kann so einfach sein. Er weist beinahe entschuldigend auf das große Haus, dessen Eingang zwei Säulen säumen: »Meine Frau Deborah ist Präsidentin an der Brandon University. Das ist das Haus, das man als Leiter der Uni bekommt. – Möchtest du einen Kaffee?« O ja, gerne. Alex macht sich umständlich an der Kaffeemaschine zu schaffen. Eine kleine, zierliche Frau mit großer Präsenz schaut kurz rein, grüßt sachlich und verschwindet ebenso schnell wieder. »Das war meine Frau«, sagt Alex. »Sie ist Feministin«, fügt er beiläufig hinzu. Und die Liebe seines Lebens, wie er mir später erzählt.

Ich darf im Wohnzimmer filmen, in dem ein gemütliches Ledersofa vor tiefen, weißen Sprossenfenstern steht. Auf das platziere ich Alex. Ich hingegen filme mal wieder halbgebückt und in Abfahrtskihaltung, was Alex einiges Kopfzerbrechen bereitet. Erst als er einen kleinen bequemen Hocker für mich gefunden hat, ist er zufrieden.

Alex mag den Begriff Glücksforschung nicht so

gerne: »Ich denke, dass die Glücksforschung gut ist für den einzelnen Menschen, aber es besteht ein weiterreichendes Bedürfnis an Gerechtigkeit und an einem guten Leben für alle Menschen.«

Was sorgt also dafür, dass Menschen in ihrem Leben glücklich sind oder eben ein gutes Leben führen? Um das herauszufinden, hat sich Alex jahrelang mit den Erwartungen im Leben eines jeden beschäftigt. Genauer, der Diskrepanz zwischen dem, was wir haben, und dem, was wir wollen, oder dem, was wir denken, verdient zu haben, oder dem, was unsere Umgebung hat, oder dem, was wir vor fünf Jahren dachten, jetzt zu haben. »Im Großen und Ganzen haben wir zwei große Abweichungen: Erstens, was Leute haben und was sie wollen. Es ist sehr wichtig für Menschen, das zu bekommen, was sie möchten … was immer das auch ist«, schiebt er schmunzelnd ein. »Und die zweite entscheidende Diskrepanz ist die, was Menschen haben und was die Gruppe hat, mit der sie sich vergleichen, zum Beispiel die Nachbarn.« Wir werden vom Anruf des Teppichlegers unterbrochen. Alex und Deborah haben noch ein eigenes Haus, das sie verkaufen möchten und deshalb gerade renovieren. Kurz entschlossen nimmt er mich mit auf die Baustelle. Im Auto erzählt er weiter: »Ich glaube aber, dass es noch komplexer ist.« Neben diesen Abweichungen bezieht Alex deshalb auch das Niveau an sozialer Unterstützung mit in seine

Forschung ein. Haben Sie jemanden, der sich um Sie sorgt? Jemanden an Ihrer Seite, auf den Sie sich stützen können, wenn Sie Probleme haben? »Das ist wichtig«, beteuert Alex mir. »Und es zählt die größere Gemeinschaft, in der Menschen leben. Wenn du in einer guten Gemeinschaft lebst, ist es sehr viel einfacher, ein guter Mensch zu sein.« Er lächelt mich verschmitzt an, und ich schmelze dahin.

Bei einem Kaffee in einem Restaurant in Brandon denke ich noch lange über Alex' Worte nach und sehe Kate vor mir, die ich in Australien in einem kleinen Straßencafé gesprochen habe. In der Morgensonne Sydneys sitzt sie auf einer grünen Ledercouch und genießt zusammen mit ihrem Mann ihren Morgentee. Weiße, kurze Haare, Jeans, weißes Shirt. Während er sich räkelt, erzählt sie ruhig: »Was ich habe, ist, was ich will. Ich bin gesund, habe ein schönes Zuhause, einen tollen Mann, genug Geld zum Leben, und ich glaube, dass ich mich wirklich glücklich schätzen kann. Ich verlange nicht nach mehr.« Im Licht dessen, was ich von Alex gehört habe, hat sie eindeutig alles richtig gemacht. Sie hat ein gutes soziales Umfeld, ist zufrieden mit dem, was sie hat, und vergleicht sich nicht mit anderen.

Nicht nach mehr verlangen. Wie schön. Wie entlastend. Also zurücklehnen und gar nichts mehr tun? Die Antwort auf diese Frage erhalte ich von Pauline, die ich in einem kleinen Park in Sydney treffe:

73 Jahre alt, sanfte Gesichtszüge, silbergraue Haare, nachdenklicher Blick: »Ich liebe die australische Art, das Leben nicht allzu ernst zu nehmen. Ich meine, wir können ernst sein, und wir haben eine sehr gute Arbeitsmoral, aber wir lieben es auch, zu entspannen und das Leben zu feiern.« Genügsam sein, das Einfache zu schätzen ist für sie eine gute Basis für das Leben im Allgemeinen. »Was macht dich glücklich?«, frage ich Louise, die ich am Bondi-Beach bei Sydney vor der Kulisse des weißen Strandes und türkisfarbenen Wassers mit Mann und zweijährigem Sohn treffe. »Ich bin glücklich, weil ich mir bewusst bin, dass ich das Glück habe, die grundlegenden Dinge im Leben zu besitzen. Also gute Gesundheit, leckeres Essen, ein tolles Netzwerk, das mich stützt, und eine großartige Familie. Ich habe eine grandiose Partnerschaft und einen tollen Sohn. Und ich glaube, das sind die wesentlichen Dinge, die mich glücklich machen, und ich bin dankbar dafür – jeden Tag. *Just count the blessings!* – Zähle einfach die Segnungen! – Denn, was auch immer passiert, die Basisdinge im Leben reichen zum Glücklichsein.« Hm. Ob das so stimmt? Die Basisdinge im Leben sollen reichen? Also ich habe schon noch Wünsche. Und nicht wenige …

Mit diesen Gedanken im Hinterkopf treffe ich einige Wochen später Silvie. Ende 50 vielleicht und Verkäuferin in Luxemburg. Wie ich sucht sie Schutz vor dem strömenden Regen unterm Zelt der freiwilligen Feuerwehr: »Es macht mich glücklich, durch den Wald zu spazieren und ein wenig zu reisen. Letzte Woche war ich beispielsweise in Berlin. Das sind die kleinen Dinge, die mich glücklich machen, ohne sehr viel Geld zu kosten. Ich denke, die Deutschen wären auch glücklicher, wenn sie nicht immer nach den Sternen greifen würden, die man sowieso nicht haben kann.«

Aber wenn man nun einmal gerne nach den Sternen greift? Wie ich zum Beispiel? Wie passt diese genügsame Haltung zu Freiheit, Autonomie und großen Visionen? Ganz simpel: Sie können trotzdem nach den Sternen greifen, solange Sie den Boden unter den Füßen noch spüren. Solange Sie nicht abheben. Und das ist es letztendlich, was wir tun, wenn wir das Einfache sehen und wissen, dass wir uns damit begnügen könnten. Wir bleiben geerdet und streben zur gleichen Zeit Richtung Himmel. »Auch glaube ich, dass ein schlichtes und anspruchsloses äußeres Leben für jeden gut ist, für Körper und Geist«, so dachte bereits Albert Einstein. Er hat Großes bewirkt und das Kleine geschätzt. Sich mit den einfachen Dingen zu begnügen ist nicht das Ende allen Strebens, sondern der Ausgangspunkt. Eine solide Basis für mehr. Auch für Louise vom Strand in Sydney: »In den letzten Monaten habe ich trainiert, um 100 Kilometer in 48 Stunden für einen guten Zweck zu laufen.« Sie lächelt mich stolz hinter ihrer riesigen Sonnenbrille an. »Und vor drei Tagen habe ich an diesem Event teilgenommen. Mir ein solches persönliches Ziel zu setzen und es dann zu erreichen war einfach großartig!«

Wenn Sie wissen, dass Sie es jetzt schon gut haben, können Sie sich ohne Druck und Stress der Zukunft widmen. »Konzentriere dich auf das, was du hast, nicht auf das, was du nicht hast«, rät mir Linda am Strand von Tromsø im Norden Norwegens und streicht ihrer Tochter über die blonden Haare. Möwen kreischen, die Luft ist klar, im Hintergrund mahnen die Berge: Es ist genug. Das reicht zum Glücklichsein. Ich gönne mir eine Pause und genieße die gewaltige Aussicht.

Wenn Sie tief in Ihrem Inneren wissen, dass Ihnen alles gegeben ist, dann wissen Sie auch, dass die Welt nicht zusammenfällt, wenn Sie ein Ziel einmal nicht erreichen. Sie finden es völlig okay, wenn Ihr Haus kleiner ist als das eines Nachbarn. Und für den Kollegen, der an Ihnen auf der Karriereleiter vorbeiziehen möchte, gehen Sie freundlich einen Schritt zur Seite. Werner, Staatsbeamter aus Luxemburg, würde es so umschreiben: »Das ist, glaube ich, das größte Problem vieler Menschen, auch in Deutschland: Sie schauen immer nur auf die anderen und sehen, was die Besseres haben, und dadurch wissen sie ihre eigene Situation nicht zu schätzen. Ich bin sehr glücklich mit meinem Leben. Ich weiß, dass es vielen viel schlechter geht als mir.« Was würde schon groß passieren, wenn ich etwas weniger hätte? Warum sollte ich auf andere neidisch sein? Ich habe doch alles, was ich benötige: ein Dach überm Kopf, die beste Tochter der Welt, Eltern, die mich unterstützen, und eine Menge richtig guter Freunde.

Wer sich auf das Einfache besinnen möchte, der braucht starke Nerven. Nicht nur, weil unsere direkte Umgebung anders denken mag und Großes immer beeindruckender erscheint als Unscheinbares, sondern auch, weil die Reklamebotschaften uns vorgaukeln, dass uns etwas fehlen müsse. Joar, der Glücksforscher mit Gummistiefeln aus Norwegen, reagiert verärgert: »Die Botschaft der Werbung ist: Es ist nicht gut, wie es ist. Du kannst nicht zufrieden sein, denn du hast nicht die letzte Version eines Smartphones oder die aktuellsten Markenklamotten. Bevor du glücklich sein kannst, musst du sie kaufen. Das sind genau die Botschaften, die wir nicht brauchen.« Und wenn Sie, was auch immer fehlte, erworben haben, dann sind Sie erst ein wahrer Held. Also strengen Sie sich an, damit Sie sich all das leisten können, was Sie nicht brauchen.

Sehen Sie es einfach einmal anders: »Je weniger Bedürfnisse ihr habt, desto freier seid ihr«, schrieb bereits Immanuel Kant. Und je freier Sie von materiellen Wünschen sind, desto autonomer können Sie sich selbst verwirklichen. Ihr Antrieb ist dann nicht, immer mehr zu besitzen, sondern sich als Mensch weiterzuentwickeln. Alles, was Sie zusätzlich erhalten, ist ein Geschenk, für das Sie sich bedanken können, aber nichts, was Sie vom Leben einfordern sollten. Sie ahnen es schon: Schrauben Sie Ihre Erwartungen runter. Üben Sie sich in Bescheidenheit. Alexandre, Portier eines Luxushotels in Montreal, umschreibt es so: »Lebe dein Leben einfach! Liebe! Ich glaube, alles dreht sich darum, das Leben einfach zu halten.Wenn dein Leben kompliziert wird, dann wirst du unglücklich. Habe nicht zu viele Erwartungen, denn sie könnten enttäuscht werden.«

Was Glück ist? Einfach die einfachen Dinge des Lebens zu schätzen.
Hernando, Professor für Architektur, Bogotá, Kolumbien

Viele Menschen haben ein hektisches Leben, aber ich habe mein Leben immer einfach gehalten, und das macht mich glücklich.
Kate, arbeitet mit behinderten Kindern, Sydney, Australien

Führen Sie ein einfaches Leben. Ich denke, das ist am wichtigsten. Oft sind wir zu komplex im

Denken, und dadurch entstehen erst die Probleme.
Verra, Verkäuferin, Montreal, Kanada

Das Leben muss nicht kompliziert sein. Man muss einfach seinem Herzen folgen und das machen, wozu man Lust hat.
Daniel, Mitarbeiter einer Non-Profit-Organisation, Århus, Dänemark

Oft vergessen wir, was wir schon haben, und übersehen dadurch die kleinen Freuden. Manchmal haben wir aber auch einfach keinen Bock auf das Simple. Wir haben große Visionen, wichtige Ziele, grandiose Träume. Kleinkram stört da nur. Nicht kleckern, sondern klotzen ist angesagt. Unsinnig und gefährlich finden das die glücklichen Nationen, denn wer abhebt, verliert nicht nur die Erdung, sondern auch seine Wurzeln. Menschen in den glücklichen Ländern suchen deshalb regelmäßig bewusst das Schlichte, setzen sich wie die Finnen an ein Eisloch oder stapfen wie die Schweden Kilometer auf Eisschuhen durch den Schnee. Sie feiern wie die Australier, die sich nach dem Motto »bring your own bottle« gemütlich mit eigenem Essen und Trinken zu den Nachbarn gesellen. Oder sie drosseln ihre Geschwindigkeit, wie die Schweizer, damit sie nicht an Bemerkenswertem vorbeischießen. Jeder hat seine eigene Art, sich regelmäßig zu beschränken, um wieder zu spüren, dass er letztendlich gar nicht so viel braucht in seinem Leben.

Und das erklärt auch, weshalb es Antonio, einem Obstverkäufer, den ich an einer vielbefahrenen Kreuzung in San José treffe, gelingt, glücklich zu sein. Er lacht mich an, rückt seine Baseballkappe mit der Aufschrift »Italia« zurecht und freut sich an den kleinen Dingen. Er hat auch schlichtweg keine andere Wahl. »Mein Wunsch für die deutschen Brüder ist, dass ihnen gefällt, was sie machen, und dass ihnen gefällt, was sie heute zu essen bekommen. Wenn es Reis mit Bohnen gibt, sollen sie zufrieden damit sein, auch wenn es wenig ist – sie sollen glücklich sein. Sage nie, *heute ging es mir schlecht*. Sage immer, *danke für diesen neuen Tag.*« Letztendlich ist immer etwas da, das gut genug ist für ein reiches Leben. Louise schaut länger über die Bucht vor Sydney: »Warum sind die Australier so glücklich? Es klingt vielleicht ein bisschen nach einem Klischee, aber sie wertschätzen die einfachen Dinge: Sonne und einen Tag frei, wie heute. Gute Freunde und Geselligkeit. Leckeres Essen und die Familie. Ich glaube ja, das ist nicht wirklich kulturspezifisch. Ich weiß nicht, ob sich das vom Rest der Welt unterscheidet …«

Nicht besonders, zumindest nicht, wenn man die 15 600 Kilometer entfernte Ellen in Stockholm fragt. Eine fröhliche, junge Blondine in schwarzer Lederjacke, die an ihrer Hand abzählt, was für Gründe sie hat, glücklich zu sein: »Ich habe eine tolle Familie, ein Dach über dem Kopf, Essen, einen Job, eine Ausbildung«, sie braucht die zweite Hand. »Freunde, ich sehe gut aus – das war Spaß, aber weißt du, ich habe nichts, worüber ich mich beschweren könnte, also bin ich glücklich.«

Herbert, der Kanada-Experte und Blogger, hat dazu auch noch etwas zu sagen: »Ich würde generell sagen, dass viele Deutsche andere Ansprüche haben als Kanadier. Ich habe das Gefühl, dass die Kanadier so ihren Glücksgrad gefunden haben. Das merkt man auf der Straße, wenn man mit Menschen redet, die zwar keine feste Arbeit haben, aber ansonsten ganz viele Glücksgefühle, weil sie das Glück in der Familie finden oder mit Freunden oder bei Hobbys, beim Sport. Es relativiert sich. Ich meine, was ist Glück? Für mich: am Samstagabend mit Freunden zusammenzusitzen, vielleicht etwas zu essen und ein Glas Wein zu trinken …«

Vielleicht scheitern wir in Deutschland an unserem Perfektionismus? Es geht nicht um das gute Leben, nein, es muss das perfekte Leben sein. Am Gesamtbild muss alles stimmen, von den erfolgreichen Sprösslingen über das eigene Heim, das neueste Automodell bis zum gepflegten Rasen. Kein Wunder also, dass diese Menschen spätestens mit Ende 40 in die Sinnkrise rasen. Ein Bild fesselt niemals, wenn es perfekt ist, sondern wenn etwas stört. Wie ein kleiner Farbtupfer, der dazu führt, dass das gesamte Bild anfängt zu leben. Jean-Sébastian aus Montreal blinzelt in die Morgensonne: »Ob wir eine große Menge Glück brauchen, weiß ich nicht. Es gibt das kleine Glück, und es gibt das große Glück. Man muss sie beide zu erfassen wissen. Aber allein schon ein bisschen jeden Tag ist außerordentlich. Voilà!« Ein kleiner Tupfer, und fertig ist das Kunstwerk Ihres Lebens.

Die Unvollkommenheit Ihres Lebens macht seine Schönheit aus. Rob, der englische Arzt, den ich mit Don, seinem besten Freund, in Sydney treffe, findet, dass »es nicht nur darum geht, viele Freunde zu haben oder viele Dinge zu besitzen. Aber ich denke, genug zu haben, ist das Richtige – genug Geld zu haben, um die Dinge zu tun, die du tun möchtest. Einen Job zu haben, der dich inspiriert. Und Beziehungen, Freunde … Das alles habe ich. Ich habe schon ein wirklich vollständiges Leben.« Ich schaue den beiden nachdenklich nach, wie sie scherzend verschwinden. Ja, genug zu haben reicht für ein vollständiges Leben.

Um das Einfache zu sehen, muss man den Überfluss erst einmal wahrnehmen. Wie ich, nach meiner Rückkehr aus den zehn Quadratmeter großen Hütten Costa Ricas. Was mich erwartete, war meine schick eingerichtete Fünf-Zimmer-Altbauwohnung in Bestlage. Leicht beschämt murmelte ich: »Maike, findest du das nicht ein bisschen übertrieben?« Inzwischen ist vieles verschenkt oder liegt für den Flohmarkt im Keller. Das fünfte Zimmer habe ich vermietet. Ich habe es keine Sekunde lang bereut. Nichts vermisst. Nur gewonnen. An Raum, an geistiger Freiheit, an Mitmenschen.

Und so kann sich jeder seinen Weg suchen, sein Leben neu zu bewerten. Wie wollen Sie das Kleine wertschätzen, wenn immer ein großer Wunsch davorsteht und Ihnen die Sicht versperrt? Ich muss an Luc und Isabelle, ein Banker-Paar aus Luxemburg, das versucht die großen Dinge aktiv aus ihrem Leben zu schieben, denken. Luc kratzt sich am Hinterkopf: »Mein Weg besteht darin, mich loszulösen von dem Materiellen. Dafür gibt es mehr Kunst in meinem Leben, mehr Zwischenmenschliches, wieder mehr Miteinanderreden und -kommunizieren. Und die Kinder geben uns auch die Gelegenheit dazu, das wahrzunehmen.« Er zieht seine Frau an sich und schaut sie liebevoll an. Letztendlich geht es auch Lars aus Ålborg darum: »Was will ich? Wie viel möchte ich? Das, was ich habe, reicht. Mehr brauche ich nicht. Natürlich kann man immer mehr und noch mehr wollen, aber wird man damit auch glücklicher? Das glaube ich nicht. Man findet immer ein Ziel, und das sollte man auch. Aber es ist auch wichtig, dass man in sich reinhorcht: Wie geht es mir selbst?«

Wie geht es Ihnen? Heute schon darüber nachgedacht, was Sie wirklich benötigen zum Glücklichsein?

Sie brauchen weder Ihr Leben zu »simplyfien«, Ihren Schreibtisch oder Ihre Finanzen zu ordnen noch Ihre Beziehung in Einzelteile zu zerlegen. Wenn Sie die Basisdinge schätzen, wird sich Ihr Leben automatisch entflechten. Denn Ihre Prioritäten werden sich synchron dazu verschieben. Auf einmal sind bestimmte Dinge nicht mehr so wichtig. Andere Menschen werden eventuell in Ihr Leben treten, wie meine Mitbewohnerin. Sie werden sich mit anderen Dingen beschäftigen. Sie werden über andere Themen reden oder einfach öfter mal schweigen.

Jeder, der schon mal eine Skulptur gemeißelt oder geschnitzt hat, weiß, dass Vollkommenheit offensichtlich nicht dann entsteht, wenn man nichts mehr hinzuzufügen hat, sondern wenn man nichts mehr wegnehmen kann. Michelangelo Buonarroti soll auf die Frage, wann er wisse, dass er mit einer Skulptur fertig sei, geantwortet haben: »Wenn ich die Haut erreicht habe.« Und so bleibt die zentrale Frage bei allen Lebensentwürfen: Wie einfach kann es maximal sein, wie kompliziert muss es minimal sein? Spüren Sie schon die Haut?

Wenn Ihnen klar ist, dass Sie gar nicht so viel benötigen, werden Sie sich auch automatisch weniger anschaffen, mehr verschenken und vieles mit einem freundlichen Dankeschön ablehnen. Ihre Prioritäten ordnen Ihr Leben neu. Kodwhani aus Montreal lacht sein Zahnpastalächeln: »Das Leben könnte immer besser sein. Eines der Dinge, die ich deshalb tun würde, um glücklich zu werden, ist, das zu schätzen, was ich habe. Sei einfach glücklich!«

Her mit dem Mehr!

»Warum seid ihr in Deutschland nicht glücklich? Ihr habt Wasser, sauberes Wasser! Ihr habt Essen, ihr habt Gemüse, ihr habt Milch, ihr habt Medizin, ihr könnt kostenlos ins Krankenhaus gehen. Also warum seid ihr nicht glücklich? Wenn ihr gesund seid, müsst ihr glücklich sein. Deutschland ist ein großartiges Land, es ist ein tolles Land. Es ist ein sauberes Land. Ihr habt die besten Maschinen. Die besten Autos. Was auch immer von den Deutschen gemacht wird, ist sehr gut. Ihr habt alles. Schaut euch einfach um, und ihr werdet sehen: Ihr lebt sehr gut. Versucht, glücklich zu sein. Wir wünschen euch, dass ihr es wirklich seid.« Hassan, stolzer Besitzer einiger Restaurants in Montreal, kommt ursprünglich aus Libyen. Und das libysche Essen schmeckt gar nicht mal so schlecht, denn natürlich spendiert er der Repräsentantin des Volkes, das er so sehr bewundert, ein Abendessen in einem seiner Restaurants.

Das Leben in Deutschland ist wie eine große Sahnetorte, und wir sitzen mittendrin. Uns geht es so gut wie noch nie. Krise hin oder her. Unser Leben ist komfortabler denn je: Kaffeemaschine, Fernseher und fließendes Wasser. Niemand stirbt vor Hunger, und Seuchen sind ausgestorben. Wir suhlen uns im Wohlstand obendrein. Was ist los?

Komfort und Geld sind nicht das, was zählt.

»Ich glaube nicht, dass Norwegen ein glückliches Land geworden ist, weil es reich wurde. Ich glaube, wir waren schon vorher glücklich. Es sind immer die kleinen Dinge, die uns glücklich machen.« Aron, der Blondschopf vom Segelboot in Tromsø, grinst sein breites Grinsen, und der Rest der Besatzung der Segelyacht, auf der er sitzt, nickt schweigend. Der Glücksforschung ist dieses Phänomen übrigens zur Genüge bekannt: Ein höheres materielles Wohlstandsniveau führt nicht gleichzeitig zu mehr Lebenszufriedenheit. »Du kannst 100 000 Dollar im Jahr verdienen oder 200 000. Du willst immer mehr, und du brauchst immer mehr. Ich glaube, je mehr du verdienst, desto mehr brauchst du. Wir sollten deshalb einfach probieren, mit dem glücklich zu sein, was wir haben«, findet Mathew Macartney, Sternekoch auf einem Weingut nahe Melbourne.

Dass arme Menschen oft genauso glücklich sind

wie enorm reiche, bleibt faszinierend und liegt daran, dass unser Gehirn gerne mitdenkt. Sie kaufen sich ein neues Auto und schweben im siebten Himmel. Ihr Gehirn bereitet indes alles dafür vor, dass noch mehr solcher schicken Autos in ihrer mentalen Garage Platz haben. Denn es hat verstanden: Das, was uns glücklich machte, weil es etwas Besonderes war, ist jetzt der neue Maßstab, der neue Normalzustand. Und warum sollten wir uns erfreuen an etwas, das selbstverständlich ist? Trotz sonntäglichen Waschens verliert das schöne neue Auto seinen Glanz, und bald muss ein besseres her. Und auch das wird wieder seinen Reiz verlieren. Die Glücksforschung nennt das die hedonistische Tretmühle, weil wir immer einen draufsetzen müssen, um die Lücke zwischen toll und selbstverständlich zu überwinden. Immer mehr haben führt zu immer mehr wollen. Und sorgt dafür, dass die Diskrepanz, die Alex am Anfang nannte, fortbesteht. Die Lösung ist, sich auf andere Glücksmacher zu konzentrieren, wie zum Beispiel Spaß zu haben an dem, was wir täglich tun. Und deshalb ist für Mathew aus Melbourne die Rückmeldung seiner Gäste wichtiger als das große Geld: »Wenn sie dir sagen, dass es wundervoll ist, wenn sie Tränen in den Augen haben von dem, was ich kreiert habe, dann ist ihr Glück das größte Kompliment für mich. Das ist der Kern von Freundschaft. Manchmal vergessen Menschen, worum es bei Freundschaft geht: Menschen zu erfreuen, Menschen glücklich zu machen. Ich denke, dass es eine wundervolle Sache ist, am Ende des Tages ein paar schöne Erinnerungen kreiert zu haben.« Jetzt habe aber erst mal ich Tränen in den Augen, denn genau das hat Mathew jetzt getan, mit seinen Worten eine schöne Erinnerung für mich kreiert.

Jean-Sébastian mit der cremeweißen Tür in Montreal nickt bestätigend: »Ich glaube, du kannst ein wundervolles Leben führen mit bloß einem kleinen Stückchen Glück in deiner Seele.«

Wenn Geld überhaupt mit Glück in Verbindung gebracht werden kann, dann vielmehr durch die Art, wie Sie es ausgeben: »Wenn du viel Geld hast, ist es schlauer, dein Geld für Erlebnisse auszugeben. Reise, gehe in ein Konzert, was immer du magst. Ob es die Oper in Wien oder das örtliche Fußballspiel ist, solche Erfahrungen haben einen länger andauernden Einfluss auf dein Glück«, sagt Christian, der dänische Glücksökonom, kurz bevor unser Sonnenschirm abhebt und in Richtung Kanal kullert.

»Ich glaube, Glück muss aus dem Inneren kommen. Wir leben einfach in einer Welt, die sehr, sehr materialistisch ist.« Luc aus Luxemburg zögert. »Es ist wichtig, sich davon ein bisschen zu lösen und sich zu fragen: Was hat im Leben wirklich eine Bedeutung? Es ist nicht, dass ich mir den neuesten Computer kaufe oder die schönste Uhr, es ist vielmehr, dass ich das Leben genießen kann: morgens aufstehen, die Sonne spüren, mit den Kindern im Wald auf Pilzjagd gehen …«

Hm. Müssen wir jetzt alle arm sein, um glücklich zu sein? Ist das die Lösung? Ich glaube nicht, dass wir wie der griechische Philosoph Diogenes in der Tonne leben und ewigen Verzicht üben müssen. Auch ich mag Schönes, und das kostet oft Geld. Machen Sie Ihr Leben so schön, wie Sie es wollen, aber verlieren Sie niemals den Kontakt zu den einfachen Dingen und zum Bewusstsein, dass Sie all das nicht brauchen. Lächeln Sie über Ihr kindliches Verlangen, zu besitzen. Und üben Sie sich regelmäßig im Entsagen. Ich glaube, das ist die Botschaft. Diogenes hat sich der Überlieferung nach abgewöhnt, Dinge bekommen zu wollen, indem er steinerne Statuen um ein Almosen anflehte – nichts anderes tun die Norweger, wenn sie sich in ihre Hütten zurückziehen ohne Strom und Wasser, und die Schweden, die es glücklich macht, am Steg zu sitzen und über den See zu schauen.

»Wir denken, dass wir immer mehr brauchen, als wir tatsächlich benötigen. Aber ist uns das Glück nicht näher zum Beispiel in unseren Kindern?« Arnar, der Schiffskoch aus Island, schaut mich intensiv an. Ein Lächeln huscht über sein Gesicht. »Glück ist überall, du musst dich nur mit ihm verbinden.«

Ich hocke im kniehohen Gras und interviewe Lotte auf ihrem Bauernhof in Norwegen, ein paar Kilometer von Oslo entfernt, nachdem ich ihr den ganzen Morgen und unter Einsatz meiner kostbaren Zeit über die Weiden gefolgt bin, um nach den Pferden zu sehen. »Manchmal«, so beginnt sie zögerlich, »finde ich die Deutschen ein wenig kontrolliert. Sie wollen immer die Besten sein. Vielleicht solltet ihr euch ein wenig mehr gehenlassen …« Sie krault ihre Katze hinter dem Ohr.

»Ach! Schau mal!«, ruft sie plötzlich aufgeweckt aus, »wie schön die Blumen sind!« Sie lässt kleine violette Blüten durch ihre Finger gleiten. Ich werfe an meiner Kamera vorbei einen kurzen Blick drauf. »Ach so ja, Heidekraut ist das, das haben wir in Deutschland auch.« Lotte lacht herzlich: »Siehst du? Das war typisch. Ich sage: *Schau mal, wie schön!*, und du antwortest *Ja, kenn ich, ist das und das. Ratata.* Du hast dir nicht die Zeit genommen, dich daran zu erfreuen. Aber das erlebe ich sehr oft bei Deutschen. Sie nehmen sich nicht die Zeit, sich am Leben und an den kleinen Dingen zu erfreuen.«

Dem kann Herbert in Kanada nur zustimmen: »Ich bin ja begeisterter Hobbyzauberer, und wenn ich meine Tricks in Kanada vorführe, dann sind die Menschen einfach da und freuen sich. In Deutschland werde ich gleich gefragt: *Wie hast du das gemacht? Wie kommt das Wasser da rein, und warum ist es jetzt nicht mehr da?*« Herbert denkt, dass die kritische Grundhaltung der Deutschen ihrem Glück oft im Wege steht. »Es ist der Charakter der Deutschen, dass sie über allem schwer werden und dass alles über ihnen schwer wird«, befand bereits Johann Wolfgang von Goethe.

Und das hat auch die Studie des Rheingold Salons[21] ergeben. 46 Prozent der Menschen in Deutschland gelingt es demzufolge, im stressigen Alltag immer seltener etwas zu genießen. 81 Prozent der Befragten fällt es leichter, wenn sie vorher etwas geleistet haben. Der dänische Glücksforscher Christian schmunzelt: »Es ist so witzig an den Deutschen, dass sie immer erst ihre Pflicht erfüllen müssen, bevor sie irgendetwas anderes tun können.« Die Glücklichsten können dies nicht verstehen, sie feiern die Feste, wie sie fallen, immer, wenn sich die Gelegenheit dazu bietet. Denn Genuss ist die Würze des Lebens.

Ana María, die quirlige Rechtsanwältin aus Bogotá, antwortet wie aus der Pistole geschossen: »Erstens: Man muss die Familie, so viel es geht, genießen. Zweitens: Jeden Freitag muss man ausgehen, trinken und tanzen bis zum Abwinken.« Das findet auch Kodwhani aus Montreal. »Wir haben Spaß am Leben: hart arbeiten und dann, wenn die Arbeit getan ist, rausgehen und feiern, was das Zeug hält. Wenn es Zeit ist, zu feiern, ist es Zeit, zu feiern!«

Da stimmt auch der Glücksforscher Mariano aus Costa Rica zu: »Letztendlich hast du nur ein Leben. Wir haben keine 20, nein, wir haben nur eins. Es ist völlig in Ordnung, dieses eine Leben zu genießen.« Okay, ich hab verstanden. Immerhin finden auch 91 Prozent der Deutschen, dass Genuss das Leben lebenswert macht.

Der Architekt Martin, den Sie bereits in Zürich kennengelernt haben, antwortet bedächtig: »Ein Tipp wäre vielleicht, weniger verbissen zu sein und das Leben ein bisschen mehr zu genießen. Und die Schönheiten des Lebens zu akzeptieren …« Schön! Der Satz hallt in meinen Gedanken nach …

Australien – Zurücklehnen und genießen

25. August. Nach zehn Stunden Flug und ein paar Stunden Aufenthalt am Flughafen Shanghai mache ich es mir wieder an meinem Fensterplatz im Flugzeug gemütlich und schaue auf die Millionen Lichter der Stadt. Ich bin auf dem Weg nach Australien zusammen mit vielen sehr relaxten und sehr kontaktfreudigen Australiern. Gutgelaunt warten wir auf das erste Zuckeln der Maschine. Wir warten lange. Wir warten eindeutig zu lange. Das Flugzeug habe leider einen Motorschaden, quäkt es endlich in Chinesisch-Englisch kaum verständlich durch die Lautsprecher. »Na besser hier als in der Luft«, sage ich zu meinem Sitznachbarn. Der Flieger spuckt uns wieder aus, und da stehen wir dann. Ohne weitere Instruktion mitten auf dem unübersichtlichen Flughafen der 23-Millionen-Metropole Chinas. Um uns herum lauter hektische Chinesen, die auch nicht wissen, an welchem Gate es denn jetzt nach Sydney weitergeht. Langsam bildet sich ein australisches Schicksals-Grüppchen, das sich fest vorgenommen hat,

das Flugzeug auf eigene Faust zu finden. Ich mittendrin.

»Woher kommst du?«, fragt mich ein Mann mit Lederjacke, Dreitagebart und Rangerhut.

»Germany, und du?«

»Australien, aber ursprünglich aus Irland.« Und seine Freundin ist »australian too«, sieht aber eher aus wie eine Türkin.

»Ich bin aus Griechenland, zweite Generation. Hi, ich bin Diana.« Aha.

»Und du?«, frage ich weiter in der Runde.

»Ich bin ein Pom!«, lacht ein fröhlicher Blondschopf mit Sommersprossen um die 35.

»Ein was?«, frage ich erstaunt.

»Ein *Prisoner Of Her Majesty*, Gefangener Ihrer Majestät«, erklärt er langsam und deutlich. »Ich komme aus Großbritannien.«

»Notorische Nörgler halt«, lacht ein Vierter und streckt mir seine Hand entgegen. »Hi, ich bin Georg, meine Großeltern stammen aus Deutschland.«

Später kommen noch eine dritte Generation aus China, eine erste serbische und ein dänischer Beinahe-Australier hinzu. Ja, was ist denn jetzt bitte schön ein richtiger Australier?

Völlig egal, denn wer einen australischen Pass hat, ist erst einmal »lucky«, der hat Glück, denn er hat damit die Eintrittskarte zum besten Land der Welt, zum »lucky country«, wie die Australier ihr Land stolz nennen. Willkommen also im Glücksland! Der Himmel auf Erden befindet sich eindeutig hier!

Am nächsten Tag treffe ich die Korrespondentin Esther am Bondi Beach, einem traumhaften Strand, eine halbe Stunde vom Zentrum Sydneys entfernt. Amazing! Das Wasser leuchtet türkis, der weiße Strand blendet, es geht eine leichte Brise. Esther nimmt mich für das Interview mit in eines der Naturschwimmbäder am Rande des Ozeans. Nur für Frauen. »Hier baden auch die Araberfrauen in ihren Schwimmburkas«, erzählt sie mir. Das ist ganz normal. Man ist tolerant. »Darauf sind die Australier unendlich stolz, und sie setzen alles daran, das Klima der Toleranz zu erhalten.« Esther ist eine deutsche Journalistin und arbeitet seit über 15 Jahren in Australien. Entspannt stützt sie sich mit beiden Armen auf einen Zaun oberhalb des Schwimmbads und fährt mit ihrer weichen, tiefen Stimme fort: »Ich glaube, das ist das Lebensgefühl der Australier: Selbst wenn es mir nicht so gutgeht, insgesamt bin ich in einem Land, das wirklich ein schönes Land ist. Ein Land, das mit Reichtümern ausgestattet ist. Ein Land, das mir Chancen bietet, und daher bin ich doch *lucky*. Die Australier denken, sie müssten glücklich sein, einfach nur, weil sie hier leben.«

Robert Cummins, kurz Bob, treffe ich an einem späten Nachmittag in der Business-Etage eines Luxushotels im Herzen Sydneys. Ich fühle mich geehrt, denn er hat auf dem Weg nach Japan nur für mich einen Schlenker über

Sydney gemacht. Normalerweise ist er Professor an der Psychologischen Fakultät der Deakin-University in Melbourne. Bob ist Herausgeber des »Journal of Happiness Studies« und hat bei der Entwicklung einer Vielzahl von Tests, Indikatoren und Berichten über Lebensqualität mitgewirkt. »Ja«, lächelt der grauhaarige Mann mit weichen, stoischen Gesichtszügen in die Kamera, »ich denke, in vielen Aspekten ist Australien wirklich ein Land, das Glück gehabt hat. Es setzt sich größtenteils aus Migranten zusammen. Und ich denke, Migranten und Flüchtlinge besitzen eine Menge erstrebenswerter Charakterzüge. Sie haben gelernt, dass sie sich von Dingen wegbewegen können, die nicht gut für sie sind. Und so entsteht eine Bevölkerung von sehr individualistischen Menschen.« Bob schaut völlig entspannt in die Kamera. »Das ist nicht dein erstes Interview oder?«, platze ich heraus. Bob lacht bebend in sich hinein: »O nein, ich habe letztes Jahr gefühlte 100 gegeben.«

Jeder, der nach Australien kommt, ist ein Kamerad, ein »mate«, jeder wird gleichermaßen respektiert. Mit einer Ausnahme: Menschen, die andere Menschen nicht respektieren, weil sie denken, sie wären etwas Besseres. Mit welcher Motivation auch immer: Abstammung, Religion oder Vermögen. Wer hierherkommt, ist erst einmal nackt. Nichts Besseres, nicht Schlechteres, ein unbeschriebenes Blatt. Das mag an Australiens Geschichte liegen. Sie beginnt, neben den Ureinwohnern, mit circa 160 000 irischen, walisischen und englischen

Strafgefangenen, die ab 1868 nach Australien verschifft wurden. Oft waren sie zum Tode verurteilt, nur weil sie vor lauter Hunger eine Scheibe Brot geklaut hatten. Für jeden, der hierherkam, war es ein Neuanfang. Bis heute kamen Millionen Menschen aus den unterschiedlichsten Teilen der Erde hinzu. Heute leben 23,5 Millionen Menschen in Australien. 140 verschiedene Nationalitäten, die sich statistisch zu dritt einen Quadratkilometer dieses aufregenden Kontinents teilen.

»Also ist es nicht so wie in Deutschland: mein Haus, mein Boot – und ich bin so toll?«, hake ich bei Esther nach.

»Das mögen einige denken, aber es wird vom Rest der Gesellschaft nicht geteilt. Es mag jemand im Restaurant meinen: *Ich bin so toll, und schau mich an!* Die Kellnerin wird dann aber nur entgegnen: *Ja, denkste dir so!* – und geht. Das finde ich wohltuend. Es ist sehr entspannend für beide Seiten.«

Kameradschaft geht über Status. »Es ist eine Gemeinschaft, die zusammenhält und sich gegenseitig hilft, wenn es zum Beispiel die katastrophalen Buschbrände gibt, große Naturkatastrophen, die sich in diesem Land regelmäßig ereignen.« Denn Australien ist der trockenste Kontinent der Erde, über dem gefühlt jeden Tag die Sonne scheint. So auch heute, als ich aus meinem Hotel in Sydney um circa zehn Uhr morgens direkt in die Arme von Don und Rob falle. Don, 46 Jahre alt, tagsüber Betreuer von behinderten Kindern, nachts DJ, waschechter Australier. Groß, schlaksig, mit ziemlich großen Zähnen und außerordentlich witzig. Und Rob, Arzt aus England, vor acht Jahren für ein Sabbatical nach Australien gekommen und geblieben. Mittelgroß, rundes, freundliches Gesicht mit vergnügten Augen. Und eine Nachteule, die gerne abends arbeitet, wie er mir erzählt.

Rob ist begeistert: »Ich glaube, Australien ist ein Land, das andere Menschen so annimmt, wie sie sind. Es gibt so viele Chancen für Menschen, die nicht von hier sind, einfach hierherzukommen und ihren Traum zu leben. Ich kann hier meine Arbeitszeit meinem Rhythmus entsprechend frei einteilen, etwas, was ich wahrscheinlich in England nie hätte tun können. In Australien kannst du etwas Neues beginnen, etwas Aufregendes, und wirklich irgendwo ganz anders landen, als du dachtest.« Rob schaut seinen Freund an und streicht sich noch einmal genießerisch durch die Haare. »Es ist wirklich schön hier, und der Lebensstil ist klasse. Die Leute sind einfach nur freundlich und entspannt.« Bob nickt zustimmend: »Ja, ich glaube, das Lebensmotto der Australier lautet: Folge deinem Traum von dem, was du tun möchtest. Ich glaube, das ist es, was die Australier tun. Wir folgen dem australischen Traum, und der australische Traum heißt: Folge deinem Herzen.«

John Werden, ein Anwalt um die 65, in dessen Büro in Melbourne ich per Zufall lande, liebt genau das an seinem Land: »Wir gestalten uns immer noch, wir werden immer noch erschaffen, das macht es ein Stück relaxter. Und dadurch haben wir viele Freiheiten. Es gibt keine großen Regeln, wie es sie in Europa gibt, mit einer starken sozialen Schichtung.« Trotzdem. »Die Australier halten sich extrem an Vorschriften und Regeln, wenn dann mal welche akzeptiert worden sind«, so Esther. »Es wird einem aber auch nichts so vorgesetzt. Es gibt keine Verbotsschilder, es gibt keine Leute, die darauf bestehen, dass man etwas einhält. Man einigt sich darauf, dass bestimmte Vorschriften sinnvoll sind – okay, dann halten wir sie ein. Es gibt einige Vorschriften, die man nicht sinnvoll findet, die werden dann wieder abgeschafft, weil sich keiner dran hält.« So einfach ist das also. Esther lacht.

»Ja, im Allgemeinen sind wir Australier mit uns selbst im Reinen«, erzählt mir Jeff, Wirtschaftsprüfer um die 30: »Sport, mit meinen Freunden zusammen in der Kneipe ein Bier trinken, ein Dach überm Kopf zu haben, das macht mich glücklich. Ich habe einen tollen Job, jeden Tag leckeres Essen. Wir haben so phantastisches Fleisch hier – klingt das jetzt doof?« Unkompliziert, *down to earth*, mit einer Prise Humor, das ist das absolute Glück der Australier. »Man lacht viel über sich selbst. Der Australier besitzt die Gabe, sich nicht allzu wichtig zu nehmen«, grinst Esther. Haben die Australier nur Spaß, oder arbeiten die auch mal? Laut »OECD Better Life Index« im Schnitt 400 Stunden pro Jahr mehr als wir.[22] So wie Louise, die hübsche Journalistin, ursprünglich aus Irland, die ich am Strand treffe. Ihr Mann Trevor kümmert sich während des Interviews um ihren Zweijährigen: »Ich glaube, dass wir hier sehr hart arbeiten, aber Arbeit steht nicht an erster Stelle. Jeder verfolgt auch seine persönlichen Ziele, Sport zum Beispiel. Australien ist ein sehr gesundheitsbewusstes Land.« Cricket, Rugby, Fußball, Basketball, Tennis, Golf, Segeln, Surfen. Dass jemand keinen Sport treibt, ist für Australier undenkbar. Und vielleicht beurteilen deshalb 85 Prozent der Australier ihren Gesundheitszustand als gut. In Deutschland sind es nur 65 Prozent.

Jetzt möchte ich aber zum Schluss noch wissen, was Esther selbst glücklich macht. »Naturerlebnisse. Eindeutig! Mit Menschen, die ich liebe, wie meiner Familie und meinen Freunden. Und Naturerlebnisse gibt es hier reichlich.« Sie schaut nachdenklich aufs Wasser und zeigt auf einmal ganz aufgeregt aufs Meer: »Guck mal! Wahnsinn!« Ganz entfernt sieht man zwei schwarze Punkte. »Haste gesehen? Der Wal springt richtig raus. Zwei! Man sieht das an den Fontänen. Und da ist ein Boot zwischen uns und den Walen. Siehst du es? Der Wal ist da direkt oberhalb. Haben die ein Glück!«

Bobs Glücksforscheraugen schauen mich vergnügt an: »Yeah. Die Menschen hier sind glücklich. Warum auch nicht?«

9
Rein in die Zeit!

Es ist egal, ob es positiv oder negativ ist.
Du urteilst nicht. Du beobachtest nur,
was in dem Moment ist, und bist einfach da.
Melanie, wissenschaftliche Mitarbeiterin,
Universität Melbourne, Australien

Mein Handy piept. Ich bin mitten im Interview und würde auch jedes normale Pling ignorieren, aber … diese Tonfolge stammt eindeutig von meiner Reiseassistenz-App, und die will mir anscheinend dringend etwas mitteilen. Adrenalin rast in Lichtgeschwindigkeit durch meine Adern, mir wird heiß vor Schreck: O nein! Das wird ja wohl jetzt nicht die obligatorische Erinnerung daran sein, dass mein Flug in einer Stunde geht? Ich stehe mitten im Bankenviertel Montreals. Keine Chance, in einer Stunde am Flughafen zu sein. Und überhaupt, ging mein Flug nicht erst morgen? Unter einem »Sorry, just have to check my flight«, fummele ich entschuldigend lächelnd und völlig unprofessionell mein schlaues Phone aus meiner Jackentasche hervor. Mein Flug-Assistent teilt mir mit, dass der Flug morgen zehn Minuten später geht. Mann!

Wie kann mich das jetzt so aus dem Konzept bringen, frage ich mich. Ich habe doch sonst immer alles minutiös geplant und voll im Griff. Es muss an dieser verflixten Entschleunigung liegen. Während meiner Reise muss sie sich meiner schleichend bemächtigt haben, sinniere ich und bestelle im nächsten Café erst einmal einen Milchshake auf den Schreck. Bereits am Anfang meiner Reise hatte Mariano mir in Costa Rica erklärt, wie wichtig die Zeit für ein glückliches Leben voller menschlicher Wärme sei, und meinen Blick für mein eigenes Lebenstempo geschärft. Ich habe mich darauf eingelassen und überließ mich treibend der Warmherzigkeit Lateinamerikas. Aber auch in Skandinavien ergab es keinen Sinn, das Tempo wieder anzuziehen. Dort, wo ich es versuchte, prallte ich auf die herbe Ruhe der skandinavischen Natur und deren geerdete Bewohner. Ich wurde mit einem schüchternen Lächeln locker ausgebremst. Was blieb mir also anderes übrig? Ich habe einen Gang runtergeschaltet. Und wo lande ich dementsprechend? Mitten in der Zeit. Ich fließe im Fluss der Menschen, fühle den Puls des Landes und bin mit meinen Gedanken vollkommen bei mir und meinem Gegenüber. Zeitangaben verlieren langsam ihre Bedeutung, Pläne reduzieren sich auf ein Minimum. Wer braucht schon eine Uhr?

Sie erinnern sich bestimmt an Jean-Sébastian, den ich in Montreal beim Streichen seiner Haustür treffe? Nach zwei Stunden Interview stehe ich immer noch auf seiner Dachterrasse. Mein Milchkaffee ist inzwischen leer, sein Gedankenfluss hingegen noch lange nicht versiegt: »Ich traf vor 25 Jahren einen alten Mann. Einen Mann, der einige Jahre im Konzentrationslager überlebt hatte. Er war 88 Jahre alt, und er sagte zu mir: *Il n'y a que la présence du présent qui m'interesse.* Es besteht nur die Präsenz des Präsens, die mich interessiert. Und dieser Satz war so gewaltig, dass ich mir dachte: Lass es mich ausprobieren! Das ist hart für deine Umgebung, denn du bist weder in der Zukunft noch in der Vergangenheit, nur im Hier und Jetzt. Und das ist Glück, denn du siehst die Dinge immer als das, was sie sind. Das ist alles.«

Die Kanadier scheinen dieses »Leben im Moment« erfunden zu haben. Ein paar Häuserblocks entfernt treffe ich John Phillips. Er sitzt mit seiner Freundin Verra auf den höchsten Stufen einer Empore, die zu einem weißen Säuleneingang eines großen Gebäudes führt. Sie genießen den lauen Abend in Montreal. Aus Amerika kommt er ursprünglich, wohnt seit drei Jahren hier und betet diese Stadt an. Er ist Komponist für elektronische Musik und überlegt lange, was er den Deutschen raten könnte: »Vielleicht sollten die Deutschen aufhören, so viel an die Zukunft zu denken. Nimm den Moment und gebrauche ihn. Den präsenten Moment, hier zu sein, genau jetzt. Mit anderen zusammen zu sein. Wenn wir uns dessen bewusst sind, dann gibt es wirklich nichts um uns, außer uns und dem, was wir jetzt haben. Dann kann man glücklich sein. Wenn du dir Sorgen machst, darüber, was morgen sein wird, kommst du nicht weit mit dem Glücklichsein.«

Welchen Wert hatte bisher ein Augenblick in meinem Bewusstsein, grüble ich hinter meiner Kamera. Wie lange dauert ein Moment? Wie intensiv ist er? Keine Ahnung, ich bin schon wieder unterwegs zum nächsten … Erinnern Sie sich an die Daumenkinos von früher? Diese dicken, mit einfachen Zeichnungen bedruckten Mini-Blöcke, die jeder von uns einmal gehabt hat. Hält man die gebundene Seite des Blocks fest und lässt die ungebundenen Seiten zwischen Daumen und Zeigefinger in Windeseile abblättern, fängt ein gezeichnetes Männlein an zu laufen, ein Schaf springt über ein Gatter oder ein Ballon steigt in die Luft und fliegt davon. Wenn einzelne Seiten fehlen, scheint die Bewegung zerhackt. Ungefähr so zerhacken wir unser Leben, wenn wir an den einzelnen Momenten vorüberrennen. Und reißen uns damit selbst aus dem Zusammenhang der Zeit. Gute Scheren zum Herausschneiden gibt es überall: Reklameschilder, SMS und unsere eigenen Gedankenströme. Nicht zu vergessen Flugassistenz-Apps. Zack! Schon verfehlen wir die Details. Das Schaf ist übers Gatter gesprungen, und wir haben's nicht gesehen. Uns entgehen wichtige Botschaften, im schlimmsten Falle ganze Fragmente unseres Lebens. Schauen Sie mal zurück. Welche Seiten fehlen? Ich frage mich oft, wo all die Details der letzten 25 Jahre meines Leben in meinem Bewusstsein geblieben sind. Mir fehlen ganze Blöcke. Und wenn ich ein dreijähriges Mädchen auf der Straße sehe, dann empfinde ich den Schmerz verpasster Momente mit meiner Tochter. Aufmerksamkeit, die ich nicht ihr, sondern Karriere, Geld und dem Wichtigsein geopfert habe, und noch täglich opfere: einer SMS zuliebe oder einer profanen E-Mail. Das sind die fehlenden Momente in meinem Leben, und täglich kommen neue hinzu.

Karoline, die Musical-Tänzerin aus Oslo, die ich zusammen mit ihrem Tanzpartner in einem Café nahe des Osloer Stadtparks treffe, schaut mich gedankenvoll an: »Wenn ich den Deutschen einen Tipp geben sollte, würde ich ihnen raten, präsent zu sein, im Hier und Jetzt zu leben.« Was sie glücklich macht, hat sie mir davor verraten: »Fast alles: guter Käse, grüne Ampeln, aber ich bin am allerglücklichsten, wenn es mir gelingt, jemanden mit dem, was ich tue, zu berühren.« Haben Sie schon einmal versucht, jemanden in der Zukunft zu berühren? Einander berühren können wir nur im Hier und Jetzt.

Ich muss an Arnar denken, den stillen Schiffskoch, dem ich in Island mit seinen zwei Söhnen beim Pommesessen begegne. Er ist so ganz anders als ich: in sich ruhend, geerdet und still. Wir schreiben uns noch heute regelmäßig Nachrichten über Facebook.

Diese Geschichte schickt er mir spontan, kurz nach unserem Interview. »Eine kleine Geschichte, Maike, um dir zu erklären, was für uns in Island wichtig ist: Letztes Wochenende bin ich in den Nationalpark Thingvellir gefahren. Die letzten Strahlen der Sonne gingen gerade unter, und es war windstill. Wir fuhren weg von der Touristenroute und hielten an einem See, wo wir den Sonnenuntergang genießen und den Geräuschen der Natur lauschen konnten. Als wir anhielten, entdeckten wir zwei Mäuse, die in Lichtgeschwindigkeit umherrasten. Wir rührten uns nicht, machten kein Geräusch, als wir gewahr wurden, dass diese Mäuse Männchen und Weibchen waren, die ihr Zuhause größer und gemütlicher machten für den anstehenden Winter. Es war zu spät für mich, die Kamera zu ergreifen, aber diese zwei Mäuse brachten mich dazu, über den Kreislauf des Lebens nachzudenken. Dieser Kreis der Jahreszeiten, Herbst, Winter, Frühling, Sommer. Jede Jahreszeit hat ihre eigene Romantik. Was ich versuche zu sagen, ist: Je mehr ich von diesen kleinen Momenten geschenkt bekomme, desto glücklicher bin ich. Wir brauchen nicht alles, nur eine gute Zeit mit denen, die wir lieben. Wir wissen nie, wann unsere Zeit vorüber sein wird. Lasst uns die kleinen Momente genießen und sammeln. Nicht wahr?«

Ich habe Sie am Anfang des Buches gewarnt. Isländer sind wahre Poeten in ihrem kargen Land.

Manchmal habe ich wirklich den Eindruck, als wollten wir gar nicht dort sein, wo wir gerade sind. Weil es in der Zukunft so viel besser scheint, dass wir uns mehr mit ihr beschäftigen als damit, was wir gerade tun. Unsere Gedanken sind immer da, wo unser Körper gerade nicht ist. Wir warten ständig auf den nächsten Moment. Und sobald er da ist, wartet schon wieder der folgende Moment. Verdammt! Die Zukunft treibt uns an. Jean-Sébastian hat sich der Zukunft entzogen: »Wir müssen alle Momente leben. In diesen kleinen Momenten gibt es Glück. Wenn wir vor uns oder hinter uns gucken, können wir überall ein Unglück finden. Aber das spielt jetzt keine Rolle. Denn jetzt bin ich hier mit Ihnen, fühle mich wohl, und das Wetter ist schön.« Stimmt. Das Wichtigste in meinem Leben ist das Jetzt. Ups, verpasst. Na ja, kommt ja noch ein nächstes Jetzt. Von wegen, findet Valerie, eine junge Studentin aus Mexiko-Stadt: »Jeder Moment ist sehr speziell. Und kommt nicht wieder.« Es gibt kein Klebeband für die ausgerissenen Seiten Ihres Lebens. Das Hier und Jetzt ist gar nicht so schlimm, als dass wir es ständig verlassen müssten. Und trotzdem verbringen wir das halbe Leben mit dem Warten auf eine attraktivere Zukunft und vergessen, uns die Gegenwart schön zu machen.

Das Problem kennen die Lateinamerikaner prinzipiell nicht.

Die warten nie: Stellen Sie sich vor, Sie ziehen

nach Mexiko, wie ich, Anfang 2007. Mit meinem Mann und meiner einjährigen Tochter. So weit, so gut, alles wie gehabt, großes Haus, diesmal mit Haushälterin – toller Garten, diesmal mit Gärtner – exklusive Wohngegend, diesmal mit Smog. Meine Tochter reiche ich durch eine Sicherheits-Schleuse in den Kindergarten, fehlenden Kanaldeckeln inmitten der Fahrbahn weiche ich elegant aus, und meine 100 Pesos zur Bestechung der Polizei habe ich immer griffbereit im Handschuhfach. Vielleicht etwas ungewöhnlich, aber solange alle Autos in dieselbe Richtung fahren, kann ich mich an alles gewöhnen.

Manchmal fahren sie aber auch gegen die Fahrtrichtung. Weil's halt einfach kürzer ist. Muss man verstehen. So auch Nico, ein fröhlicher, kleiner Tacoverkäufer. Der *Idiota*. Es ist ein kühler, sonniger Herbstmorgen, und ich bin unterwegs zum Hochsicherheitskindergarten, als mein Kühlergrill frontal mit seiner minzgrünen Blechkiste zusammenstößt. Seine geladenen Blechtöpfe scheppern noch lauter als mein Kühlergrill beim Fall auf die Straße. Gott sei Dank nur Blechschaden! Geistesgegenwärtig gibt Nico Vollgas. Seinen Fluchtversuch vereitelt allerdings mein zufällig vorbeifahrender Nachbar, der die ersten Telefonate für mich tätigt und dann weiterdüst. Tja, und dann stehe ich da. Und warte. Nicht auf die Polizei, die ruft man hier besser nicht freiwillig, sondern auf meinen Versicherungsagenten, der sich erst durch die ca. 20 Millionen Einwohner von Mexiko-Stadt kämpfen muss.

Zwei Stunden, zehn Minuten.

Dann auf meinen Chauffeur, da ich nicht alle Papiere dabeihabe: eine Stunde, 20 Minuten. Und zum Schluss auf den Notar, weil Nico natürlich nicht versichert ist. Eine Stunde und 55 Minuten.

Die Abhandlung des Unfalls kostet mich insgesamt sechs Stunden meiner wertvollen Lebenszeit. Finde ich. Nico war auch sechs Stunden dort. Der hat allerdings nichts an Zeit bezahlt. Er hat auch nicht gewartet. Er war einfach nur da, während ich jede einzelne der 21600 Sekunden gezählt habe. Ich könnte mich aufregen und tue es auch. Mein mexikanischer Taco-Verkäufer lehnt indes lässig an seiner Rostlaube. Scheppernde Salsamusik tönt aus dem Inneren. Gutgelaunt verkauft er »Enquilladas con salsa verde« an Bauarbeiter, die Hilfspolizei und andere vorbeifahrende Autofahrer. Mit jedem hält er ein Schwätzchen, und schon bald stehen zehn Leute gemütlich mampfend und scherzend um das lädierte Auto herum. Mein Versicherungsagent auch. Und – ich glaub's nicht – mein Chauffeur ebenfalls. Der Notar hat heute anscheinend Magenprobleme. Na, ich auch, kann ich Ihnen sagen! Nach über sechs Stunden komme ich heim, müde, schlechtgelaunt und mit einer Tasche voll verlorener Zeit.

Ich habe in den nächsten zwei Jahren noch viele

verzweifelte Anstrengungen unternommen, den Mexikanern meine Sicht der Zeit zu erklären, Prozesse zu beschleunigen, Menschen unter Druck zu setzen. Habe ihnen Versprechen abgerungen, pünktlich zu sein, zuverlässig. Sie nickten verstehend mit den Köpfen, versprachen es und kamen trotzdem zu spät. Letztendlich habe ich versucht, den Spieß umzudrehen und angefangen, selbst unpünktlich zu kommen. Besser, die warten als ich. Gemerkt hat meinen kleinen Rachefeldzug, glaube ich, niemand. Denn Mexikaner warten nie, sie nutzen die Zeit, und sei es nur für ein gemütliches Schwätzchen. Sie sind nie rechtzeitig, dafür in jedem Moment richtig, mitten in der Zeit.

Und damit sind sie nicht die Einzigen. »Wir kommen sogar auf unserer eigenen Hochzeit zu spät«, lacht Dóra, die Glücksforscherin aus Island. Das ist doch kein Problem. Fangen Sie doch einfach schon mal an zu feiern. »Wenn man sich um 18 Uhr verabredet, und der andere kommt erst um 20 Uhr, dann bestellst du eben schon etwas. Das ist normal. Du bleibst ja eh lange, isst und trinkst viel«, lacht Lara Geiger. Die Bonnerin kam vor etwas mehr als einem halben Jahr nach Panama und arbeitet jetzt als Marketingmanagerin für eine deutsche Automarke. »Ich dachte, dass es wahrscheinlich Deutschland war, das mich unzufrieden gemacht hat und dafür sorgte, dass ich ständig krank und gestresst war und mit 25 aussah wie beinahe 40. Ich hatte Augenringe, die Batterie war immer leer. Hier ist das anders.« Lara genießt den freien Umgang mit der Zeit. »Was macht die Panameños glücklich?«, frage ich sie: »Sie leben jeden Tag, als wäre es der letzte. Man genießt jeden Abend mit reichlich Essen, Trinken, Tanzen und Musik. Lebe den Tag, ist hier das Motto, vielleicht wirst du morgen überfahren …« In einem gefährlicheren Land zu leben hat durchaus Vorteile, merke ich. Man ist sich des Wertes des Lebens und damit des Augenblicks sehr viel bewusster. Und so kommt auch der Kolumbianer in der Regel spät … »aber er kommt immer gutgelaunt!«, meint Javier, der spanische Restaurantbesitzer aus Bogotá. Er ist bis über beide Ohren verliebt in dieses Land, das er als sensuell beschreibt. Na ja, es gibt ja auch beinahe nichts Unerotischeres, als pünktlich zu kommen.

Apropos Pünktlichkeit. »Wir können auch anders!«, fügt Dóra triumphierend hinzu: »Wenn wir möchten, dass unsere Gäste pünktlich erscheinen, dann schreiben wir auf der Einladung hinter die Anfangszeit einfach: *Deutsche Zeit* in die Einladung.« Wie übrigens die Mexikaner und Panameños auch, mit wortwörtlich demselben Text. Praktisch, wenn man zwischen zwei Zeitempfindungen hin- und herhüpfen kann. Sie können also, wenn sie wollen. Nur wollen sie scheinbar nicht. Sie sehen das Leben anders als wir.

Wir haben in Deutschland unseren Willen der Zeit unterworfen, während sich andere Länder die Zeit zu eigen machen. Helmuth Obilcnik, Leiter von Bosch Südamerika, kennt das: »Der Panameño sagt, wir müssen heute leben. Klar haben wir Probleme, was wird zum Beispiel in der Zukunft mit unseren Kindern, aber heute lebe ich und morgen auch. Und nach morgen, lebe ich morgen, nicht übermorgen.«

Die deutsche Sandra, die Sie bereits in Costa Rica kennengelernt haben, erklärt mir das genauer: »Natürlich hatte ich am Anfang meine Probleme, wenn wir uns mit Freunden verabredet haben und die uns vergaßen. Aber da wird man lockerer: Wahrscheinlich hatten andere Dinge gerade Vorrang.« Einen Freund zu treffen kann spontan wichtiger sein, jemandem zu helfen auch. Die Herzlichkeit unter den Menschen, die »calidez humana«, ist das, was letztendlich zählt. Lateinamerikaner erleben immer den Moment, so sehr sogar, dass sie ihr komplettes Leben danach ausrichten. Sie leben in der sogenannten Erlebniszeit,[23] wie Zeitforscher sie nennen. Marta, die lebenshungrige Journalistin aus Mexiko, verdreht die Augen, als sie mir von ihrem langjährigen Aufenthalt in Deutschland erzählt: »Bei euch muss alles so organisiert sein, so geplant – es ist so strikt. Sogar die Freizeit. *Gehen wir heute ins Kino? – Gerne!* Aber plötzlich treffen wir jemand anderen und ändern spontan den Plan. *Aber wir haben doch gesagt, wir gehen ins Kino!*, wird dann gemeckert. *Ja, aber wir können den Plan ändern. Das Kino läuft ja nicht weg.* Oh, ihr seid so unflexibel!«

Wir leben nun einmal nach Regeln und der Uhrzeit. Und deshalb ist Pünktlichkeit Trumpf. Bis zu 15 Minuten zu spät zu kommen gehört noch zum guten akademischen Ton, danach wird's respektlos. Doch welche Kultur ist letztendlich respektvoller? Diejenige, die ihre Beziehungen nach der Uhrzeit richtet, oder aber die, die ihre Zeit nach den jeweiligen Bedürfnissen der Menschen ordnet? Erwarten Sie die Antwort bitte nicht von mir! Wie Sie bald erfahren werden, bin ich immer zu spät dran. Vielleicht habe ich doch etwas von den Mexikanern gelernt? Aber wenn wir Zeit mit Respekt und Höflichkeit in Verbindung bringen, weshalb treten wir diese zwei Aspekte mit Füßen, sobald sie im anderen Kontext auftreten? Ist es nicht auch ein Zeichen von Respekt, sich Zeit zu nehmen für einen anderen Menschen? Auch wenn der Anschlusstermin wartet? Achtsam zuzuhören, ohne mit dem Smartphone zu spielen oder zu telefonieren, ohne parallel die Mails abzurufen? Ungeteilte Aufmerksamkeit ist heutzutage das größte Geschenk, das Sie einem Menschen entgegenbringen können. Ich persönlich warte lieber lange auf einen Menschen, der ganz da ist, als auf einen, der zwar pünktlich ist, dafür aber nie richtig ankommt.

Seit wann ordnen wir unser Leben eigentlich nach dem Minutenzeiger? Während ich meinen Milchshake schlürfe, suche ich, mit einem Finger auf meinem Smartphone tippend, im Internet nach einer Antwort. Noch gar nicht so lange. Genau genommen seit dem 1. April 1893. Seitdem gilt in Deutschland die mitteleuropäische Zeit und seitdem laufen unsere Uhren synchron. Praktisch für alle industriellen Prozesse, schlecht für unsere zwischenmenschlichen Beziehungen, wenn Sie zumindest Mariano, den Glücksökonom aus Costa Rica, fragen. Für ihn ist freie Zeit einer der größten Reichtümer, die ein Mensch besitzen kann. Uhrzeit passt aber prima zu unserem Bestreben nach Perfektion, und so haben wir diese drei Zeiger exzellent in unser Wertesystem integriert. Wer zu spät kommt, ist unhöflich, unzuverlässig und nicht vertrauenswürdig. Pünktlichkeit ist hingegen einer der Garanten für Leistung und Erfolg. Wir fühlen uns der Zeit verpflichtet. Und das ist an sich nicht so schlimm, denn solange wir uns genug Zeit füreinander nehmen, für die »calidez humana«, braucht uns das Gebot der Pünktlichkeit auch nicht zu stören.

Was wir benötigen, sind Zeitpuffer. So dass ein Termin nicht immer mit voller Wucht auf den nächsten prallt. Um in Augenblicken verweilen zu können, brauchen wir Zeit dazwischen. Wenn Sie sich hetzen, stolpern Sie quasi von einem Moment in den nächsten und landen nie, wie ich während meiner Reise, mit dem Hintern mitten in der Zeit. Um das zu erreichen, müssen Sie nicht gleich wie die Lateinamerikaner so sehr im Moment leben, dass Zeitplanung zu einem abstrakten Begriff verkommt. Fahren Sie doch einfach mal das Tempo ein wenig runter, wie es uns die Dänen, Schweden oder Schweizer vormachen. Nutzen Sie die Zeit *nicht* optimal. Planen Sie Lücken als Agenda-Punkt auf Ihrer To-do-Liste. Durch Ihre Planung sind Sie Herr Ihrer Zeit. Wenn Sie wollen, dass die Zeit auf Sie wartet, dann tut sie das.

Viele Werte der Menschen, die ich während meiner Reise getroffen habe, bedürfen Zeit und ungeteilter Aufmerksamkeit. Verbundenheit und Vertrauen wachsen meistens mit der Zeit. Konsens, so wissen wir inzwischen von den Schweizern, bedarf der Kommunikation, die mitunter langwierig ist. Aber auch Freiheit bedeutet eben nicht, sich auf den nächstbesten Gaul zu schwingen, die Peitsche knallen zu lassen und über alle Berge dem nächsten Trend nachzugaloppieren. Sie erfordert das Abwägen von Zielen und das Übernehmen von Verantwortung. Das kostet Zeit. Auch die flachen Hierarchien, die auf der Gleichwertigkeit der Menschen basieren, erfordern lange Diskussionen und Abstimmungsprozesse. Damit danach motivierte Mitarbeiter durch engagiertes Handeln die Zeit vielleicht wieder reinholen. Vielleicht.

Dóra, die isländische Glücksforscherin, lächelt offen. Die Sonne spiegelt sich am Perlan (dem verglasten Warmwasserspeicher Reykjavíks) und lässt ihre Augen elfenhaft schimmern. »Wenn du glücklich sein möchtest, musst du dich fragen: Was macht mich glücklich? Und wenn du das herausgefunden hast, dann sei einfach da und erfreue dich an dem Moment.« Okay, das mit dem Moment habe ich jetzt verstanden. Aber wer in Meditation nicht geübt ist und wem das eventuell auch einfach zu vage ist – Sie ahnen es schon –, also jemandem wie mir, wie kann der trotzdem im Moment leben, ohne gleich in höhere Sphären abzuheben?

Zwei hübsche wissenschaftliche Mitarbeiter von Bob, dem australischen Glücksforscher, warten bereits vor dem Gebäude der Deakin University in Melbourne. Ich bin natürlich mal wieder zu spät. Aber diesmal war es echt nicht meine Schuld! Australien ist einfach zu groß … Dr. Kathryn Page, dunkelhaarig, blass und stupsnasig, Anfang 30, und Dr. Melanie Davern, Anfang 40, rotblonde Haare, Pony, mit einem offenen Gesicht, empfangen mich lächelnd und schlagen vor, gegenüber in den Park zu gehen.

Melanie schießt auch gleich los, sobald ich die zwei auf der Parkbank platziert habe: »Glück bedeutet, sich Zeit dafür zu nehmen. Also Zeit in Aktivitäten zu investieren, die gut sind für deine geistige Gesundheit und dein Wohlbefinden.«

»Und Achtsamkeit …«, fügt Kathryn sinnend hinzu.

»O ja, achtsam zu sein ist eines meiner Lieblingsthemen!«, lacht Melanie aufgeweckt.

Ähm. Was sie wohl mit Achtsamkeit genau meinten, hake ich als meditativer Grünschnabel nach. Kathryn gestikuliert lebhaft: »Einfach im Moment zu sein, sich wirklich daran zu erfreuen und darauf zu konzentrieren. Und das, was du tust, wirklich gut zu tun – mit allen fünf Sinnen. Also simpel erklärt jetzt …«

Tja, versuchen tue ich das auch, aber das ist eben genau die Kunst, die Aufmerksamkeit auf das Jetzt zu lenken. Mit allen Sinnen meinetwegen. Unser Verstand turnt aber nun einmal gerne in der Vergangenheit und Zukunft herum, in die Gegenwart bequemt er sich freiwillig höchst selten. »Ich bin dann mal im Hier und Jetzt« ist ein netter Vorsatz, den Ihr Gehirn bereits nach ein paar Sekunden mit allerlei Gedankenflügen torpediert. Denn sich ganz und gar im Jetzt zu befinden ist evolutionär nicht erwünscht.[24] Sie könnten ja die Gefahren Ihrer Umgebung nicht mehr wahrnehmen, wenn Sie zu tief in den Moment abtauchen. Genau so, wie unsere Vorfahren dann nicht mehr den Säbelzahntiger bemerkt hätten, würde Ihnen jetzt der Fahrradfahrer entgehen, der plötzlich um die Ecke schießt. Sicherer ist es, Sie bleiben im Zustand schwebender Gedanken an alles Mögliche: das Klopapier, das sie nicht vergessen sollten, die Mail, die noch raus muss, Spülmaschine, Tanken und so. Dieses ständige oberflächliche Gedankenkarussell ist praktisch beim Autofahren, aber blöd, wenn Sie sich wirklich auf etwas konzentrieren möchten, wie dem Live-Konzert Ihres Lieblingsinterpreten. Und die meisten Eltern, die dieses Buch lesen, dürften jetzt rote Ohren bekommen, denn jeder von Ihnen weiß, dass es durchaus möglich ist, seinem kleinen Sonnenschein eine Gute-Nacht-Geschichte vorzulesen, während man in Gedanken eine To-do-Liste für den nächsten Tag zusammenstellt. Ich zumindest kann das – leider – ziemlich gut. Unsere Antennen sind eingefahren, wir bemerken nicht die großen Kulleraugen, und wenn, dann schenken wir ihnen nur ein abwesendes Lächeln. Dasselbe funktioniert im Übrigen auch ausgezeichnet beim Lesen eines seitenlangen Geschäftsberichtes oder bei langweiligen Vorträgen. Es passiert aber blöderweise auch bei sensationell guten Präsentationen. Sind wir jedoch in unserer Aufgabe genug involviert, lassen wir uns weniger leicht durch fliegende Gedanken ablenken.

Melanie streicht sich gedankenverloren eine Strähne aus dem Gesicht. »Achtsamkeit bedeutet, sich wirklich auf eine Erfahrung einzulassen. Es geht darum, eine begrüßende, offene Haltung zu kultivieren. Und die hat mit Akzeptanz zu tun. Du lässt alles Teil deiner Erfahrung werden. Es ist egal, ob es positiv oder negativ ist. Du urteilst nicht. Du beobachtest nur, was in dem Moment ist, und bist einfach da.«

Joar, der Glücksforscher aus Norwegen, schaut mit zusammengekniffenen Augen von seiner Terrasse auf der Insel der Wale weit hinaus bis über den Fjord. Er erforscht das Glücksgefühl, das entsteht, wenn wir tatsächlich ganz in einer Aufgabe versunken sind. »Es ist die Freude daran, Dinge in einer bestimmten Art und Weise zu tun, in einer bestimmten Reihenfolge, und auch dem Rhythmus seines Körpers zu folgen. Du bist einfach nur da und urteilst nicht. Wenn du Dinge tust, und du verfällst in diesen Rhythmus, dann bekommst du allein dadurch schon ein gutes Gefühl, was eine Art des Glücks ist.« Viele kennen diese Art des Involviertseins, wenn wir die Zeit vergessen, wenn wir absorbiert werden von dem, was wir tun. »Das kann eine halbe Minute dauern oder fünf Minuten. Du gehst in das Gefühl und diese Erfahrung rein und wieder raus. Dann klingelt vielleicht das Telefon oder etwas anderes stört dich, und du bist raus aus dem Flow.«

Gut – Geschichten vorlesen ist recht unspektakulär … Dann sorgen Sie doch dafür, dass sie spektakulär werden! Sprechen Sie den Bösewicht wirklich böse, fiepsen Sie wie das Eichhörnchen, lassen Sie Autos quietschend um die Ecke sausen. Wenn Sie dem Moment Achtsamkeit schenken möchten, dann lassen Sie sich auf ihn ein. Sie bestimmen die Intensität des Momentes mit Ihrer Konzentration und Sinngebung. Vieles ist bemerkenswert, weniges bemerken wir. So, wie Sie einer Gute-Nacht-Geschichte etwas Neues, Bemerkenswertes abgewinnen können, so können Sie es mit jedem einzelnen Moment Ihres Lebens tun. Daniel, den ich in Århus in Dänemark auf einer Brücke treffe, wird ganz enthusiastisch, als er mir erzählt, dass es darum geht, »den Tag zu sehen, wie er ist. Dass die Sonne aufgeht und die Sonne untergeht. Dass die Tage kommen und dass die Tage gehen. Dass die Zeit weiterläuft. Denn jeder Tag ist ein neuer Tag. Wie sorge ich heute dafür, dass es ein guter Tag wird? Das ist das Inspirierende und Spaßige am Leben.«

Wie sorgen Sie dafür, dass jeder Moment ein guter wird?

Fangen Sie wieder an zu staunen. Sehen Sie die Dinge als das Wunder, das sie sind. Sascha, der Abiturient aus der Schweiz, hat dazu diesen Tipp: »Nicht immer nur auf den Boden schauen und durchs Leben rennen, sondern auch ein bisschen das Rundherum wahrnehmen.« So ist der größte Feind des Augenblicks nicht nur die Zukunft, in die wir uns immer wieder verrennen, die Zeit, die wir uns nicht nehmen. Sondern auch die Selbstverständlichkeit, mit der wir die Dinge betrachten, so dass wir nicht mehr von ihnen gefesselt werden, ihnen keine Aufmerksamkeit mehr schenken: dem Anblick einer Blume, den Blicken anderer Menschen, der Pracht eines Bauwerks, den Kinderaugen, welche die Gute-Nacht-Geschichte verfolgen.

Jean-Sébastian schaut noch einmal versunken über die Dächer Montreals, während er die Blätter seiner Zitronenpflanze durch seine Finger gleiten lässt. »Weißt du, am Ende deines Lebens wirst du dir darüber bewusst, worum es geht: Es sind die Souvenirs von kleinen Momenten, die dich lächeln lassen.«

Panama, das Herz des Universums

»So, und jetzt fahren wir nach El Chorillo!«, trällere ich beschwingt von der Rückbank nach vorne zu Ari. Ich habe dort einen Termin. Im berüchtigten verbotenen Viertel nahe des Zentrums von Panama-Stadt. Ari schaut nicht so erbaut aus der Wäsche. Ein wenig tut mir der etwas bleiche Mann mit der weißen Baseballmütze ja schon leid. Beflissen hat er mir vor meinem Hotel seine Dienste als Fremdenführer angeboten. Dass er sich mit mir allerdings keine normale Touristin in seinen weißen Kleinbus geladen hat, daran werde ich ihn wohl noch einige Male erinnern müssen. Nun gut, wir fahren trotzdem dorthin. Immerhin habe ich schon vor Monaten einen Termin mit der Schule »Nuestra Señora de la Merced«[25] vereinbart. Zögernd fahren wir durch trostlose Straßen, die ärmliche dreistöckige Häuser, in verblichener Mintfarbe, Pink oder Lila, säumen. Sie bilden einen krassen Gegensatz zu den schillernden Wolkenkratzern und Hochhäusern, die den Strand der Pazifischen-Ozean-Küste normalerweise säumen. Wäsche hängt in den Gassen und über den Balkonen, Gitter umrahmen die Fenster, alte Mittelklassewagen stehen am nachlässig geteerten Straßenrand, gelegentlich bröckelt der Putz von den Häusern. Es ist gespenstisch still hier. Die Straßen sind verlassen, wie oft auch die Mütter in diesem Viertel.

Die Kinder erwarten mich schon ganz aufgeregt. Tagelang haben sie typisch panamaische Tänze für mich eingeübt, erklärt mir die Direktorin lächelnd. Es sind die Ärmsten der Armen, die nur mit Hilfe dieses sozialen Projekts ein einigermaßen geregeltes Leben führen können. Über ein Viertel der Bevölkerung Panamas lebt immer noch unter der Armutsgrenze. Der karibische Einfluss ist den Kindern deutlich anzusehen, die meisten haben eine schöne dunkelbraune Haut, krauses Haar und weiße Zähnchen. Mir schmilzt das Herz. Und als die kleinen Jungs mit weißen Panamahemden, knielangen Jeans und runden Hüten die Mini-Signoras mit ihren weißen Rüschenblusen und den typischen weiten roten Röcken tanzend durch die triste Schulhalle wirbeln, bekomme ich nicht mehr raus als ein »Ach, wie süß!«. Vom »dolce vita« sind wir hier allerdings weit entfernt. Sara, eine der Lehrerinnen mit freundlichem, sanftem Auftreten hat deshalb nur einen Wunsch: »Meinen Kindern beizubringen, dass sie die Menschen sind, die den Unterschied machen können. Wir leben in einem Viertel, das durch Gewalt und Drogen stigmatisiert ist. Ich sage ihnen immer, dass sie nicht besser sind als die anderen, aber dass sie anders sein können. Ich erzähle ihnen, dass sie wie leuchtende Lampen sind, die da sind, um die Dunkelheit des Ortes, an dem wir leben, zu erhellen. Mein größter Wunsch ist es, dass sie das entdecken.« Sara lebt selbst mit ihren zwei Kindern in diesem Viertel. »Im Moment ist es ruhig hier, aber es gab sehr gefährliche Situationen. Zurzeit macht die Polizei einen guten Job, viele sind verhaftet worden.« Die Gegend ist also sicher im Moment – wie schön! Wir bedanken uns für das Interview, biegen um die Ecke und werden von nervös wirkenden Polizeikräften mit kugelsicheren Westen angehalten, die uns davon abhalten wollen, die Straße zu betreten. Mit einer 3000-Euro-Kameraausrüstung möchte ich hier allerdings auch nicht einfach so herumstehen, und nachdem wir ihnen klargemacht haben, dass Aris wackeliger Bus nur 100 Meter weiter parkt, begleiten sie uns dorthin. Direkt davor wird gerade die Wohnung eines Drogendealers gestürmt. Während ich mich ins Auto stürze, schalte ich heimlich die Kamera an. Ich höre hysterische Schreie einer Frau und sehe circa zehn Polizisten mit Gewehr im Anschlag. Ein Gefängniswagen versperrt die Straße. Wir kommen nur langsam voran. Ich filme und fühle mich wie eine echte Journalistin, Adrenalin bis unter beide Ohren. Von wegen sicher!

Am folgenden Morgen stehen Ari und ich wieder im normalen Verkehrswahnsinn Panamas. Die Hitze ist unerträglich, und ich bin felsenfest davon überzeugt:

Entweder sterbe ich an einem Hitzschlag oder an einer Abgasvergiftung. Auf meiner Stirn bilden sich kleine Schweißperlen, und mein Seidenkleid beginnt am ganzen Körper zu kleben. Keine komfortable Ausgangsposition für ein Gespräch mit Humberto Carlo, dem Vizepräsidenten für Finanzen bei Porsche Panama.

Ari vertraut mir derweil seine Lebensgeschichte an. »Das Wichtigste ist für mich, mich dafür einzusetzen, dass meine Kinder eine gute Ausbildung bekommen. Das macht mich stolz und sehr glücklich. Ich habe eine Tochter, die gerade das Jurastudium abgeschlossen hat. Meine andere Tochter absolviert zurzeit das zweite Jahr ihres Medizinstudiums auf einer privaten Hochschule. Das ist teuer, es kostet 900 Dollar pro Monat. Ich habe ein monatliches Durchschnittsgehalt von 1500 Dollar. Damit kann man einigermaßen auskommen.« Aris Bus ruckelt zwischen die schnittigen Sportwagen vor dem Autohaus. Wir sind da. Ich hüpfe aus dem Bus und werde erschlagen. Von brutalen 42 °C und einer Luftfeuchtigkeit von gefühlten 99 Prozent. Das hätte ich wissen können, bei einem Land mit einer Durchschnittstemperatur von 32 °C, das auf 1700 Kilometer Länge an den Pazifik und auf 1290 Kilometer Länge an den Atlantik grenzt. Dazwischen atemberaubende Naturvielfalt. 3,3 Millionen Einwohner zählt die schmale Landzunge, die Nordamerika mit Südamerika verbindet und kaum größer ist als Niedersachsen und Nordrhein-Westfalen mit seinen insgesamt 25 Millionen Einwohnern.

Wenig später sitze ich bei Humberto im Büro. Ein schlanker Mann mit moderner Brille und eleganten Bewegungen. Sanft lächelnd wartet er geduldig am Tisch des Besprechungszimmers, bis ich mit meinem Kamera- und Mikrophon-Gewurstel fertig bin. Sein Englisch ist exzellent, er hat in Amerika studiert. Der Fünfzigjährige ist allerdings nicht so zufrieden mit der Entwicklung seines Landes: »Panama ist ein Beispiel für großes wirtschaftliches Wachstum, bei dem die soziale Entwicklung auf der Strecke geblieben ist. Wir haben nicht im Entferntesten einen guten Lebensstandard für die gesamte Bevölkerung.« Aber warum sind die Panameños dann so glücklich, frage ich ihn. »Mit dieser Situation sind die Menschen bestimmt nicht glücklich, und deshalb werden sie jeden Moment nutzen, um zu feiern. Das ist der Teil des Glücks, den du siehst. *Ich werde diesen Moment genießen. Morgen muss ich mein Haus um vier Uhr in der Früh verlassen, um zum Job zu kommen, und vielleicht erst um acht Uhr abends zurück sein. Ich werde meine Kinder nicht sehen und nicht am Leben meiner Familie teilhaben.* Ich glaube, die Menschen wollen etwas ändern, aber sie nehmen zur gleichen Zeit jede Möglichkeit wahr, zu feiern. Und in Panama gibt es viele Feste«, fügt er lachend hinzu.

»Dieses kurzfristige Denken ist vielleicht historisch bedingt und hängt damit zusammen, wie wir eine Nation wurden«, sinniert Humberto. »Wir wurden von den Europäern kolonialisiert, die nicht vorhatten, hier lange zu bleiben, sondern schnellen Gewinn machen wollten. Diese Intention floss in unsere Mentalität ein. Die meisten Panameños haben keine langfristige Vision, sie möchten schnelle Resultate. Und das trägt zum Glücklichsein bei, denn du machst dir keine Sorgen darüber, was in zwei, fünf oder zehn Jahren passieren kann. Du konzentrierst dich auf das, was direkt vor dir steht, jeden Tag. Der Nachteil ist, dass manche nur darauf aus sind, schnellen Profit zu machen. Und wenn du etwas Nachhaltiges aufbauen willst, musst du langfristig denken, auch für die kommenden Generationen.«

Doch die Panameños tanzen lieber, als sich zu sorgen. Mit Freunden, der Familie, der Nachbarschaft. Salsa und Meringue begleiten den Panameño durch den Tag bis tief in die Nacht. Lebensfreude und Zusammensein, das ist die beste Medizin gegen Armut. Lara Geiger aus meiner Heimatstadt Bonn lebt seit ein paar Monaten in Panama und ist begeistert von diesem Land: »Allein wenn du morgens ins Büro kommst: Die Menschen grüßen dich und lächeln dich an. Nicht so wie zu Hause, wo jeder nur auf den Boden starrt und denkt: *Ach? Muss ich wieder arbeiten? Was? Ist schon wieder Montag?* Die Lebensqualität ist einfach höher – nicht materiell, aber vom Lebensgefühl her.« Lara arbeitet für Humberto und wird im Januar 2016 ihren panamaischen Verlobten Angel heiraten. Zurück an den Rhein möchte sie nicht mehr.

Humberto erzählt weiter: »Die Menschen sind liebenswürdig, vielleicht sind sie nicht sehr kultiviert, aber dafür sehr höflich. Sie sind sehr offen und immer bereit zu lächeln.«

»Bienvenido a Panama!«, ruft Pedro, der rundliche Panamahut-Verkäufer, strahlend mit weit ausgebreiteten Armen in die Kamera. Und er ist nicht der Einzige, der uns einlädt in sein wunderbares Land. Nach schweren Jahren der politischen Instabilität sind die Panameños begeistert, dass endlich auch ihr Land von der Außenwelt wahrgenommen wird. Panama boomt. Das ist die einzig zutreffende Beschreibung der wirtschaftlichen Situation dieses Landes. Halb Panama-Stadt, mit seinen schillernden Hochhäusern direkt am Strand, scheint eine Baustelle zu sein. »O ja«, lacht Ari, »es geht uns wirklich gut. Wir haben hier viele Bauprojekte. Wir haben Arbeit für alle.« Panama verfügt darüber hinaus über eine sehr gute internationale Verkehrsanbindung, unter anderem durch den berühmten Panamakanal, über den immerhin fünf Prozent des gesamten Welthandels abgewickelt werden. Dementsprechend international ist der Flair in diesem Land. »El corazón del universo«, »das Herz des Universums«, so nennen die Panameños deshalb stolz ihr Land.

Lara strahlt mich an. Hellbraune Haare, feine Gesichtszüge, pfiffiger Pferdeschwanz. Seit sie in Panama lebt, ist sie eindeutig viel ruhiger und stressfreier. »Die Effektivität hier liegt wirklich nur bei 40 Prozent im Vergleich zu Deutschland, aber irgendwann werden auch hier die Aufgaben erledigt. Es dauert halt länger. Am Anfang hat mich das fertiggemacht. Da sagst du zu einer Kollegin: *Hier, das brauche ich. Bereite das bitte vor.* Und die Kollegin sagt: *Ja, ja, kein Problem*. Am nächsten Tag frage ich: *Wo sind die Dokumente?* Dann gibt es ein Schulterzucken. *Wie? Du hast doch gesagt, du erledigst das.* Wieder ein Schulterzucken. Das war's. Mehr nicht. Hab ich halt nicht gemacht. Wenn ich allerdings sage: *Morgen fertig – deutscher Zeit*, dann ist es auch fertig.«

Ich erzähle Lara von meinem Zwischenfall in »El Chorillo«. Sie zeigt sich völlig unbeeindruckt. »Wenn dir was passiert wäre, dann hätten die dich da auch glatt liegenlassen. Da hätte sich keiner um dich gekümmert.« – »Bitte?«, entgegne ich empört. »Wenn du einer Person die Gelegenheit gibst, dich auszurauben, dann tut die Person das. Und da interveniert auch keiner. So, wie es hier regnet, so wird auch immer mal wieder einer erschossen oder erstochen. Das ist halt so.«

Ich vergrabe meine Füße im Strand vor Panama-Stadt. Morgen geht meine Reise weiter ins nächste Land. Ob mir das Leben hier gefallen würde? So leicht, weich und warm wie der Sand, den ich langsam durch meine Finger rieseln lasse. Und genauso schnell zu Ende. Aber – das ist dann halt so.

10
Ist halt so

Das Leben ist wie ein Hase,
der plötzlich einen Sprung macht.
Raphael, Taxifahrer, San José, Costa Rica

Während ich eine Unschuldsmiene aufsetze, redet Ari mit der Polizei an der Absperrung. »Die lässt uns doch eh nicht durch«, möchte ich sein Bemühen schon unterbrechen. Aber wenig später lüpft Ari das Band und lässt mich in die abgesperrte Zone rund um eines der größten Kaufhäuser Panamas, das »Gran Manzana«. Viel sehe ich nicht davon, es verbirgt sich hinter einer enormen grauschwarzen Wolke. Ein riesiger Schwelbrand, ausgebrochen in der Küche des Restaurants, wird dafür sorgen, dass von diesem Gebäude nichts mehr übrig bleibt. Und da stehe ich dann im irrealen Raum zwischen Feuerwehrleuten, Polizei, Sanitätern und – ähm – echter Presse. »Wie hast du mich eigentlich hier reingebracht, Ari?«, zische ich ihm von der Seite zu. »Prensa alemana«, gibt Ari äußerst stolz zurück. Soso, deutsche Presse also. Ich pruste los vor Lachen und schlage Ari anerkennend auf die Schulter. Nun ja. Einen guten Eindruck wird das deutsche Fernsehen mit mir und meiner brotboxgroßen Kamera nicht machen.

Der Konsumtempel brennt derweil vor sich hin. Von Hektik keine Spur. Das Ganze erinnert mich eher an ein Volksfest: »Mensch, lange nicht gesehen«, »Wie geht's deinen Kindern?«. Die Feuerwehrmänner unterhalten sich, manche stehen auf dem Dach des Kaufhauses in dicken Rauchwolken und halten einen lächerlich kleinen Wasserstrahl – irgendwohin. Die Sanitäter lehnen an ihren Autos, die Polizisten schwatzen oder schauen, wer denn heute noch so alles da ist. Der Brand ist blöd. Ist halt so. Kann man nichts machen. Gasflaschen in der Größe einer Kommode werden polternd aus den gegenüberliegenden Häusern über die Straße in Sicherheit gerollt. Währenddessen schlendere ich mit meinem typischen Panama-Touristenhut zwischen allen Protagonisten völlig unbehelligt herum, schieße ein paar Fotos, schwatze mit einer Pressedame. Wir kaufen im Laden direkt vor dem Kaufhaus ein: zwei Flaschen Wasser, zwei Bananen, eine Tüte Chips. Zusammen mit Sanitätern, Feuerwehrmännern und einem Polizisten, der gerne ein paar Chips von mir geschenkt haben möchte. Er hält mir wortlos seine geöffnete Hand hin. Ich rücke sie, im Angesicht des Maschinengewehrs, das zehn Zentimeter von meiner Nase entfernt über seiner Schulter baumelt, lieber heraus. Nach zwei Stunden verlassen Ari und ich diese unwirkliche Szenerie wieder. Das Kaufhaus brennt noch, fällt aber so langsam mittig in sich zusammen. Der inzwischen eingetroffene Eigentümer schaut mit stoischer Ruhe zu. »Na ja«, raune ich Ari zu, »der ist ja wohl gut versichert.« – »Quatsch!«, raunt Arie zurück. »Hier ist niemand versichert. So etwas passiert halt.«

»Ist halt so« ist eine treffende Beschreibung für die Gelassenheit, Dinge hinzunehmen, wie sie sind. Und das können die Panameños sensationell gut. Doch auch die Costa Ricaner sind darin nicht ungeschickt. Das beweist mir Eduardo, mein Chauffeur, der mit der deutschen Sandra verheiratet ist: »Wir sind relaxter als die Deutschen. Termine, Arbeit, alles, was im Leben Stress verursachen könnte, nehmen wir gelassener. Wir leben heute, schauen ein wenig in die Zukunft, aber sorgen uns nicht zu viel.« Das ist ja wunderbar! Nur, wie wird man gelassen?

Erinnern Sie sich an Marta, die temperamentvolle Journalistin aus Mexiko-Stadt? Ihr Tipp für die Deutschen lautet: »Nicht alles so ernst nehmen. Deutsche sind sehr streng mit sich selbst, habe ich den Eindruck. Wenn ein Mexikaner seinen Job nicht zu 100 Prozent schafft oder keine Karriere an der Universität macht … Das ist kein Drama. Dann hat es halt nicht geklappt. Bei den Deutschen hat man immer das Gefühl, die Welt geht unter.« Ich kann mir ein Grinsen nicht verkneifen. Stimmt, unsere Welt geht ziemlich oft unter, und ich erinnere mich spontan an eine Anzeige in einer der größten niederländischen Tageszeitungen aus den 1990er Jahren, die mich bis heute beeindruckt. Zu sehen ist darauf das Bild eines Elefanten und der Text: »Wie mache ich aus einem Elefanten wieder eine Mücke?« Gute Frage. Oder noch besser: Wie lasse ich eine Mücke gleich eine Mücke bleiben? Ist das schon Gelassenheit? Die Dinge so zu lassen, wie sie sind. Das Leben so zu nehmen, wie es kommt: »Hey, Leben, du auch da? Mensch, gut siehst du aus.«

Wir Deutschen haben ja eine Menge praktischer Tugenden, Gelassenheit gehört allerdings nicht dazu. Und doch sehnen wir uns danach, in uns zu ruhen. »Sinnsro«, Sinnesruhe, heißt das norwegische Pendant zu Gelassenheit. Gerade in unserer gehetzten Zeit birgt Gelassenheit das Versprechen, der ruhende Fels in der Brandung zu sein. Von dem aus man mit »sinnsro« zusehen kann, wie der Rest der Welt im ständigen Auf und Ab an uns vorüberzieht, sich an den Klippen bricht und wieder und wieder mit zischenden Schaumkronen versucht, der Fügung zu entkommen. Unerschütterlich, gleichsam fest verankert. Gelassenheit ist ein Zeichen von Charakterstärke und innerer Kraft, sich vom wilden Treiben zu distanzieren. Ich wäre irgendwie schon gerne gelassen, vielleicht nicht immer, aber dann, wenn ich's brauchen könnte. Knut, der weißhaarige Norweger, schaut ruhig über das felsige Ufer von Nord-Kvaløya:

»Selbst wenn es uns nicht gutgeht, dann geht's uns trotzdem gut, weil wir das Leben gelassen nehmen. Wenn etwas schiefläuft, dann muss man einfach verbessern, was nicht klappt.« Und lachend weist er auf die Reste der Scheune, die ein Sturm vor ein paar Wochen auf den Fjord gerissen hat: »Wenn die Scheune zerstört wurde, dann musst du halt ein neues Häuschen bauen.« Er zuckt mit den Schultern. So einfach ist das.

Vielleicht liegt das Geheimnis der Gelassenheit im Wort selbst. In Gelassenheit steckt das Verb »lassen«: unterlassen, belassen, ablassen, bleibenlassen, loslassen … Sie können sich Sorgen um die Zukunft des Landes machen, Sie können sich über den Autofahrer vor Ihnen aufregen, bei einem Blick auf Ihren Terminplaner in Hektik verfallen. Sie können es auch einfach bleibenlassen. Es ist Ihre Entscheidung. Sie sind völlig frei darin, gelassen zu sein.

Ich sitze bei Christina Obaldía, der Mama von Eduardo, in Costa Rica in ihrem kleinen, lieblichen Garten. Es ist noch nicht einmal sechs Uhr abends und wird schon wieder dunkel. Hohe Mauern umgeben Haus und Garten, im typisch lateinamerikanischen Festungsstil. Christina ist studierte Philosophin mit entsprechend kritischem Geist. Eine schöne Frau, weiße Haare, gebräunte Haut, freundliche, offene Gesichtszüge. »Deutsche machen sich oft Sorgen«, sagt sie bedächtig. »Wir haben hier mehr die Haltung, dass Probleme eigentlich nicht bestehen. Es gibt im Leben immer Situationen, die einen traurig machen oder Sorgen bereiten. Das macht uns natürlich nicht glücklich. Aber wir können unsere Haltung ändern und einen Weg suchen, uns die Probleme oder Umstände zunutze zu machen.« Christina schenkt mir ein warmes Lächeln: »Wie ein Sprichwort sagt: *Wenn dein Problem eine Lösung kennt, warum machst du dir Sorgen? Wenn nicht, warum machst du dir Sorgen?*« In beinahe exakt demselben Wortlaut wird mir diese Redensart später auch in Kolumbien begegnen. Javier, der spanische Restaurantbesitzer des »Upper Side 81st«, schenkt mir einen Einblick in die Seele der Bewohner seiner neuen Heimat: »Kolumbianer versuchen immer die Probleme zu lösen und sie nicht größer zu machen. Oft überlasten wir uns mit Problemen. Hier sagen sie: *Wenn das Problem keine Lösung hat, warum leidest du? Und wenn es eine hat, wo ist das Problem?* Die Kolumbianer führen kein verbittertes Leben. Sie sind glücklich.« Australien lässt grüßen! Seine Bewohner sehen es auf ihre lässige Art ähnlich, wie Don, unser DJ aus Sydney: »Ja, was macht Australier so glücklich? Ich glaube, es ist diese typisch australische *She'll be right, mate!*-Haltung. Es wird sich schon alles richten! Ich bin in fünfter Generation Australier und bin so erzogen worden: Mach dir keinen Kopf wegen Kleinigkeiten, freu dich des

Lebens und sei glücklich. *Just go with the flow*, akzeptiere den Fluss des Lebens, lass dich treiben. Ändere, was du ändern kannst, und was nicht, das akzeptiere einfach. Und so sieht meine Lebensphilosophie aus.«

So ähnlich habe ich das schon mal als Kalenderspruch gelesen, denke ich mir, als ich wenig später am Kai mit Blick auf das spektakuläre Opernhaus von Sydney sitze und auf den Beginn der Oper La Bohème warte: »Gott, gib mir die Gelassenheit, Dinge hinzunehmen, die ich nicht ändern kann, den Mut, Dinge zu ändern, die ich ändern kann, und die Weisheit, das eine vom anderen zu unterscheiden.« Viele von Ihnen werden diese Worte des amerikanischen Theologen und Philosophen Reinhold Niebuhr kennen.

Aber wie werde ich jetzt gelassen, wenn mir die Weisheit fehlt, zu unterscheiden, was ich ändern kann und was ich akzeptieren muss? Ich sitze bei den Dänenfans Mandy und Rainer im Garten, und Mandy fährt mit ihrer Lobeshymne auf die Dänen fort: »Sie sehen viele Dinge gelassener und sind damit, denke ich, auch im Vorteil. Die Dänen leben einfach unbefangen.« »Ja«, stimmt ihr Mann Rainer zu. »Und man sollte auch *leben*. Jetzt bin ich auf der Welt, jetzt mache ich auch das Beste draus. Nicht so viel über Politik oder andere Dinge nachdenken und grübeln, sondern einfach leben. So ist es mit vielen

Dingen, die man vielleicht nicht ändern kann. Man arrangiert sich damit.« Sich arrangieren, das klingt jetzt nicht so prickelnd, denke ich spontan. Das hört sich eher nach Resignation an. Wenn Sie den Gedanken jedoch weiterdenken, dann bedeutet es genau dieses »mit Gelassenheit Dinge hinnehmen, die man nicht ändern kann«. Man arrangiert sich. Was sollte man auch anderes tun? Dass es ziemlich sinnlos ist, gegen den Lauf des Lebens anzukämpfen wie Don Quichotte gegen Windmühlen, leuchtet mir ein. Aber Wissen ist ja nicht gleich Handeln. Und auch hartgesottene, langjährige Auslandsdeutsche hadern mit der Gelassenheit. Zum Beispiel Helmuth Obilcnik, zwar mit österreichischem Pass, jedoch in Deutschland aufgewachsen. Er weilt seit über 30 Jahren in entspannten Gefilden, wie Mexiko, Venezuela, Argentinien, Brasilien und jetzt Panama. Helmuth ist der regionale Leiter von Bosch Südamerika. Und soll sehr nett sein, so die Empfehlung der deutschen Industrie- und Handelskammer, die ich zuvor in Panama besuche. Also schicke ich ihm kurz entschlossen eine Mail. Drei Stunden später sitze ich tatsächlich in seinem Büro. Bevor ich ankomme, hat er bereits seine gesamte Belegschaft zum Thema Glück befragt. Wie lässig, einfach so, mitten im laufenden Betrieb. »Wir Deutschen haben das Problem, dass wir in die Zukunft schauen und uns heute schon Sorgen darüber machen, was morgen ist. Das sieht der

Panameño eindeutig gelassener.« Beinahe entschuldigend lächelt der braungebrannte Endvierziger. »Wir haben zum Beispiel Schwierigkeiten mit dem Verkehr hier. Wir werden wahnsinnig. Die Menschen hier passen sich eher an und sagen: *Warum stresst du dich? Das ist jetzt halt so. Das kann man nicht ändern, da braucht man auch nicht zu reklamieren.*« O ja, stimme ich ihm zu: Reklamieren können wir in Deutschland besonders gut. Da, wo der Lateinamerikaner das Leben »Pi mal Daumen« nimmt, benutzen wir gerne den exakten Winkelmesser. Verena, meine österreichische Gastgeberin in Bogotá, denkt, dass dies vielleicht eine der Erklärungen dafür sein könnte, warum die Kolumbianer glücklicher sind als die Deutschen und die Österreicher. »Im Vergleich mit uns sind sie um einiges entspannter. Sie machen sich weniger Sorgen um die Zukunft, sie leben mehr im Jetzt. Planen wenig bis kaum voraus. Ich merke gewisse Veränderungen meinerseits, was aber nicht unbedingt negativ sein muss – hoffe ich zumindest …« Wir sitzen mit ihrer deutschen Freundin Teresia beim Frühstück in der Morgensonne Bogotás. Verena fügt gedankenvoll hinzu: »Ich glaube, gewisse Dinge dauern hier einfach länger. Oder es funktioniert vielleicht nicht so, wie unsereiner sich das vorstellt. Vielleicht muss man noch mal nachhelfen, es noch mal auf eine andere Art und Weise versuchen, aber irgendwann funktioniert es irgendwie.« Beide nicken und lachen herzlich. »Ja«, stimmt Teresia zu. »Sie haben ein sehr gutes Improvisationstalent. Die Kolumbianer sind da ganz vorne mit dabei.« Perfektionismus scheint mit Gelassenheit irgendwie nicht Hand in Hand zu gehen … Daran musste ich mich trotz meiner niederländischen Gene auch bei den tiefenentspannten Holländern erst einmal gewöhnen, deren Motto lautet: »Kan het niet, zolas het moet, dan moet het maar zoals het kan« – »Wenn es nicht geht, wie es muss, dann muss es halt so, wie es geht.«

Weniger Perfektionismus also, das Leben einfach auf uns zukommen lassen, das wäre ein Weg zu mehr »sinnsro«. Wir kennen alle diese Supermamas, die ihrem Kind immer dicht auf den Fersen sind, damit bei der Modellierung des Sprösslings auch ja nichts schiefläuft. Diese Chefs, die ihren Mitarbeitern kontrollierend in den Nacken hecheln, wie man in Holland sagt. Oder diese Menschen, für die die Welt untergeht, wenn mal ein Komma, falsch gesetzt ist. Gelassenheit bedeutet: freizulassen, loszulassen im Vertrauen auf andere und auf die Zukunft. Und das ist nur möglich, wenn Sie auf Distanz gehen und ablassen von Dingen, Menschen, Geschehnissen. Sie machen einen Schritt zurück, um das Gesamtkonstrukt besser verstehen zu können, und sind so wieder handlungsfähig. Wie ein Künstler, der immer wieder ein paar Schritte Abstand nimmt von seinem Kunstwerk, um die Komposition des Gesamtbildes zu erfassen und sich nicht von Details ablenken zu lassen.

Im Büro des australischen Anwalts John schaue ich über die atemberaubende Skyline von Melbourne. John bettet indes sein Doppelkinn genüsslich in seine Hand und schaut mich weise über seinen Brillenrand an: »Zeit hilft uns, mit Enttäuschung umzugehen. Wenn dich etwas an einem Tag ärgert, dann denke daran, dass du dich nach ein bis zwei Tagen davon erholt haben wirst. Dann hat es keine Konsequenzen. Du musst einfach ein paar Tage überleben.« Dringlichkeit erlischt schnell im Angesicht der Zeit. Auch wenn uns die »Zeit ist Geld«-Mentalität etwas anderes vorgaukelt. Wir sollten schnell reagieren, sonst ist die Entscheidung gefallen, die Chance vergeben. Bleiben Sie gelassen, gehen Sie auf Distanz. Hängen Sie ein Tuch über das Kunstwerk und schauen Sie es sich am nächsten Tag noch einmal an. Bestimmt sind über Nacht eine Menge Lösungen im Bild erschienen.

Die Bedeutsamkeit einer Sache und damit den Einfluss, den sie auf unser Leben hat, den bestimmen wir selber. Dazu verfügen wir alle über die Gabe zu relativieren. John lacht herzlich. »Du musst die Geschehnisse im Kontext sehen, und im Kontext des Lebens sind Dinge, die dich ärgern, nicht wichtig.«

Wir können die Bedeutung, die etwas für uns hat, dadurch abschwächen, dass wir es zu einer anderen Sache in Bezug setzen. Sprich: Menschen können Dinge vergleichen. So gefährlich das nach Meinung des kanadischen Glücksforschers Alex für unser persönliches Glück sein mag (siehe Kapitel acht), es birgt auch eine Chance in sich. Je nachdem, mit was oder wem Sie sich vergleichen. Herbert Bopp, der Korrespondent in Montreal, lacht genüsslich. »In Kanada misst man sich nicht immer mit den Besten der Welt, sondern man hat für sich so eine Bequemlichkeitsform entdeckt: Man vergleicht sich gerne mit Ländern, denen es schlechter geht. Dann schneidet Kanada besser ab, und das steigert das Glücksgefühl …«

Wobei wir wieder beim Thema wären. Wissen Sie das zu schätzen, was Sie haben? Mit was setzen Sie die Dinge in Relation? Während seine Tochter uns auf ihrem Fahrrad umrundet, spricht der Däne Malte in Kopenhagen Eis lutschend weiter: »Wir haben kaum einen Grund, uns in diesem Land vor irgendetwas zu fürchten. Wir kennen keine Erdbeben oder Tornados, Fluten, okay, haben wir manchmal. Meine Tochter und ich sind gesund, und wir leben in diesem schönen, relativ ordentlichen Land, ohne uns über irgendetwas wirklich Sorgen machen zu müssen, außer vielleicht, dass wir keine Regenjacke mithaben, wenn es anfängt zu regnen.« Dass er sich, wie er mir später erzählt, momentan in einem Scheidungskrieg befindet, wird mit diesen Aussagen relativiert. Im Angesicht der noch größeren möglichen Katastrophen fällt das nicht mehr ins Gewicht.

»Ich bin Alexandro Sanchez, und das hier ist mein Geschäft.« Der liebenswürdige Costa-Ricaner lacht mich herzerwärmend an. »Sein Geschäft« ist ein kleiner, dunkler und bis unter die Decke vollgestopfter Kiosk, direkt am staubigen Wegesrand, irgendwo außerhalb von San José. »Wir haben auch noch eine Bar«, erzählt er stolz. »Klar bin ich glücklich, sí, sí. Ich habe meine Tochter und meine Frau, alles gut. Auf der Glücksskala würde ich mir eine Acht geben, denn das Geschäft hat noch ein paar Schulden, sonst wäre es eine Zehn, aber was soll's. Es gefällt mir hier, und mit Menschen zu reden macht Spaß. Mit neuen Menschen, wie Ihnen. Das ist schön.«

»Was soll's« ist noch so ein schönes Synonym für Gelassenheit. »Ja«, lacht Marta, unsere mexikanische Journalistin. »Habt einfach mehr Spaß und Leichtigkeit in Deutschland und lernt mehr Leute kennen. Vielleicht trefft ihr ein paar unangenehme Menschen auf dem Weg, aber – egal. Irgendwann findet ihr nette Leute.« Ein wenig mehr »ach egal« in den Perfektionismus einzustreuen würde uns der Gelassenheit ein gutes Stück näher bringen. Ach egal, was soll's, ist halt so. Nimm das Leben einfach nicht zu ernst.

Geschäftlich geht es miserabel? Was soll's. Ich habe dafür die Frau meines Lebens. Der Motor springt nicht an? Ist halt so. Immerhin scheint die Sonne. Mein Garten sieht aus wie Kraut und Rüben? Ach egal. Wenn ich noch länger warte, lohnt sich die Arbeit erst richtig. Gelassene Menschen sind Weltmeister im Relativieren.

Erinnern Sie sich noch an die junge Mutter Maria-José, alleinerziehend im schlimmsten Viertel Costa Ricas lebend, vier Uhr morgens aufstehen, um sich um die Kinder zu kümmern und danach selbst zur Schule zu gehen? Keine Nacht durchschlafen? »Egal, wie müde ich bin, wenn die Kinder kommen, mir einen Kuss geben und Mama sagen, dann ist alles gut.«

Um zu wissen, was wir mit was relativieren können, müssen wir uns erst einmal dessen bewusst sein, was wir bereits haben und was uns wichtig ist im Leben. »Ich glaube, du musst dich nicht dazu zwingen, die ganze Zeit glücklich zu sein, aber du solltest dich selbst immer wieder daran erinnern, glücklich zu sein. Du sollst immer dankbar sein für das, was du hast«, so Mathew, der grinsende Sternekoch aus Australien. Glücklichsein ist der ständige Begleiter vom Sich-glücklich-Schätzen. Wer die Sonne, die sich in den Blättern der Bäume bricht, nicht wahrnimmt, wem das liebevolle »Mama« oder »Papa« seines Kindes entgeht, wer das Lächeln eines Kollegen nicht auffängt, der besitzt auch wenig, was er den Widrigkeiten des Lebens entgegensetzen könnte. Wie lausig das Leben auch sein mag, eine Tatsache können Sie ihm immer entgegenstellen: »Mein Name ist Gustavo, ich lebe in Costa Rica und bin 60 Jahre alt. Ich bin Anwalt und Professor an der Universität.« Eduardo und ich treffen ihn in den Wäldern über San-José an seinem Wochenendhaus. Er ist oft in Deutschland gewesen und kennt viele Deutsche. »Ich glaube, dass die Menschen hier in Costa Rica, ohne in Verantwortungslosigkeit zu verfallen, nicht so streng mit sich sind. In Deutschland sind die Menschen strikter in ihren Zielen, generieren so Spannungen und tragen eine große Last. Ich würde ihnen daher raten, das Leben mit mehr Gelassenheit zu nehmen. Letztendlich gehen wir am Ende alle an denselben Ort.« Sie können unglaublich viel Gas geben in Ihrem Leben. Immer weiter rennen, höher springen und schneller fahren. Absurderweise kennt unser aller Leben aber nur eine ultimative Ziellinie. Und die möchten wir, bei aller Hast, doch alle am liebsten so spät wie möglich überschreiten.

Das Leben passiert. Mit oder ohne Sie. Wie Raphael, der Taxifahrer, der mich abends in Costa Rica vom Flughafen abholt, bereits sagte: »Das Leben ist wie ein Hase, der plötzlich einen Sprung macht. Man muss immer hoffen, dass alles gut läuft. Ich sehe die Zukunft positiv. Das hängt selbstverständlich immer vom Blickwinkel des Betrachters ab. Wenn man eine negative Einstellung hat, wird es nicht gut laufen. Wenn man eine positive hat, dann wird das Leben schön sein.« Und Sie werden sehen, oft wird es weniger schlimm, als Sie es sich in Ihren Albträumen ausgemalt haben.

Nathalie, die gerade den Familienkeller auf dem Flohmarkt in Luxemburg verscherbelt, findet, dass kleine Albträume einfach zum Leben dazugehören: »Es gibt Tage, die vielleicht nicht so toll laufen. Das ist einfach ein Teil des Lebens. Und dann weiß man, es gibt andere Tage, die sind super. Es ist wirklich so ein Fluss des Lebens, und den auch wahrzunehmen und zu genießen, das ist sehr wichtig.« Egal welchen Haken der Hase Ihres Lebens gerade schlägt. Irgendeinen Sinn findet man immer – auch Steffi, die vergnügte Berliner Wahlschweizerin aus meiner Pension in Zürich: »Alles passiert aus einem Grund. Und im Endeffekt sind es nur Erfahrungen, die wir machen, die letztendlich auch positiv sind. Auch wenn sie anfangs negativ *scheinen*. Aber im Endeffekt kann man es ja dadurch beim nächsten Mal besser machen.« Das Leben so zu sehen ist eines der stärksten Mittel, es zu meistern. Der Ansicht ist auch Bob, mein stoischer Glücksforscher aus Australien: »Wenn wir darin scheitern, die Welt zu kontrollieren, kontrollieren wir uns selber.« Schlau, nicht wahr? »Wenn also etwas Schlimmes passiert, ist eine Möglichkeit, damit umzugehen, dir zu sagen: *Es hätte auch schlim-*

mer kommen können!« Bob grinst in die Kamera, bevor er trocken fortfährt: »Es kann immer schlimmer kommen. Immerhin lebst du noch!« Jetzt bebt Bob wieder vor Lachen, fährt dann aber ernst fort: »Wir haben sehr oft schnell eine alternative Interpretation der Realität parat. Jemand wie du, Maiki, mit einem hohen positiven Interpretationsniveau, hat immer eine positive Deutung zur Hand und wird allem auf natürliche Art und Weise einen positiven Dreh geben. Als die Maschine deines Flugzeuges kaputt war, dachtest du: *Besser jetzt, als auf halber Strecke über dem Ozean.* Wir rekonstruieren ein negatives Ereignis auf eine Weise, die positiv für uns ist. Das ist das, was wir die Reservesteuerung nennen, und es ist ein sehr kraftvolles Werkzeug.«

Sigrún, die ich ein paar Kilometer außerhalb Reykjavíks in der rauen Natur bei ihren zotteligen Islandpferden treffe, sagt, etwas zurückhaltend lächelnd: »Die Menschen in Island sind generell positiv. Es gibt vieles, was uns glücklich machen kann, gutes Wetter, schlechtes Wetter. Wenn du positiv denkst, bist du glücklich, wenn du negativ denkst, bist du unglücklich. Seid einfach glücklich darüber, dass ihr lebt!« Dinge sind manchmal einfach nicht mehr, als sie sind. Sie können sie negativ sehen, Sie können es aber auch sein lassen. »Sogar als die Wirtschaft kollabierte … Es war einfach so, wie es war«, so Sigrún weiter. Sie zuckt mit den Schultern, schaut mich etwas ratlos an und scheint sich zu fragen, weshalb sie mir so etwas Einfaches auch noch erklären muss.

Ob Sie jetzt Ihre Probleme als Chancen sehen oder sie einfach mit lässigem Schulterzucken hinnehmen, »Probleme gibt es immer, aber die kommen und gehen, und es gibt immer eine Lösung, auch wenn es oft nicht so aussieht und man deprimiert und traurig ist. Es gibt eine Lösung für alles.« Jedes Problem birgt bereits eine Lösung in sich, so findet zumindest Diana Pietro, die in der Banco de Bogotá als Wirtschaftsingenieurin arbeitet. Geduldig abwarten zu können ist oft, sehr oft, eine bessere Reaktion, als in Hektik zu agieren oder sich schon einmal präventiv zu sorgen. Häufig bietet sich die Lösung von selbst an.

König ist der, der die Weisheit besitzt zu unterscheiden, wann welche Haltung angemessen ist. Und der mit der Gabe gesegnet ist, zwischen gelassenem Zurücklehnen und aktivem Handeln hin und her zu pendeln. Dass Gelassenheit nicht das Gleiche ist wie Trägheit oder Desinteresse, beweist Guillermo Quiñonez, Betriebswirtschaftler und Medizinstudent. Ich treffe ihn um Mitternacht in Bogotás Nightlife mit ein paar Freunden. Auf der Glücksskala gibt er sich eine glatte Zehn, trotzdem: »Was mich unglücklich macht, ist, zu sehen, wie die Menschen leiden, deswegen studiere ich Medizin. Ich will ein Krankenhaus bauen und vielen Patienten helfen.« »Kannst du den Deutschen einen Rat geben, wie sie glücklicher sein können?«, frage ich neugierig. »Klar! Das Leben zu leben, wie es kommt. Sich keine Sorgen um die negativen Seiten zu machen und immer nach vorne gehen.«

Und wenn Sie dabei mal stolpern … Stehen Sie einfach wieder auf, richten Sie Ihre Frisur und versuchen Sie, drüber zu lachen. Wenn das so einfach wäre. Das ist es tatsächlich! Ich meine, Sie können natürlich auch liegen bleiben, nur, was hätten Sie davon? Keiner von uns kommt ohne Blessuren durchs Leben. Wer Erfahrungen macht, der wächst, und mit ihm auch die Gelassenheit. »Natürlich gibt es auch in Luxemburg Leute, die arbeitslos sind, Leute, denen es wirtschaftlich nicht gutgeht, aber die ganze Grundhaltung, der Esprit des Einfach-wieder-Aufstehens und Sich-etwas-Neues-Ausdenkens, ist wesentlich stärker als in Deutschland«, bemerkt Dieter, ein deutscher Wahl-Luxemburger, der sich selber schon ein paarmal wiederaufgerappelt hat. Leider haben wir uns aber irgendwie angewöhnt, dass Hinfallen peinlich ist und Scheitern etwas für Loser. Viele Therapeuten, Trainer und Coachs verdienen ihr Geld damit, uns vom Gegenteil zu überzeugen. Vielleicht liegt es am mangelnden Vertrauen in die Zukunft?

Vielleicht sind wir in unserer Geschichte zu oft zu nachhaltig gescheitert? Haben wir zu viel Schuld auf uns geladen und noch kein Vertrauen darin, dass wir wirklich etwas gelernt haben?

Dass wir gerade an unserem Umgang mit unserer Geschichte gewachsen sind und dafür im Ausland respektiert werden, sehen wir noch nicht so recht. Auch die Isländer sind gescheitert und als andere Menschen wieder aufgestanden. Scheitern ist einfach die intensivste Art der Selbstreflexion. Und normalerweise der beste Weg zu mehr Gelassenheit. Ein japanisches Sprichwort heißt: »Siebenmal hinfallen, achtmal wieder aufstehen.« Wer sich wieder aufrichtet, lebt zumindest noch und hat allein schon dadurch gewonnen. Die Sängerin Danyka aus Montreal lehnt sich auf ihren Klavierschemel, auf dem sie ihre neue CD aufgenommen hat. »Ich probiere etwas aus, und manchmal falle ich auf die Nase, aber ich habe meine wirklichen Erfahrungen im Leben, und das macht mich glücklich. Vielleicht nicht im Moment selbst, aber im Allgemeinen macht es mich glücklich, dass ich meine Träume erfüllen und diese wunderbaren Momente erleben darf.« Wer Großes versucht, ist bewundernswert, auch wenn er fällt, befand bereits Lucius Seneca knapp 2000 Jahre vor uns. Das Leben passiert und streckt uns mit seiner Faust zu Boden. Margot, die attraktive Mathematikprofessorin aus Costa Rica, schüttelt lachend ihre blonden Locken. »Es gibt Momente, in denen man glücklich ist, und man muss sie schätzen. Es gibt auch sehr viele bittere Momente, aber man darf nicht dort hängen bleiben. Versucht, das Leben mit glücklichen Momenten zu füllen. Es ist in Ordnung, zu stolpern und hinzufallen, aber nicht, auf dem Boden liegen zu bleiben. Steh einfach wieder auf.«

Luxemburg, du kleines, buntes Land

Und du nasses Land! Luxemburg ist das vorletzte Land, das ich auf meiner Reise besuche, und es regnet. Missmutig steige ich in meine Gummistiefel und schnappe mir meinen Regenschirm. Der Portier schaut noch kritisch auf meine Kamera und rät mir, in dieser Gegend darauf aufzupassen. Nanu? Wo bin ich denn jetzt gelandet? Am Abend zuvor war ich noch im freien Kanada und bin dort ähnlich wie in Skandinavien völlig unbeschwert durch die Gegend gestapft. Das Gefühl möchte ich nicht mehr hergeben und laufe hocherhobenen Hauptes quer über die Straße, direkt in die Arme von Jorge Arent, einem fröhlichen Rentner mit Hut, der unter dem Vordach einer luxemburgischen Bank steht und Eiskratzer verteilt. Sie erinnern sich an Kapitel vier? Jorge ist der Mann, der findet, dass man im Leben »Eier« haben sollte. Am 6. Oktober – also morgen – sei hier Vatertag, erzählt er mir. Sie verteilen Eiskratzer für die Väter. Und als Werbung für seine Organisation, die ebendieses Viertel, in dem sich mein Hotel befindet, wieder verschönern möchte. Während ich meine Kamera zum ersten Mal auf meiner Reise umständlich mit einem Regenschutz versehe, quatscht der gesprächige Luxemburger munter drauflos. Was ist das denn für ein komischer Akzent, frage ich ihn. »Wir sprechen Luxemburgisch in Luxemburg.« Das hätte ich mir auch denken können. »Und wir sprechen Deutsch und Französisch und Englisch. Und 25 Prozent der Bevölkerung spricht auch Portugiesisch.« Jorge nickt zufrieden. »Ich muss immer lachen, wenn Franzosen oder Deutsche sagen, sie hätten zu viele Ausländer, bei zwölf oder 13 Prozent. Wir sind bei 46 Prozent, und wir fahren sehr gut mit den Leuten. Jeden Tag«, erzählt er, während er mir tatkräftig beim Abdichten meines Tonkabels hilft. »Es ist einfach so, dass wir schon immer zu wenig Arbeitskräfte hatten.« So klein Luxemburg auch ist, das offizielle Großherzogtum Luxemburg, oder auf Luxemburgisch Groussherzogtum Lëtzebuerg, spielt in Europa eine bedeutende Rolle. Luxemburg ist Verwaltungssitz der Europäischen Union, Sitz des Europäischen Gerichtshofs, des Europäischen Rechnungshofs. Die lange Liste erspare ich Ihnen. »Wir vermitteln den Leuten nicht nur die Arbeit, sondern auch eine gewisse Lebenshaltung: nämlich, dass man das Leben genießen muss«, ruft Jorge jetzt hoch engagiert aus fünf Metern Entfernung unter seinem Regenschirm hervor. Ich weise ihn mit schmerzenden Ohren darauf hin, dass es tontechnisch völlig reicht, in normaler Lautstärke zu sprechen. »Es kommt nicht immer auf Reichtum an. Man kann reich im Geiste sein, man kann in vielen Sparten reich sein, aber das Glück findet man garantiert nicht im Geld.« Na ja, denke ich. Dafür dreht sich in diesem Land aber ziemlich viel um Geld: Versicherungen, Fluggesellschaften, Telekommunikation, Radio. Auch RTL hat seinen Sitz in Luxemburg. Amazon finden Sie hier, ebay und Skype. 2010 waren in Luxemburg beinahe 150 Banken registriert. Über 3500 Investmentfonds sind hier ansässig. Damit ist Luxemburg der größte Fondsstandort Europas und nach den USA der zweitgrößte der Welt. Jorge zuckt gelassen mit den Schultern: »Das Wichtigste im Leben ist doch, dass man gesund ist. Dass man jeden Tag genug zu essen hat, um den nächsten Tag zu erleben. Es ist nicht der Überfluss, der glücklich macht, es sind die kleinen Sachen, die einem Energie geben und das Glück wiederbringen. Hauptsache, man nimmt das Leben, wie es ist, und denkt jeden Tag positiv. Früh aufstehen, sich einsetzen! Das bringt etwas für die Zukunft.« Die Luxemburger scheinen erstaunlich bodenständig zu sein. »Wir sind ein arbeitsames Volk, dem deutschen Arbeitstier nahe und dem französischen Gourmet an Geschmack verwandt. Und ich glaube, das allein ist schon eine Kombination, die das Glück fördert.«

Entschuldigen Sie mal, bei so viel Nationalitäten, wer ist denn da ein »echter« Luxemburger?, frage ich den 32-jährigen Joe, einen asiatisch aussehenden Mann mit schwarzen kurzen Haaren und fröhlichen Schlitzaugen.

Er arbeitet für die luxemburgische Stadtverwaltung. »Das ist eine sehr, sehr interessante Frage. Ich glaube, den reinen Luxemburger gibt es fast nicht. Ich selbst bin Luxemburger, auch wenn man es mir auf den ersten Blick nicht ansieht. Das Interessante an Luxemburg ist ja gerade, dass es so viele unterschiedliche Kulturen gibt und hier so viele Sprachen gesprochen werden. Und ich glaube, dass die Luxemburger davon profitieren. Diese Vielfalt macht die Menschen reicher. Wir haben praktisch alle Nationalitäten vor Ort. Wir brauchen gar nicht mehr in den Urlaub zu fahren.«

Nathalie Schmitz treffe ich auf dem Flohmarkt im Herzen Luxemburgs. 38 Jahre alt, blonde Haare und ein offenes Lachen, bei dem sie ganz niedlich die Nase kräuselt, so steht sie mit ihrer Schwester und Mutter hinter dem Inhalt ihres Kellers, wie sie erzählt. Warum sind die Luxemburger so glücklich? »Wir genießen gerne. Essen, Trinken, Beieinandersein, das hat einen sehr großen Stellenwert in Luxemburg, und das macht es hier auch lebenswert. Die richtige Mischung ist wichtig: Man arbeitet, man genießt, man gönnt sich etwas, man kann sich das gönnen.« Ach, schau mal, ruft mir Nathalie begeistert nach. Sie hat in ihrem Kellerfundus ein faustgroßes, rotes und ziemlich kitschiges Geschenk-Herz mit der Aufschrift »Glück« gefunden. Wir schießen noch schnell ein Foto, bevor ich weiter über den Flohmarkt tingele.

Kurze Zeit später bleibe ich bei Isabelle und Luc hängen, einem überaus charmanten Paar Ende 30. Er groß und schlank. Ein eher ruhiger Typ. Sie, einen Kopf kleiner als er, braune halblange Haare, ebenfalls zurückhaltend, aber mit einem süßen Lächeln und einem umwerfend charmanten französischen Akzent. Luc ergreift das Wort: »Ja, also ich bin gebürtiger Luxemburger, meine Frau ist Französin. Wir wohnen jetzt schon über 20 Jahre in Luxemburg. Wir arbeiten beide hier, sind im Bankwesen tätig. Uns gefällt es gut in Luxemburg.« Isabelle nickt zustimmend. »Es ist wirklich ein Vorteil, in solch einem multikulturellen Land zu leben. Es hilft den Leuten, toleranter zu sein. Wenn du mit Menschen aus anderen Ländern sprichst, dann hörst du auch, wie schwierig das Leben in deren Ländern ist. Und dann wird dir klar, wie gut wir es hier haben. Ich glaube, es ist diese Öffnung, die uns dabei hilft, glücklicher und realistischer zu sein.« Der Kern der luxemburgischen Mentalität ist die Vielfalt. Und das führt dazu, dass man seine eigene Kultur flexibler hantiert, seine Meinung nicht ganz so ernst nimmt.

Im besten Falle verschmelzen alle positiven Aspekte der verschiedenen Kulturen zu einer. Den Vorteil sieht Luc durchaus: »Durch die Belgier und die Franzosen, die hier wohnen, ist es einfach immer selbstverständlicher geworden, dass auch Frauen ganztags arbeiten. Auch wenn sie mehrere Kinder haben.« Luc und Isabelle haben vier, wie die zwei Banker mir später erzählen. Isabelle nickt heftig. »Es ist alles phantastisch organisiert, und das gibt uns viele Möglichkeiten.«

Mit einer Fläche von 2586 Quadratkilometern mag Luxemburg einer der kleinsten Flächenstaaten der Erde sein und das zweitkleinste Mitglied der Europäischen Union, als Einwanderungsland kann es sich jedoch locker mit Australien und Kanada messen. »Was mich glücklich macht?«, beantwortet Luc meine Frage zum Abschluss. »Natur, auch Kunst, Musik und meinen Kindern unsere Kultur mit auf den Weg zu geben: den Bezug zu anderen, die Offenheit, die Toleranz.«

Es ist gemütlicher hier in Luxemburg, zumindest, wenn Sie Marc fragen, den Lehrer, der gerade für seine Partei kandidiert, als ich ihm begegne. »In Luxemburg kann man relativ schnell herausfinden, was Glück heißt, und das muss man vielleicht in einem großen Land etwas länger suchen: Dieses Gesellige und Kleine und dieser Rückhalt. Das macht unser Glück aus.« Dass Luxemburg klein ist, das merke ich schon. Ich bin mit Daniel Clarens unterwegs, den ich durch das beeindruckende Projekt »Ministerium für Glück und Wohlbefinden« in Deutschland kennengelernt habe. An jeder Ecke ein »Hallo« und dann eine Menge »lëtzebuergeschs« Geschwätz, übrigens eine moselfränkisch-hochdeutsche Mundart. Wieder ein »Hallo«. Ich werde verrückt. Diesmal allerdings nicht gefolgt von unverständlichem Kauderwelsch, sondern von gut verständlichem Hochdeutsch. Es ist Dieter, 51 Jahre alt und seit acht Jahren wohnhaft in Luxemburg. Er arbeitet als Programmierer in einer Softwarefirma.

»Was ich an Luxemburg schätze, ist, dass es hier einen viel größeren Esprit gibt, zu sagen: Okay, ich bin 40, 50. Ich mache etwas. Ich scheitere. Ich mache etwas Neues. Ich habe selbst innerhalb der letzten zwei Jahre zweimal den Job gewechselt, und das ging völlig problemlos. Für mich ist das jedenfalls ein sehr wichtiges Kriterium, was mein eigenes Wohlbefinden angeht: dass ich weiß, ich habe die Chance, einfach wieder aufzustehen, wenn ich mal in schlechtere Zeiten gerate.«

Ich setze mich auf eine Mauer am Flohmarkt und lasse die Eindrücke noch einmal gedanklich an mir vorüberziehen. Es herrscht hier dieselbe Energie wie in Kanada und Australien. Diese Offenheit, sich selbst und das Leben nicht so ernst zu nehmen, weil einem ja immer eine andere Kultur begegnet, welche die eigenen Ansichten relativiert. Jeder, der länger im Ausland gelebt hat, kennt dieses anfängliche Knirschen im Hirn, wenn zwei Ansichten aufeinanderprallen und trotzdem gleichwertig nebeneinander bestehen können. Ein Widerspruch? Ich glaube nicht. Das Denken wird gelockert, wenn es auf diese Art ab und an aus den Angeln gehoben wird. Ich hüpfe von der Mauer, mein Zug fährt bald, ab nach Deutschland in meine schöne Welt, nur 15 Kilometer von hier entfernt …

11
Nimm dich mit Humor

Entspannt euch und habt Spaß.
Ihr habt letztendlich nur eine Chance, hier zu sein.
Mathew, Sternekoch, Melbourne, Australien

Luxemburg ist im Kasten, und ich habe die Tasche voller schöner Bilder, Worte und Inspirationen. Bis zum nächsten Land habe ich jetzt aber erst einmal eine Woche Pause. Meine Tochter wartet bereits sehnsüchtig auf mich. Die Zugverbindung von Luxemburg-Stadt nach Bonn ist, gelinde gesagt, etwas verzwickt. Um die 122 Kilometer Luftlinie mit der Bahn zurückzulegen, benötige ich gemäß Fahrplan um die drei Stunden, in denen ich zweimal umsteigen muss. Umsteigezeit jeweils vier Minuten. Das ist knapp. Eine Reisegruppe aus Frankfurt scheint dasselbe Problem zu haben, mit plattgedrückten Nasen kleben sie, bereits eine Viertelstunde bevor wir den Bahnhof erreichen, an der Zugtür und machen sich schreckliche Sorgen um den Anschlusszug. Zwei Minuten zu spät fährt der Zug in Trier ein. Unter motzigem Gemurmel scharren zwei Frauen und drei Männer mit den Hufen. Sobald sich die Türen zischend öffnen, springen sie auf den Bahnsteig und rennen los: Der eine nimmt die Treppe, der andere die Rolltreppe, die Dritte ist vor lauter Gefluche orientierungslos. »Typisch Deutsche Bahn« sei das. Da müsste man das Geld zurückverlangen. Und das in ihrem Alter! – Hoppla – denk ich, die ist doch gerade mal fünf Jahre älter als ich. Das Frankfurter Grüppchen sammelt sich laut lamentierend am neuen Bahnsteig für den Anschlusszug, als es scheppernd aus den Lautsprechern tönt, dass auch dieser Zug leider eine zehnminütige Verspätung habe. Froh, zumindest nichts verpasst zu haben, setze ich mich entspannt auf meinen rollenden Reisebegleiter. Für die Frankfurter ist das allerdings kein Grund zur Freude, sondern zum Weitermotzen, denn dann hätte man sich ja nicht so zu beeilen brauchen. Wie ein klebriger grüner Schleim kriecht die schlechte Stimmung zu mir herüber. »Typisch Deutsche Bahn ist das.« So viel wusste ich schon. »Da muss man echt das Geld zurückverlangen.« Und ich füge mit rollenden Augen in Gedanken hinzu: »Und das in Ihrem Alter!« Ich bin froh, als – übrigens schon drei Minuten später – der Zug einrollt und ich mich erleichtert lächelnd in ein anderes Abteil verdrücken kann. »Mein Gott, Deutsche haben eindeutig Sinn für Dramen«, murmele ich in Gedanken zu meinem zweiten, holländischen Ego.

Ach! Mein nächster Anschlusszug hat übrigens in Koblenz wieder über eine Stunde Verspätung. So schnell wollen ein Kölner Pärchen und ich uns unserem Schicksal aber nicht ergeben und rennen zu zwei anderen Zügen, die auch nach Bonn fahren sollen, allerdings wohl sehr viel später ankommen werden. Nach kurzen scherzhaften Verhandlungsversuchen mit dem Zugpersonal geben wir auf und lassen uns lachend auf die Bahnhofsbänke fallen, tauschen Schokoriegel gegen Birnen ein und harren des Zugs, der dann irgendwann einmal eintrudelt. So geht's also auch. Gutgelaunt komme ich zu Hause an. Wie es wohl meinen Frankfurter Würstchen ergangen sein mag?

»Humor ist, wenn man trotzdem lacht.« So soll der deutsche Schriftsteller Otto Julius Bierbaum Ende des 19. Jahrhunderts gesagt haben. Humor ist die Begabung eines Menschen, den Unzulänglichkeiten der Welt und der Menschen, den alltäglichen Schwierigkeiten und Missgeschicken mit heiterer Gelassenheit zu begegnen. Dass diese deutsche Duden-Definition des Humors direkt aus Mexiko stammen könnte, beweist Alberto, ein 24-jähriger Betriebswirtschaftler, der sich auf der Glücksskala selbst eine Neun geben würde. Er ist zusammen mit seiner Freundin Yurika unterwegs. Sie stehen vor einem herrlichen Obststand unter einer typisch pinkfarbenen Plane, mitten in Mexikos Farbenmeer. Die zwei essen frisch geschnittene Mangos aus der Tüte mit Zitronensaft, Salz und Chilipuder. Mir läuft das Wasser im Mund zusammen, und ich beschließe, mir gleich auch eine zu spendieren. »Sag mal, warum denkst du, dass die Mexikaner immerhin auf Rang sechs der glücklichsten Länder landen? Trotz der Kriminalitätsrate?« (In Mexiko werden im Schnitt 100 Menschen pro Tag entführt.) Alberto zuckt mit den Schultern: »Ich glaube, der Mexikaner kann über das Unglück lachen. An allem finden wir etwas Lustiges. Sogar in den schlimmsten Zeiten.«

Humor heißt, dem Ernst des Lebens einfach mal ein wenig Gewicht zu nehmen. Alberto nickt: »Wir sehen unserer gemeinsamen Zukunft mit sehr viel Enthusiasmus und mit großer Lust entgegen. Auch wenn das Leben voller Unsicherheiten ist. Wir versuchen alle, es uns gutgehen zu lassen.« Dem Leben mit einer heiteren Gelassenheit zu begegnen, auch wenn's zum Heulen ist. Diese Kunst beherrschen die lateinamerikanischen Länder exzellent. Die meisten Dramen unseres Lebens verkommen später sowieso zu unseren persönlichen Anekdoten oder Heldentaten, die wir wieder und wieder erzählen können. Warum also nicht gleich darüber lachen? Es sind genau diese Pleiten, Pechs und Pannen, die Ihre Lebensgeschichte würzen und so einzigartig machen. Die Lateinamerikaner lachen nicht etwa so viel, weil sie einfältig sind und ihr Leben so leicht ist, sie lachen so viel, gerade *weil* ihr Leben so schwer ist. Mit ihrer Art des gelassenen Humors verzaubern die Menschen ihr Leben. Als ausgleichende Kraft, wie mir einer der Ärmsten erklärt, nämlich Carlos, der Schuhputzer, den ich nachts in Bogotá auf der Straße sitzend antreffe. Ein Häufchen Elend. Auf den ersten Blick. »Bis jetzt bin ich zu 90 Prozent glücklich. Die restlichen zehn Prozent nicht, denn manchmal ist das Leben zu hart. Aber diese 90 Prozent geben mir das Glück, das ich brauche, damit ich die zehn Prozent besiegen kann. Ich bin der glücklichste Mann der Welt, weil ich über das Leben lache.« Es ergibt wenig Sinn, dem Unglück auch noch das Unglücklichsein hinterherzuwerfen. Was schwer wiegt, wird so leichter. Oder erhält gar nicht erst dieses immense Gewicht, wie zum Beispiel die Zugverspätung für meine Frankfurter.

Deutschem Humor wohnt hingegen wenig Zauber inne, ist er doch erst einmal als ernste Kunstrichtung gedacht, weniger als Lebenshilfe. Hier in Deutschland wird derjenige, der einem Unglück mit bodenloser Heiterkeit begegnet, schnell als pietätlos und oberflächlich abgestempelt. Und auch ich habe 13 Jahre meines Lebens, anfangs mit roten Ohren, den wirklich groben Humor der Holländer über mich ergehen lassen. Kein Unglück zu groß für einen derben Spruch. Inzwischen hab ich ihren »fiesen« Humor selbst ganz gut drauf. Er hilft mir zu relativieren. Aber Frau van den Boom! Bitte erfassen Sie den Ernst der

Lage! Diese Mahnung scheint uns in Deutschland ständig zu begleiten. Aber keine Misere wird dadurch besser, dass wir passend dazu eine Trauermiene aufsetzen … Gönnen Sie sich ein wenig Galgenhumor und finden Sie in jeder Situation, oder besser noch in sich selbst, Dinge, die Sie mit Humor sehen können. Es macht den Weg, ähm … ja … zum Galgen etwas leichter. Bei den Mexikanern sicherlich. Hier mag der leichtere Umgang mit dem Leben an den Glauben gekoppelt sein, dass jeder, unabhängig von der Qualität seiner Taten, wieder in ein neues Leben zurückkehrt. Das nimmt dem Leben und dem Tod ein wenig die Schwere. Während bei uns westlichen Völkern der Tod zum Schlimmsten und Traurigsten gehört, was einem passieren kann, begegnen die Mexikaner selbst ihm mit beschwingter Ironie. Und so grinst Sie in Mexiko aus dem Regal zwischen den normalen Supermarktartikeln versteckt auch regelmäßig ein reichverzierter Schokoladen-Totenkopf an. Und Totensonntag ist ein wirklicher Feiertag, an dem die Verwandtschaft auf den Gräbern, mit den Toten zusammen, bis tief in die Nacht lacht, tanzt und eine Menge Tequila-Flaschen leert. Es ist ihre Art zu relativeren. Wer über den Tod lachen kann, kann es über das Leben allemal.

Auch wenn Ihr Leben Ihnen keine zweite Runde gönnt, sollten Sie sich die wenigen Jahre, die Sie hier auf Erden sind, nicht durch Ängste, Ärger oder Selbstvorwürfe verderben lassen. Dass Humor und die Fähigkeit, über sich selbst lachen zu können, erstrebenswerte Eigenschaften sind, darin will mir, denke ich, niemand so recht widersprechen. Mit der Umsetzung haben wir aber so unsere liebe Not. Vom Obststand und Alberto fährt mich Jorge, mein ehemaliger mexikanischer Chauffeur, in das Nobelviertel Polanco. Wieder so eine Gegend, in der filmen nicht erlaubt ist. Ich erinnere mich schmunzelnd an ein Edeleinkaufszentrum in Costa Rica, in dem Wachmänner mich beschatteten und sich gegenseitig über Funk darüber informierten, dass ich jetzt gleich um die Ecke biegen würde. Diesmal bin ich jedoch schlauer und selbst im eleganten Designerdress unterwegs, in der Hoffnung, dann nicht so schnell als Journalistin identifiziert zu werden. Jorge und ich finden tatsächlich ein unbewachtes Subjekt: Marie-Carmen, um die 60, hochtoupierte mittelblonde Haare, mit Luxus-Jeans und dunklem Sakko bekleidet. Sie lehnt lässig im Türrahmen ihrer Boutique und sieht uns bereits interessiert entgegen. Sie sei eine sehr glückliche Person, »claro que sí«. Für ihre deutschen Amigos hat sie folgenden Tipp: »Sie sollten nicht so viel von sich selbst verlangen, toleranter mit ihren Fehlern umgehen und immer versuchen zu lachen. Es ist egal, ob etwas schiefläuft, denn es kann immer noch schlimmer kommen.«

Findet auch die dreifache Mutter Christiane, die ich auf dem Flohmarkt in Luxemburg treffe: »Ich sehe immer alles positiv. Ich sage immer: Lassen wir mal das Schlimmste kommen, und dann können wir immer noch sehen, wie wir damit umgehen.« Und auch mein kanadischer Cowboy aus dem Waschsalon nimmt es philosophisch: »Ich neige dazu, immer ein positives Ende zu erwarten. Dinge enden häufig schlecht, aber es gibt keinen Grund, davon auszugehen, dass sie es tun werden.«

Nehmen Sie das Leben draufgängerisch. Her mit dem Schlimmsten. Ich stehe eh wieder auf. Sehen Sie Gegenschläge als Vertrauensbeweis Ihres Lebens: Es verlangt Ihnen nur so viel ab, weil es darauf vertraut, dass Sie daran wachsen werden. Das Leben glaubt an Sie, wenn Sie es schon nicht tun …

So wie wir dem Leben mit Leichtigkeit begegnen, sollten wir uns selbst begegnen. Ein Krümel auf der Erde. Mehr sind wir nicht. Ein Staubkorn im Universum, wenn's hochkommt. Wer sich selbst nicht so ernst nimmt, der kann unmöglich denken, dass von ihm das Wohl der Welt abhinge, findet auch Mathew Macartney. Relaxed legt er einen Arm über die Rückenlehne einer exklusiven Couch. Wir befinden uns im »Chateau Yering«, einem Fünf-Sterne-Hotel, das sich auf dem Gelände des ebenfalls preisgekrönten Weinguts »Yering Station« befindet. Es liegt im

Yarra-Tal ca. 50 Kilometer außerhalb Melbournes und ist ein Zeugnis der Einzigartigkeit australischer Natur. Unendlich scheinende saftige Täler spiegeln sich in einem zauberhaften Licht und schmiegen sich in eine Stille, die beinahe schon in den Ohren schmerzt. Fabelhaft – sprichwörtlich. »Weißt du, ich bin immer so erstaunt, wenn ich höre, dass in einer Sterneküche ein rauer Ton herrschen muss. Ich meine, wir arbeiten 80 Stunden pro Woche. Da sollten wir Spaß haben. Den Deutschen würde ich sagen: *Relax!* Lernt, über euch selbst zu lachen. Lernt, euch selbst nicht so ernst zu nehmen.« Mathew, preisgekrönter Sternekoch[26] und Papa von zwei kleinen Kindern, lächelt mich entspannt an. 21 große Awards hat er in den letzten sieben Jahren erhalten. »Das ist ziemlich gut«, schiebt er ohne Allüren hinterher. »Wenn wir Spaß haben während der Arbeit, dann arbeiten wir auch besser. Und das merken nicht zuletzt die Gäste!«, murmelt Mathew eine halbe Stunde später konzentriert, während er aus Pastateig kleine Krönchen für mich zaubert. Leider nur zum Filmen. Zwei Stunden später stehe ich wieder am Wegesrand und warte auf den Busfahrer, der mich hier vor ein paar Stunden mit der Bemerkung rausgelassen hat: »Und wenn ich dich wieder mitnehmen soll, dann musst du dich einfach an den Straßenrand stellen und winken.« Ich warte. Und denke noch einmal über Mathew nach. Sich selbst nicht zu ernst zu nehmen scheint mir eine unheimliche Entlastung zu sein, und anscheinend setzt es so viel Potential frei, dass dieser Sternekoch mit Spaß und Humor, quasi mit links, die zauberhaftesten Kreationen zu schaffen vermag. Ich lasse die australische Abendsonne auf mich kleines Staubkorn scheinen und warte darauf, bis der Wind mich in meinem Leben weitertreibt …

Bis an den Strand von Sydney. Weiß und rein liegt er da und berührt das ruhige, glasklare Wasser des Ozeans. In einem der vorangelagerten Naturschwimmbäder spielen Trevor und Louise mit ihrem Zweijährigen. Der findet Interviews allerdings blöd. Und während er über den gebückten Rücken seines Papas kopfüber brüllend nach unten rutscht, beschreibt mir Trevor gelassen lächelnd, was ihn in Australien so glücklich macht: »Ich liebe das Wetter und die entspannte Kultur. Verglichen mit anderen Orten dieser Welt nehmen die Leute in Australien sich selbst nicht so wichtig, lachen viel über sich selbst.« Das findet Louise auch: »Die relaxte Haltung macht die Leute hier glücklich.« Nun gut, von den Menschen, die *down-under*, auf der andern Seite der Erdkugel buchstäblich »auf dem Kopf« leben, sind wir weit entfernt, um genau zu sein: 16 567 Kilometer Luftlinie. Wenn Sie es lieber von Ihren Nachbarn hören? Auch das ist möglich: »Ja, wie können die Deutschen glücklicher werden … Also, sie machen es eigentlich nicht so schlecht. Aber, so ein bisschen mehr Selbstironie, ein bisschen auch über sich selbst lachen, nicht alles so ernst zu nehmen – das könnten sie schon von uns lernen«, rät mir der Schweizer Architekt Martin und beobachtet den goldfarbenen Weißwein, den er leicht im Glas kreisen lässt. »Down-under« möchte auch noch etwas hinzufügen: »Um sicher zu sein, dass du die Sache nicht zu ernst nimmst, ist es wichtig, den Frieden in dir selbst zu finden, wie man so schön sagt. Das ist ein Element des Glücks, ja.« Trevor blinzelt in die australische Nachmittagssonne. Frieden in dir selbst finden. Ein großer Satz. Ich dachte, der wartet erst am Ende des Lebens auf uns, frühestens ab 70? Trevor ist aber allerhöchstens 35. Finden wir vielleicht schneller Frieden mit uns selbst, wenn wir dem Leben mit Heiterkeit und einem Augenzwinkern begegnen? Wenn wir nicht ständig an uns herumnörgeln? Sondern uns einfach etwas mehr verzeihen?

Wer sich selbst mag, ist weniger streng mit sich, weiß um die eigenen Schwächen und kann sich damit aussöhnen. Einfach mal darüber hinwegsehen und lachen. Solange Sie anderen Menschen kein Leid zufügen, ist Unvollkommenheit völlig legitim. Sie ist das, was Sie so besonders macht. »Ich hatte die Gelegenheit, hier auf eine deutsche Schule mit deutschen Lehrern zu gehen. Für mich war es immer sehr schwer zu verstehen, warum wir keine Fehler machen durften. Es gab nur eine Wahrheit, alles musste genau sein. Während die Schüler in Kolumbien reden und reden und einen Fehler nach dem anderen machen. Das ist kein Problem!«, so Eduardo, der kolumbianische Ökonom und Glücksforscher, während unseres Interviews in der Universidad de los Andes in Bogotá.

Dem Leben mit einem Augenzwinkern zu begegnen bedeutet mitnichten, es nicht ernst zu nehmen. Leichtigkeit geht nicht mit Leichtsinnigkeit einher. Patrick sitzt mit zwei Freunden am Ufer des Zürcher Sees. Anfang 30 würde ich ihn schätzen. Ich treffe ihn als einen der Letzten, bevor ich mit meinen Gummistiefeln in die Oper stiefeln werde. »Um glücklicher zu werden, sollten unsere deutschen Nachbarn damit anfangen, nicht so viel über sich selbst nachzudenken. Es bringt nichts, das ganze Leben lang nur zu grübeln, grübeln, grübeln (Originalton: *grübli, grübli, grübli*). Wenn man sich selbst nicht liebt, dann wird man sich auch nicht verwirklichen können.« Ups, ich schaue Patrick ob dieser gewagten These erstaunt an der Kamera vorbei an. Als ich mir später endlich eine kurze Pause am wunderschönen Zürcher See gönne, kommt mir dieser Gedanke wieder in den Sinn. Humor hat tatsächlich mit Eigenliebe zu tun. Denn wer schon jeden Gedanken vorab verurteilt oder aber, wie Eduardo aus Kolumbien es beschreibt, jeden Fehler vermeidet, der behandelt sich tatsächlich eher mit Strenge als mit Liebe und Wohlwollen. Und Fehler, über die man später lachen kann, passieren leider auch nur selten. Dieses Über-sich-selbst-Lachen, das in den Glücksländern so ausgeprägt ist, sorgt dafür, dass wir eine innere Freiheit erlangen. Eine Freiheit, um Neues zu wagen, zu scheitern, uns wie Kleinkinder durch (siebenmal) Fallen und (achtmal) Aufstehen weiterzuentwickeln, zu einer besseren Version unserer selbst.

»Wenn man die kolumbianische Kultur betrachtet, sieht man fast die ganze Zeit fröhliche Menschen. Sie teilen gerne, sie feiern gerne. Der Deutsche muss sich an Regeln halten und Verantwortung tragen, und das ist eine Last. Die deutsche Kultur richtet sich nach der Pflicht, während die Lateinamerikaner sich nach Spaß und dem gutem Leben richten«, so Eduardo. Schwere macht das Leben schwer. Leichtigkeit macht es leicht. Das Prinzip ist sehr einfach. Und gleicht dem Prinzip des Glücklichseins: »Wenn du glücklich sein willst, bist du glücklich, wenn du unglücklich sein willst, bist du unglücklich. Das ist einfach die Mentalität, mehr nicht«, wirft mir Maria kurz angebunden mit einem Schulterzucken zu. Sie hat etwas Besseres zu tun, nämlich ihre Früchte auf Mexikos Markt zu verkaufen. Ich schaue ihr verdattert nach und bleibe mit dem Gefühl zurück, dass ich mit der Frage nach dem Glück gerade die allerdümmste der Welt gestellt habe.

Letztendlich ist das erst die wahre Lebenskunst. Nicht über Witze oder andere zu lachen, sondern über seine eigenen Missgeschicke. »Glück zu erforschen heißt auf keinen Fall, die negativen Aspekte des menschlichen Lebens zu leugnen«, versucht Eduardo aus Bogotá zu erklären. »Man kann nicht bestreiten, dass der Mensch mit negativen Aspekten in seinem Leben, in der Gesellschaft oder auf der Arbeit konfrontiert wird. Es ist aber so, dass es besser wäre, wenn wir unsere Energien in die positiven Dinge investieren würden.« Dóra blinzelt in die kalte Sonne von Reykjavík. »Probleme machen Menschen nicht unglücklich. Es geht darum, wie sie mit diesen Problemen umgehen. Die Definition des Glücks von Bentham aus dem 17. Jahrhundert besagt: Glück ist *Some pleasure and pain*. Und ich denke, das stimmt. Glück ist, auch dem Schmerz in deinem Leben einen Platz zu schenken.« Auch Humor ist »some pleasure and pain«, behaupte ich jetzt mal. Sprich: Humor entsteht dann, wenn wir Schwächen zeigen. »Humor ist Drama als Witz«, so Thorsten Sievert, nebst Comedy-TV-Producer auch ein guter Freund, mit dem ich nach meiner Reise bei einem Glas Wein über die Rolle des Humors in anderen Ländern diskutiere. »Gewinnen ist nicht lustig, aber verlieren kann es sein.« Das Peinliche, das Schmerzhafte sorgt für Tränen in den Augen. In der Situation selbst sind es oft die der Verzweiflung, später die des Lachens. »Sieh dein eigenes Leben als eine Ansammlung potentieller Gags und Anekdoten«, so Thorsten. Die Sie noch oft lachend erzählen werden. Wenn Sie Ihr Leben mit Humor meistern wollen, müssen Sie Ihre eigenen Schwächen kennen und sie akzeptieren, besser noch, sie lieben. Ich komme zum Beispiel immer zu spät. »Dafür bleibe ich immer am längsten«, lautet der Spruch, den ich gerne nachlege. Sagen wir mal so: Wer mich kennt, plant mich mit einer Verzögerung von 20 Minuten ein.

Aber nicht die Schule. Wie am Tag des Einschulungsgesprächs meiner Tochter Elisa. Total wichtig, denn eigentlich gehören wir nicht zum Einzugsgebiet der Schule. Da heißt es, einen guten Eindruck machen. Denn, wenn ein Platz übrig ist, dann wollen wir den haben. 15.30 Uhr soll der Termin sein. Um 20 nach hetzen wir aus dem Haus. Fast pünktlich! Mann! Anmeldeformular vergessen. Elisa, du wartest hier. 15.23 sitzen wir im Auto. Gott sei Dank! Geht ja noch … Jetzt aber schnell. In Bonn gibt's den Spruch: »Entweder es regnet oder die Schranken sind zu.« Es regnet nicht. Die Schranken sind zu. 15.26 passiert der Zug. Juhu, ich starte den Motor. Die Schranken bleiben geschlossen. 15.28 fährt der nächste Zug vorbei. Die Schranken öffnen sich – viel zu langsam. 15.33 erreichen wir die Schule. Geht ja wirklich noch … Jetzt aber fix einen Parkplatz gesucht. Erste Seitenstraße: voll. Zweite Seitenstraße: voll. Dritte Seitenstraße. Da! Okay, da passe ich noch rein. Vorne einen Zentimeter Platz, hinten fünf. Na, bitte! Nach weiteren vier Minuten – geschafft! Und jetzt los, rennen. Um 15 Uhr 42 stürmen wir ins Vorzimmer des Direktors. »Entschuldigung«, hauche ich und will gerade ein »Passiert mir sonst nie. Die Schranken waren zu, und so weiter« hinterherschieben. Da tönt es von rechts unten leicht resigniert: »Meine Mama kommt immer zu spät.«

»Es gibt immer eine humorvolle Seite an allem«, sagt Bitte, die lebendige 76-jährige Rentnerin und Aktivistin aus Stockholm. Sammeln Sie die Geschichten Ihres Lebens und versuchen Sie sich diese als Witze zu erzählen.

»Warum die Australier so glücklich sind? Wir lieben es wirklich, andere Menschen anzulachen, besonders einander zum Lachen zu bringen. Wir versuchen Spaß zu haben, die ganze Zeit, einfach in allem den Humor zu sehen«, so unser Sternekoch Mathew. »In Australien nennen wir jemanden gerne einen *Galah*. Das ist ein typisch australischer Vogel. Diese Vögel lachen immer. Es sind glückliche Vögel.« Welcher Vogel würde uns in Deutschland gut stehen? Kuckuck! Lach doch mal.

Mexiko, Land der 1000 Farben

Mensch freue ich mich, Jorge wiederzusehen! Ich habe ihn tatsächlich über zehn Ecken wiedergefunden! Er sieht aus wie damals, vor fünf Jahren, als ich ihn zum letzten Mal sah. Ein stattlicher und sehr zuvorkommender Mann Anfang 60, mit breiter Nase und ebenso breitem Lächeln. Mit einem »Hola signora Maiki« umarmt er mich herzlich. Na, das mit der »Signora« lässt du *por favor* gleich wieder bleiben, bitte ich ihn. Ich bin nicht mehr die reiche Dame, deren Chauffeur du einmal für zwei Jahre warst. Ich bin einfach nur Maiki. Und auf der Suche nach dem Glück. »Wo ist Eli*ß*a?«, fragt Jorge in typisch spanischer Aussprache etwas enttäuscht, als er mir meinen schweren orangen Koffer abnimmt. Die konnte ich leider nicht mitnehmen, aber vielleicht kommen wir ja noch einmal zusammen wieder? Und ich erzähle ihm, dass wir auf jeden Fall auf den Markt für Kunsthandwerk fahren müssen. Ich soll Elisa unbedingt ein paar schöne Totenköpfe mitbringen. Jorge lacht herzlich und nickt.

So wie Sterne erscheinen und verglühen, die Sonne

jeden Tag untergeht und am nächsten Tag wieder aufersteht, so glauben die Mexikaner daran, dass auch jeder Mensch diesem Kreislauf des Sterbens und der Wiedergeburt unterliegt. Das Einzige, was sich in diesem ewigen Kreislauf ändert, ist die Gestalt der Dinge, die Lebenskraft jedoch bleibt erhalten. So wird jede Art der Zerstörung auch als Quelle neuen Lebens aufgefasst. Am Totensonntag, dem »Dia de los Muertos«, kehren die Seelen der Verstorbenen aus dem Jenseits zurück zu ihren Familien. Ganze Kirchen, Parks, Schulen, Altäre versinken in einem orangen Blumenmeer. Konditoreien arbeiten auf Hochtouren, um reichverzierte Totenköpfe aus Schokolade, versehen mit den Namen der Toten, herzustellen. Kinder basteln in der Schule kleine lächelnde Skelette. Hauseingänge werden mit Laternen ausgeleuchtet, damit auch jeder Tote sein Haus wiederfindet. In den Wohnungen errichtet die Familie Gabentische mit dem Lieblingsessen des Verstorbenen und kleinen Geschenken zur Stärkung, damit er die lange Reise zurück ins Jenseits gut übersteht. So ist das mit der mexikanischen Warmherzigkeit. Sie reicht bis weit über den Tod hinaus.

Jorge erweist sich inzwischen als guter Tonassistent und hält das Mikro so nah wie möglich an die Menschen. Am Straßenrand an einer Art Bar treffen wir Maria de Lourdes, im typischen Morgenoutfit reicher Mexikanerinnen: Jogginganzug. Für die Morgengymnastik reicht das völlig, bevor man sich dann die Nägel nachziehen und das Haar toupieren lässt. Marias Anzug ist goldbeige. Sie ist bereits geschminkt und trägt ihr Haar zu einem strengen Zopf gebunden. Die Bar gehört zu einer Werkstatt, und Maria wartet auf ihr Auto. Um die 40 wird sie sein und arbeitet in der Gastronomie. »Wir müssen uns alle so engagieren, dass alles positiv wird, denn die hässlichen Dinge, die harten Dinge, die nicht wünschenswerten, haben immer mehr Gewicht im Leben. Und deshalb müssen wir dieses Gegengewicht schaffen: das Positive, das Glücklichsein, das Hiersein, das Teilen, das Zusammensein. Wir müssen zusammen die Zukunft gestalten.« Der Mechaniker hat eine Frage und unterbricht uns kurz. Jorge nickt mir anerkennend lächelnd zu. Ihm gefällt die Antwort. Mir auch. Maria dreht sich wieder zu uns und nimmt den Faden auf: »Unser kultureller Hintergrund sorgt dafür, dass wir ein bisschen über den Tod lachen. Er ist kein Drama, sondern etwas zum Feiern. Diese Einstellung führt dazu, dass Leute trotz der Rückschläge das Leben nicht allzu tragisch nehmen.« Und das ist auch besser so, denn der Tod sucht einen in Mexiko öfter heim, als einem lieb sein kann.

Seit 2006 hat der sogenannte Drogenkrieg, den Präsident Felipe Calderón begonnen hat, über 70 000 Todesopfer gefordert. Die geschätzte Dunkelziffer der vermissten Personen beläuft sich auf 50 000 bis 100 000 Menschen. Zurzeit sind ungefähr 50 000 Armeeangehörige und 35 000 Bundespolizisten gegen schätzungsweise 300 000 Angehörige der mexikanischen

Drogenkartelle und ihrer paramilitärischen Einheiten im Einsatz. In Mexiko herrscht offiziell ein innerstaatlicher Krieg. Marta, die quirlige Journalistin, die mich am Anfang des Buches gefragt hatte, was ich denn den Mexikanern raten würde, schaut mich ernst an. »Niemand ist sicher. Früher wurden nur die ganz Reichen entführt, jetzt entführen sie jeden, die Putzfrau, den armen Migranten. Das ist ein Drama. Jeden Tag werden zwischen 50 und 100 Personen entführt. Das Lösegeld beläuft sich auf 5000 Dollar pro Kopf. Aber man kann verhandeln bis runter auf 1000. Das ist ein riesiges Geschäft – 100 000 Dollar am Tag –, an dem alle möglichen Regierungsvertreter, die Polizei, die Migrationsbeauftragten beteiligt sind.« Und doch merkt man im täglichen Leben erstaunlich wenig. »Natürlich hast du nachts Angst«, fährt Marta nachdenklich fort. Im täglichen Leben passt du auf. Wo ist mein Portemonnaie? Ist meine Tasche unterm Rücksitz versteckt? Welches Taxi nehme ich?« Ich selbst habe meine zweijährige Tochter früher in Mexiko an öffentlichen Plätzen angeleint, peinlich, aber wahr. Und ich war nicht die Einzige. »Ja, und dann geht das Leben weiter, denn wenn du immer mit Angst lebst, dann kannst du nichts unternehmen, und das ist grausam. Die meisten Mexikaner ziehen die Schultern hoch, klopfen aufs Holz und sagen, das ist Glückssache, hoffentlich passiert mir nichts. Sie leben ihr Leben weiter. Etwas, das viel hilft, sind die Feste. Singen, Tanzen, Musik. Solche Kleinigkeiten sagen viel über eine Gesellschaft aus. Diese Lebensfreude hilft dir zu überleben, auch in den schlimmsten Situationen.« Glück fungiert hier also als Krisenmanager. Passend dazu ist die Lieblingsfarbe der Mexikaner eindeutig Bunt. Alles Schwarze wird vom mexikanischen Farbenmeer übertüncht. Die Häuser sind rot, blau, pink, grün gestrichen, manchmal alles in einem. Das beeindruckende Kunsthandwerk Mexikos kennt nur eine Devise: Hauptsache knallig. Knatschorangefarbene Kleider mit bunten Stickereien, giftgrüne Fabelwesen aus filigran geschnitztem Holz, kobaltblau leuchtende und mit Blumen verzierte Ton-Totenköpfe, Pink, Neongelb, je bunter und je verzierter, desto besser. Die Lebensfreude steckt in jedem Detail. Allein schon ein Gang über den Markt unter einem Dach von pinkfarbenen Planen macht Laune. Jorge und ich machen ein paar Interviews, mit Eleonora, die riesige frittierte Schweinehäute aus einem imposanten Blechbottich verkauft. Es stinkt bestialisch. Mit Adriana, die Nopalitos – die grünen Blattsprossen des Feigenkaktusses – in geübten Streichbewegungen mit einem Messer von ihren Stacheln befreit. Maria, der Marktfrau, die sich mit ihrer pinken Schürze unter pinker Plane zwischen den beinahe neonpinken Pitahayas, den sogenannten Drachenfrüchten, orangenen Kaktusfeigen, Mangos und allen möglichen anderen Obstsorten nur noch durch ihr krauses silbernes Haar abhebt. Ich hole mir eine Tüte frischer, süßer – ich meine wirklich süßer – Mangos mit Salz, Zitrone und Chilipfeffer und bin glücksbetört ob all der Gerüche, Farben – und der Musik. Mit reichverzierten schwarz-weiß-gold gestreiften Puffärmel-Blusen, schwarzen Samtwesten und weißen, breiten Schärpen über den Schultern singt eine traditionelle Mariachi-Band in meine Kamera: »Yiiiah!«, schreit der 1,30 große, kugelige Anführer mit einer enormen Stimmgewalt. »Esta canción es para la amiga detrás de la cámera – aiaiaiiii.« Beglückt grinse ich durch die Linse, und los legen die zwei Trompeten, ein Kontrabass, Akkordeon, Trommeln, Geigen und ein paar andere Instrumente, die mir fremd sind. Wer kein Instrument im Mund hat, singt aus vollem Halse. Typische Musik, die einfach Laune macht. Mit Mühe reiße ich mich los. Mexiko ist ein Fest! Ein Fest der Farben. Ein Fest der Musik. Jorge sieht meine Begeisterung und fährt mich zum Plaza de la Cuidadela. Hier schwingt das ganze Viertel, so scheint es. Eine Gruppe hat einen tragbaren CD-Player aufgestellt und tanzt Charleston. Wer auch immer Lust hat, probiert einfach mitzumachen. An der nächsten Ecke locken Salsaklänge, egal ob jung, alt, dick, dünn, schön oder hässlich, alle bewegen sich mit geschmeidig lässigen Bewegungen zur Musik, die über den Plaza dröhnt. Maria-Teresa, eine pensionierte Lehrerin, schreit mir begeistert in die Kamera: »Ja, ich bin eine sehr glückliche Person. Ich habe alle meine Ziele erreicht. Ich bin pensioniert, und ich war eine gute Lehrerin. Ich habe einen Baum gepflanzt und ein Buch geschrieben. Ich habe ein Kind großgezogen, und jetzt kümmere ich mich nur um mich selber. Ich verwöhne mich mit Musik und dem Tanz, jeden Tag.« Und sie tanzt wundervoll leidenschaftlich, kontrolliert mit schwingenden Hüften. O ja. Die Mexikaner leben jetzt. Mit allen Sinnen, intensiv, draufgängerisch, sinnlich und sehr sexy.

»Es gibt viele Gründe zum Glücklichsein, überhaupt, dass ich lebe und dass ich dieses unglaubliche Leben genießen kann. In diesem Land, das uns wundervolle Dinge schenkt, wie die Sonne, die ständig scheint, und die liebevollen, sensiblen Menschen voll Wärme, die einen umgeben«, ruft Maria-Teresa, während sie mit ihrem Partner Conrado schon wieder das Tanzbein schwingt. Da ist sie wieder, diese »calidez humana«, dieser Zusammenhalt. Dieser enorme Glücksbooster. Sergio, der Ihnen bereits im dritten Kapitel begegnet ist, will eigentlich gerade wegfahren mit seinem großen, schwarzen SUV. Er steigt netterweise noch einmal aus. Wir treffen ihn in Polanco, der Edeleinkaufsmeile in Mexiko-Stadt. Gutaussehend, schwarze nach hinten gegelte Haare, hellblaue Krawatte. »Ja ich bin sehr glücklich. Viel davon hat mit dem Wesen der Mexikaner zu tun. Wir brauchen nicht so viele materielle Dinge zum Glücklichsein. Wir finden das Glück in anderen Dingen, die nicht wirtschaftlicher Natur sind. Mit Freunden zusammen zu sein, sich vergnügen und einander Witze erzählen liegt in unserer Natur. Das Haus, der Wagen, die Kleidung sind nicht wichtig. Man empfängt jeden, der aus einem anderen Land oder aus einer anderen Region kommt mit ausgebreiteten Armen. Man trinkt einen Kaffee zusammen, man hat Zeit für ihn. Das ist, was das Leben ausmacht. Es sind die einfachen Dinge des Lebens. Mexiko ist ein sehr liebevolles Land.« Kaum ein Land zeigt uns deutlicher, wie sehr die Mentalität der Menschen, die Sie täglich umgeben, Ihr Wohlbefinden beeinflusst.

Marta nickt. »Wir leben jetzt. Es gibt in Deutschland das Sprichwort: *Was du heute kannst besorgen, das verschiebe nicht auf morgen!* Wir haben ein anderes Sprichwort: *Schiebe nicht auf morgen, was du übermorgen kannst besorgen*. Es ist alles einfacher, langsamer, leichter.« Marta lacht verschmitzt. »Bei euch gibt es zu viel Stress, alles muss perfekt sein, pünktlich, sauber, ordentlich. Das sind große Werte, und die machen das Leben hart. Und die Konkurrenz, dieser Druck immer besser, größer, reicher zu sein ... Ich glaube, die Mexikaner begnügen sich mit viel weniger. Man hat Lust, etwas Schönes zu machen, in der Zukunft ein bisschen mehr Geld zu haben. Aber die Arbeit oder der Erfolg ist nicht das Wichtigste. Man nimmt alles viel lockerer. Viel einfacher, und vielleicht bringt das ein wenig mehr Glück ins Leben.«

Ich habe tatsächlich zwei faustgroße Tontotenköpfe für Elisa gekauft. Blau und rot und mit Blumen reich verziert. Sie stehen bei ihr auf der Fensterbank und erinnern uns daran, noch einmal zurückzukehren in das Land der 1000 Farben. In diesem Leben oder im nächsten.

12
Folge deinem Sinn

Mein Vater gab mir folgenden Rat, als ich klein war: Tue immer das, was du liebst. Dieser Rat hat mir in meinem Leben sehr geholfen, denn hier in Kanada gibt es unendlich viele Möglichkeiten.
Crake, Künstler, Pearl Island, Kanada

Rückreise von Melbourne über Shanghai und Peking nach Frankfurt. 32 Stunden hatte meine Hinreise gedauert. Ich mache es mir also schon mal an meinem Fensterplatz im Flugzeug gemütlich. Zurück nach Hause, doch noch lange nicht da. Neben mir sitzt ein 13-jähriges Mädchen. Lin heißt sie. Sie ist Chinesin und auch auf dem Weg nach Hause. Da ich über das tägliche Leben in China überhaupt nichts weiß, nutze ich die Gelegenheit und frage sie gnadenlos aus. Sie hat gerade acht Wochen lang alleine eine »Summerschool« in Australien absolviert. Natürlich wurde sie einige Schulklassen höher eingestuft als ihre gleichaltrigen australischen Mitschüler. Australien und China, denke ich lächelnd, da prallen zwei Welten aufeinander. Die Australier mit ihrer relaxten, freien Lebensart und die Chinesen – ja – mit was eigentlich?

»Sag mal, wie sieht denn dein Tag so aus?«, frage ich Lin ungeniert.

»Ich stehe um sechs Uhr auf, dann lerne ich und gehe zur Schule«

»Und nachmittags hast du frei?«

»Nein, ich lerne.«

»Aha – aber abends liest du ein Buch oder so?«

»Ich lerne.«

»Gut – hm – aber am Wochenende, machst du etwas Schönes?«

»Ich lerne.«

»Aber in den Ferien doch nicht, oder?«

»Die meisten von uns gehen in eine Sommerschule. Ich aber nicht«, erzählt sie stolz. »Ich möchte ja noch Kind sein.«

Das hast du doch irgendwo gelesen, denke ich mir. Schließlich kommst du doch gerade von so einer Summerschool …

»Hast du noch Geschwister?«, frage ich sie und beiße mir glatt auf die Lippe, bei dieser bescheuerten Frage. Aber sie ist schon raus.

»Nein. Wir haben die Ein-Kind-Politik«, sagt Lin neutral. Natürlich, die normalste Sache der Welt. Das kriegen wir in Deutschland aber auch ohne politisches Eingreifen prima hin.

Langsam beschleicht mich das Gefühl, neben einem kleinen, süßen Roboter gelandet zu sein. Bei aller Liebe zum Materialismus, die auch ich nicht ganz abgelegt habe, lasse ich den freudlosen Chinesen gerne den Vorrang im wirtschaftlichen Erfolg und internationalen Wettbewerb. Regiert die Welt: mechanisch und perfekt. Vielleicht habt ihr noch ein Leben nach diesem. Ich hingegen glaube, dass ich nur eines habe, und das möchte ich gerne mit einer sinnvollen Lebensaufgabe füllen!

So einfach kann ich aber meinen persönlichen Sinn dann doch nicht über den vermeintlich chinesischen Lebenszweck stellen. Bloß, weil sie ihr Leben anders einrichten, heißt das ja noch lange nicht, dass sie keinen Sinn sehen in dem, wonach sie streben. Nachdenklich schaue ich aus dem Fenster in die schwarze, sternlose Nacht. Gibt es einen falschen Sinn?

Besser noch, gibt es einen richtigen Sinn? Ist die Sinngebung »richtig«, die uns auch glücklich macht? Ich tendiere zu einem Ja. Würde mich dann aber gleich mit Alex, dem kanadischen Glücksforscher, herumschlagen müssen, der eindeutig sagt: Nicht nur der Lebenssinn ist ein guter, der glücklich macht. Alex würde mich mit seinem bezaubernden Lächeln auf den moralischen Aspekt der Sinnfrage weisen: »Es geht um das gute Leben für alle Menschen.« Okay, okay. Den tieferen Sinn im Leben für sich zu sehen macht eindeutig glücklich, er sollte dabei aber nie der Gemeinschaft Schaden zufügen. Einverstanden. Im Idealfall sollte die eigene Sinngebung sowohl meinem Glück als auch dem Glück anderer Menschen nutzen.

Dank des charmanten Einsatzes von Ana Maria, der Frau des Glücksforschers Eduardo Wills Herrera, bekomme ich in Bogotá einen Polizeileutnant vor die Linse: Yazar Vitar: »Ich glaube, ich bin glücklich, weil ich den Sinn des Lebens verstanden habe und weil ich weiß, dass ich nützlich für die Gesellschaft bin.« Breitbeinig steht er in seinen Schnürstiefeln vor mir, Hände korrekt auf dem Rücken, in seiner neongelben Polizeijacke, strammer, konzentrierter Blick, kein Lächeln: »Ich bin glücklich, weil ich fühle, dass ich einen Wert habe. Ich bin glücklich, weil ich weiß, wie man liebt und wie man verzeiht. Ich bin glücklich, weil ich das liebe, was ich mache. Ich bin glücklich, indem ich etwas Gutes für meine und für die kolumbianischen Familien tue.« Der Leutnant spricht zackig, ohne Zögern, und unmerklich nehme auch ich hinter meiner Kamera Haltung an. Beinahe militärisch schieße ich los: »Was ist dein Rat für die Deutschen? Wie können sie glücklicher sein?« – »Damit ein Land glücklich sein kann, benötigt es Zuneigung, Liebe, Humanitätsverständnis und Solidarität.« Zack! Alles klar?

Robert Boyd, ein Anwalt in dunkelblauem Anzug, Krawatte, mit braver Brille und ebenso bravem Seitenscheitel, denkt ähnlich, wenngleich weniger pathetisch. Ich fange ihn zur Mittagszeit vor seiner Kanzlei mitten in Montreal ab: »Es gibt eine Menge Dinge, die mich glücklich machen. Aber ich glaube, das Hauptelement ist, dich selbst zu verwirklichen. Etwas zu erreichen und das Gefühl zu haben, dass du zugleich etwas für die Gemeinschaft tust.«

Danach zu streben, der Beste zu sein oder der Reichste oder der Mächtigste, macht nicht selig, wenn es nicht im Kontext zu anderen Menschen steht. Und vielleicht landet deshalb Lin mit China nur auf einer durchschnittlichen 6,3 auf der Skala des Glücks der »World Database of Happiness«? Eduardo schaut mich nachdenklich an, als er während unseres Interviews an der Balustrade der Universidad de los Andes lehnt. »Wir lagen falsch, als wir die Entwicklung eines Landes und seiner Menschen mit dem Bruttoinlandsprodukt in Verbindung gebracht haben. Es ist nicht das Materielle, das glücklich macht und nach dem wir streben sollten. Deswegen fragen sich die Menschen heute, ob sie so eine Entwicklung weiterhin möchten oder ob sie sich als Menschen weiterentwickeln wollen, indem sie das Beste von sich geben und anderen helfen.«

Diese Entwicklung wird definitiv eine andere sein als die, die Lin jemals für sich anstreben wird, denke ich, als ich im verdunkelten Flieger auf die inzwischen eingeschlafene kleine Chinesin blicke.

»Um ein glückliches Leben zu führen, ist es wichtig, in ihm einen Sinn zu erkennen«, so Eduardo weiter. »Wir sind auf dieser Welt, um hinauszugehen. Nicht unbedingt in einem religiösen Sinne, aber wir müssen etwas bewirken. Und das passiert, wenn man zum Beispiel anderen Menschen hilft. In einem Land wie Kolumbien, in dem so viele Menschen bedürftig sind, sollte man versuchen zu helfen. Dich für andere Menschen einzusetzen kann dir helfen, deine innere Ruhe zu finden.«

Um ein glückliches Leben zu führen, ist es wichtig, in ihm einen Sinn zu erkennen, murmele ich Eduardos Worte noch einmal vor mich hin und schaue nachdenklich aus meinem Schreibcafé auf das Bonner Münster mit seinen zwei hohen Türmen und den filigranen Rundbögen. Warum habe ich um Himmels willen dieses Thema angeschnitten? Ich kann doch unmöglich die kommenden zehn Seiten mal kurz den Lebenssinn streifen? Doch wer über das Thema Glück schreibt, kommt scheinbar an der Sinnfrage nicht vorbei. Warum sollte es mir da besser gehen als anderen? Ich seufze hinter meinem Laptop. Vielleicht bestelle ich mir lieber noch einen Latte macchiato. Doppio! Ich frage kurzerhand einen charmanten 70+-Cafébesucher um Rat. Wie sich herausstellt, ist er Theologe. »Der Sinn des Lebens ist das Gespräch«, lautet die überzeugte Antwort. Ein anderer Gast, mit hellen, grünen Augen, lacht auf und ruft: »Gute Antwort. Da muss man erst mal drauf kommen.« Eine schöne Antwort, finde ich. Beinhaltet sie doch viele der Glücksmacher meiner Reise, wie Gemeinschaft, Konsens und Mitmenschlichkeit. Der Sinn des Lebens entsteht im Kontakt mit anderen Menschen. Damit könnte ich leben.

Wo beginnt aber Sinngebung, und wo hört sie auf? Eins ist auf jeden Fall klar: Wenn Sie Ihrem Leben keinen Sinn abgewinnen können, wird es auch schwierig mit dem Glücklichsein. Und letztendlich ist Sinn nicht mehr und nicht weniger als die persönliche Antwort auf die Frage: Warum bin ich hier? Was ist die Aufgabe meines Lebens? Was will ich bewirken? Oder aber: Worauf will ich zurückblicken können, wenn ich sterbe? Sinn ist am Ende Ihres Lebens Ihre ganz persönliche Antwort auf die Frage: *Ich war hier, weil …*

Wir alle haben das Bedürfnis zu wissen, wie unsere Bestimmung lautet. Ein Blick auf das Münster, 100 Meter von mir entfernt, erinnert mich daran, dass wir uns dieser Frage lange nicht stellen mussten, da der Glaube sie für uns beantwortet hat. Nur gilt dieser Glaube nicht mehr für alle Menschen. Viele glauben jetzt an »etwas«, an den großen Plan, nennen es Leben oder das Schicksal. Es ist eine ähnliche spirituelle Ebene wie der Glaube an Gott, der unser Bedürfnis stillt, uns in einem großen Ganzen aufgehoben zu wissen. Und diese Spiritualität kann sehr wichtig sein, so erklärt mir Robert Cummins, der vergnügte Glücksforscher Australiens. »Inwieweit sie das Glücksempfinden beeinflusst, ist noch nicht klar. Aber selbst wenn Spiritualität keinen Einfluss auf das subjektive Wohlbefinden hat, glaube ich trotzdem, dass sie die Resilienz eines Menschen stärken kann. Also die Gabe, sich selbst zu schützen, wenn es im Leben mal schiefläuft. Es besteht wenig Zweifel daran, dass Menschen, die sehr religiös sind, ihren Glauben nutzen, um ihr Leben zu meistern, wenn es hart wird.« So wie für Michael, den englischen Wahl-Dänen, der jetzt vor meiner Kamera sitzt: »Ich bete jeden Morgen am Fluss zum Heiligen Geist. Und wenn ich das nicht tue, dann vermisse ich etwas. Den ganzen Tag lang.« Ich muss Michael wohl etwas perplex angeschaut haben, hat er davor doch sehr bodenständige Dinge von sich gegeben, denn er fährt lachend fort: »Glück ist auch, dir selbst gegenüber ehrlich zu sein, woran du glaubst oder nicht. Ich vertraue darauf, dass mein Glück vom Heiligen Geist kommt. Sonst wäre mein Leben leer, und ein leeres Leben ist ein verlorenes Leben.« Ob der liebe Gott, der Heilige Geist, Allah oder einfach das Schicksal. Es ist der große, der allergrößte Kontext, in welchen Sie Ihr Leben setzen können. Es stärkt Sie sicherlich. Bei manchen geht es aber auch ohne.

Denn Menschen wie Mimi, die Tochter der norwegischen Korrespondentin Lotte, finden den Sinn auch im Göttlichen anderer Menschen. »Ich arbeite hart daran, die Möglichkeiten zu finden, das zu tun, was ich in meinem Leben möchte. Mein größter

Wunsch wäre es, dabei von Menschen umgeben zu sein, die mich inspirieren und mich zu einer besseren Person machen.«

Sinn ist nicht mehr als der Rahmen für den Entwurf Ihres Lebens: die Blaupause, die Sie vor das Licht eines Geschehnisses halten, um zu erkennen, ob das, was Ihnen wichtig ist, mit dem übereinstimmt, was Sie tun. Im 21. Jahrhundert gibt es nicht mehr den Sinn des Lebens für alle, sondern den Sinn Ihres Lebens nur für Sie. Wir leben in individualistischen Gesellschaften mit individuellen Sinngebungen. Sie verfolgen Ihre Ziele, weil Sie diese aus Ihrem eigenen Verständnis heraus als sinnvoll erachten und weil sie zu Ihnen passen. Ihr Ziel ist das, was man »Ihr Ding« nennt. Und wenn Sie Ihr Ding machen und in Ihrem Leben eine sinnvolle Aufgabe sehen, sind Sie bedeutend glücklicher, das hat auch die Glücksforschung ergeben.[27]

Und so ist es nicht erstaunlich, dass ein Merkmal der Depression die erfahrene Sinnlosigkeit ist. Wir brauchen einen Sinn, weil er uns das Gefühl vermittelt, dass wir unser Schicksal kontrollieren können. Erinnern Sie sich an Sara, die Lehrerin aus El Chorillo in Panama, die ihren Kindern beibringt, dass sie die Lichter seien, die das Dunkel dieses Ortes erhellen würden?

Haben wir keinen Sinn, an den wir uns klammern können, fühlen wir uns wie ein Spielball auf den Wogen unseres Lebens. Ihre Sinngebung ist immer Ihre Rechtfertigung für Ihr Handeln und gibt Ihrem Tun die Richtung vor, in die Sie paddeln müssen. Kelsey, ein junges Mädchen aus Kanada, welches ich in der Kleinstadt Brandon hinter der Bar einer freundlich eingerichteten Brasserie treffe, weiß genau, wohin ihre Reise geht »Mich macht es glücklich, ein Ziel zu haben. Jetzt arbeite ich gerade, um von dem Geld reisen zu können. Danach werde ich studieren, und das ist dann mein neues Ziel. Ja, ich glaube, dass dies die Motivation ist, die mich wirklich antreibt.« Wenn Sie Ihr Leben grob entworfen haben, wissen Sie schneller, was Ihnen wichtig ist. Wenn Sie den Zweck des Lebens gefunden haben, ist dies die beste Imprägnierung für die Gelassenheit Ihrer Seele. Alles für Sie Unwichtige perlt daran ab. Mariano, unser kritischer Glücksökonom aus Costa Rica, schaut wieder intensiv in die Kamera. »Manchmal sind wir in Eile und haben keine Zeit, anzuhalten und nachzudenken, was wirklich zählt. Doch wenn du innehältst und denkst: *Warte, ich mache eine Menge Dinge, die nicht relevant sind in meinem Leben,* dann wird sich dein Leben verändern. Ich habe aus meinen schlechten Momenten gelernt, keine beruflichen Angebote anzunehmen, die zwar mehr Status bedeuten würden, aber weniger Zeit für die Dinge, die mir wirklich wichtig sind im Leben.«

Auch Gerald Hüther, der Göttinger Neurobiologe,

sieht einen großen Vorteil darin, die persönliche Sinnfrage zu klären »Es ist offenbar so, dass jemand, der weiß, wofür er da ist, sich nicht mehr von anderen aufschwatzen lässt, worauf es im Leben ankommt. Der hat es sozusagen selbst gefunden.« Und das ist nach Herrn Hüther der Grund, weshalb auf die Sinnfrage in der heutigen Zeit nicht fokussiert wird. Sie würde den Konsum stören.

Geld und Materielles bekommen nämlich dann eine hohe Priorität, wenn es uns an Sinnhaftigkeit fehlt. »Und da würde der Hirnforscher wieder sagen: Dafür, dass man sich ein schönes Leben machen, möglichst viel Freizeit genießen und den ganzen Tag shoppen will, dafür strengt sich das Hirn nicht an. Dafür braucht es keine neuen Vernetzungen. Dafür braucht es keine neuen Erfahrungen. Da könnte es einfach so weitermachen wie bisher. Dann bleibt es im Energiesparmodus: im Sessel, auf der Couch, vorm Fernseher.« Das kann nicht die Aufgabe Ihres Lebens sein. Sie sind nicht mit all Ihrem Potential auf die Erde geschleudert worden, um dann einfach vorm Fernseher sitzen zu bleiben.

Wir sind hier, um über uns hinauszuwachsen … Auch wenn der Lebenssinn Sie manchmal zu Aufgaben zwingt, die anstrengend und im Moment selbst alles andere als glücksbringend sind. Kinder machen zum Beispiel – unterm Strich – nicht glücklich. Aber auch nicht unglücklich. Immerhin. »Sich für Kinder zu entscheiden ist eine der wichtigsten Entscheidungen im Leben. Es gibt einen Höhepunkt in der Schwangerschaft und nach der Geburt, aber dann sinkt das Glücksniveau im Schnitt um 0,5 Punkte. Erst wenn die Kinder aus dem Haus sind, steigt es wieder.« Ruut, der Begründer der »World Database of Happiness«, lacht in sich hinein. Er ist selbst Papa und weiß anscheinend, wovon er spricht. Das Sinn-Niveau hingegen steigt bei der Geburt des Kindes und bleibt anhaltend hoch. Kinder geben Ihrem Leben einen tiefen Sinn und eine Richtung. Das wiederum macht glücklich. Aber jetzt bitte keine Kinder zeugen, nur weil Sie nach dem Sinn des Lebens suchen!

»Unsere Arbeit an der Verwirklichung eines sinnvollen Lebenstraums ist eine der wichtigsten Strategien für ein dauerhaft glücklicheres Leben«, so die amerikanische Glücksforscherin Sonja Lyubomirsky in ihrem Buch »Glücklich sein. Warum Sie es in der Hand haben, zufrieden zu leben«. Das kann mitunter sehr viel Energie kosten, wie mich zum Beispiel meine Reisevorbereitungen, doch »Wer ein Warum zu leben hat, erträgt fast jedes Wie«, sagte bereits Friedrich Nietzsche. »Ich arbeite in der Kirche, weil es mir gefällt, und nicht, weil ich nichts Besseres bekommen kann«, so Griselda Miranda aus El Chorillo in Panama-Stadt. »Ich hatte schon bessere Jobs, bei denen man mir sehr viel mehr bezahlt hat. Aber bei dieser Arbeit tue ich, was mir Spaß macht. Ich gehe zu den Menschen ins Gefängnis, ich kann anderen helfen und ich kann am Leben der Kirche teilhaben.«

Auch ihr finanziell um einiges besser gestellter Landesgenosse Humberto stellt sich am darauffolgenden Tag die Sinnfrage, als ich ihn in seinem Autohaus besuche. »Ich bin ein später Babyboomer und im Bewusstsein erzogen worden: Du gehst zur Schule, machst die Uni und einen guten Abschluss. Dann bekommst du einen guten Job, ein gutes Gehalt, dann kannst du die Familie unterhalten. Sehr deutsch«, lacht Humberto entschuldigend. »Vor einem Jahren habe ich mein Leben reflektiert und dachte: *Ich mag es, hart zu arbeiten und Dinge zu erreichen. Alles fein und cool, aber was habe ich davon? Habe ich genug Freude an meinem Leben? Ich möchte mehr Zeit mit meiner Familie, mehr Zeit für Urlaub, mehr Zeit, zu tun, was immer ich möchte.* Ich koche gerne mit meiner Familie. *Let's cook,* sagen wir dann und hören Musik, tanzen und trinken Wein.«

Adam sitzt bei seinem *morning coffee*, als ich ihn mitten in Melbourne überfalle. Der Mittvierziger hat ein schmales Gesicht, ein schiefes Lächeln auf den Lippen und sitzt in seinem schicken, leicht glänzend-grauen Anzug mit einem Kollegen auf der Terrasse. Adam ist ein typischer Australier mit relativierendem britischem Humor. Er ist voll bei der

Sache, lehnt sich engagiert halb über den Tisch zur Kamera hin und dreht immer wieder energisch an seiner, Gott sei Dank, leeren Kaffeetasse. Er trainiert Anwälte darin, »gut zu sein, bevor sie ziemlich eklig werden«. Adam lacht. Die Frage eines glücklichen Lebens beschäftigt ihn schon seit geraumer Zeit. »Du arbeitest so hart, und dann kommst du an den Punkt, an dem das alles seine Wichtigkeit verliert. Du fragst dich: Warum mache ich das alles? Und du fängst an, dir die größte Frage zu stellen. Die Frage nach dem Sinn.« Er legt nachdenklich seinen Zeigefinger auf die Nase und schaut an mir vorbei auf Melbournes Straßen. »Ich glaube, langfristig geht es um deine Beziehungen, deine Familie, deine Kinder. Ich helfe regelmäßig einer älteren Person. Ich habe selbst kleine Kinder, und in meinem Leben befinden sich eine Menge unterschiedlicher Menschen, die ich begleite und um die ich mich kümmere. Das sind greifbare Dinge, die mich letztendlich glücklich machen. Es geht nicht um die Cornflakes-Packung mit Instant-Glücksflocken drin, sondern um eine große Vision. So empfinde ich das zumindest.« Viele große australische Anwaltskanzleien scheinen ihren Anwälten die Möglichkeit zu geben, sich während ihrer Arbeitszeit sozial zu engagieren, indem sie weniger wohlhabende Menschen kostenfrei beraten. »Anderen Menschen zu helfen ist der Schlüssel zum Glück, oder?«, fragt Adam und zwinkert mir lächelnd zu.

Wenn Sie den Sinn suchen, dann sorgen Sie dafür, dass Sie bedeutungsvoll werden. Für sich selbst und für Ihre Nächsten. Sinnhaftigkeit scheint am glücklichsten zu machen, wenn Sie Selbstentfaltung mit Altruismus verbinden. Genau so gilt es für Rainer aus Dänemark. Der Ingenieur lehnt sich zurück in seine dunkelbraune Korbcouch, legt den Arm um seine Frau und schaut in seinen schönen Garten. »Freiwillige Arbeit ist hier ganz selbstverständlich. Die meisten Dänen sind Mitglied in gemeinnützigen Vereinen. Sie lieben es, Dinge für Kinder zu organisieren. Sogar der Staat baut darauf, dass die Menschen hier etwas beitragen. Und es gewinnt ja jeder dabei. Am Ende des Tages freue ich mich, etwas geschafft zu haben, und andere freuen sich darüber, dass sie einen schönen Tag gehabt haben.«

Glücksbringender Sinn setzt sich aus zwei Komponenten zusammen: Du und Ich. Und reiht sich so perfekt in die Kapitel des Glücks. Gerald Hüther erklärt, wieso: »Es sind immer diese beiden Grundbedürfnisse, die gestillt sein müssen. Auf der einen Seite dieses Bedürfnis nach Verbundenheit. Und auf der anderen Seite das Bedürfnis nach Autonomie. Wenn das beides erfüllt wird, dann entwickelt sich ein Mensch. Und sonderbarerweise ist er dann auch glücklich. Und sonderbarerweise bleibt er dann auch gesund.«

Egoismus und Altruismus verbinden sich meist

in einer einzigen Sinngebung. Auch in meinem Fall: Diese Reise zu unternehmen entsprach meinem Wesen. Ich konnte meine Neugier stillen, Neues erfahren, stand in gewisser Weise im Mittelpunkt, wurde selbst inspiriert und hatte genug Stoff, um ein Buch zu schreiben. Das wollte ich schon immer einmal tun. Diese Reise war also ein Stück weit meine egoistische Selbstverwirklichung.

Bah! Pfui!

Auf der anderen Seite wurde ich getrieben, wirklich herauszufinden, was wir von anderen Menschen lernen und wie wir eine glücklichere Gesellschaft werden können. Dafür habe ich auf der Reise meine gesamte Energie aufgebracht, bin hinter meiner Kamera auf die Knie gesunken und in die gefährlichen Stadtteile gefahren. Und dafür habe ich mir jetzt die Nächte schreibend um die Ohren geschlagen.

Bin ich nun ein egoistischer Gutmensch oder ein aufopferungsvoller Egomane? Keins von beiden. Ich bin menschlich wie Sie. Wir werden alle von unseren Visionen angetrieben – bzw. es wäre schön, wenn es so wäre. Und dieser Antrieb kommt von innen, wir tun es um unserer selbst willen. Schließlich sehen auch nur wir persönlich den Sinn darin. Deshalb sind wir alle ein Stück eigennützig. Wir fühlen den Drang, uns weiterzuentwickeln, und das ist völlig in Ordnung. Seien Sie nachsichtig mit mir und sich selbst. Wir tun nie etwas *nur* für andere. Allein schon, indem wir anderen behilflich sind, tun wir auch immer etwas für uns. Auch Nicolás Rodriguez, ein Bekannter von Eduardo, dem Glücksforscher aus Bogotá, sieht das so. Im T-Shirt steht der ernste Student vor mir, während ich schon wieder unter einer dicken Lage Pullover hinter der Kamera bibbere. »Am glücklichsten macht mich das Arbeiten für Gemeinschaften, die unsere Unterstützung brauchen. Zu erfahren, wie ich andern Menschen helfen kann, bedeutet für mich Lebensglück.«

Sie sind Geschäftsführer eines großen Unternehmens und stehen gerne im Mittelpunkt? Völlig okay. Und zugleich lieben Sie Ihre Belegschaft und sorgen sich um deren Familien? Exzellent. Sie geben als Lehrerin täglich alles? Phantastisch. Und Sie würden dafür gerne mehr Anerkennung ernten? Ja, da haben Sie tatsächlich ein Recht drauf. Wir geben und nehmen immer zur gleichen Zeit. Das Leben hat immer zwei Seiten. Die Kunst besteht darin, beide Seiten miteinander zu verbinden. Und das geschieht, wenn wir das teilen, was wir haben. Wenn wir geben, werden wir bedeutungsvoll für andere und für uns selbst. Und das ist der Grund, weshalb Geben seliger ist als Nehmen. Weil davon immer zwei profitieren: derjenige, der gibt, und der, der empfängt.

Wie können Sie Ihren Sinn finden? Fragen Sie sich, auf was für ein Leben Sie zurückblicken möchten, wenn Sie einmal alt sind. Welche Geschichten wollen Sie Ihren Enkeln oder anderen erzählen können? Beginnen Sie noch heute, das Leben zu leben, von dem Sie anderen später gerne berichten möchten. Ich möchte noch lange von meiner Reise berichten, die ich nicht hätte machen können ohne finanzielles Risiko. Das ist erträglich. Unerträglich wäre für mich die Vorstellung, meinen Enkeln und mir einmal eingestehen zu müssen, dass ich nicht den Mumm gehabt habe, meinen Traum zu verwirklichen. Seien Sie mutig. Suchen Sie nach Ihrem Sinn und Ihrer Aufgabe auf dieser Erde. Und dann: Reisen auch Sie durch Ihr Leben.

Kolumbien – Jeder Tag ein Segen

Das hat jetzt irgendwie nicht geklappt. Ich stehe morgens um acht Uhr am Flughafen von Bogotá, kann aber Eduardos Chauffeur nirgendwo entdecken. Mit einem etwas mulmigen Gefühl nehme ich irgendein Taxi. In die Stadt brauchen wir ungefähr 30 Minuten. Genug Zeit für ein kleines Interview! Und Omar, der kleine, dünne Taxifahrer, den ich mir ausgesucht habe, ist einverstanden. Erst einmal habe ich aber ein anderes Anliegen, denn ich friere wie ein Schneider.

»Ganz schön frisch hier. Das wird aber gegen Abend noch wärmer, oder?«, frage ich Omar hoffnungsvoll.

»Mas frío. Kälter«, antwortet Omar knapp.

»Kälter?«, quietsche ich entsetzt. Ich muss mich wohl verhört haben.

»Kälter. Nach sechs Uhr abends wird es kälter.«

Mir schwant Böses: »Auf wie viel Metern befinden wir uns?«

»2600 Meter.«

Ich hätte mich vorher informieren sollen. In Kolumbien gibt es verschiedene Klimazonen, von der *terra caliente* bis 1000 Meter und Temperaturen bis 30 °C und eben der *terra fria* ab 2400 Metern mit bis zu 17 °C. Nach der feuchten Hitze Panamas ist das frische Klima Kolumbiens bestimmt für viele Menschen eine Wohltat. Für mich nicht. Ich halte von der Rückbank aus meine Kamera auf Omars Profil und frage auch ihn, warum die Kolumbianer so glücklich sind. »Wir haben viel Spaß, wir lachen viel, die Menschen hier gehen spielerisch miteinander um. Deswegen sind wir selten schlecht gelaunt und bieten immer einen guten Service. Wenn wir beim Arbeiten glücklich sind, merkt das der Kunde und wird auch glücklich. Man muss seine Arbeit gern machen, glücklich dabei sein.« Jeder Organisationsberater würde Omar, ohne zu zögern, zustimmen.

Aber nicht jede Gewerkschaft: Omars Arbeitstag beginnt um vier Uhr morgens und endet erst um 22 Uhr. Sechs Tage die Woche – auch an Feiertagen. »Das Geld reicht gerade so zum Leben. Mein Traum wäre es, ein eigenes Taxi zu besitzen. Dann wäre ich unabhängig und müsste nur noch von acht Uhr bis 20 Uhr arbeiten.«

Trotz der harten Arbeitsbedingungen liebt Omar sein Land tief und innig. »Unser Land ist wundervoll, sehr grün und voller Natur.« Er weist mit großer Geste aus den blitzblanken Fenstern seines Taxis. Am Rückspiegel baumeln ein Marienbild und ein Kreuz. Wir blicken zusammen auf die saftig grünen Bergketten rund um Bogotá. Mehr als die Hälfte Kolumbiens wird von traumhaften Regenwäldern bedeckt. Toll, aber nicht ungefährlich, werfe ich ein. Kolumbien soll ja ein gefährliches Pflaster sein. Energisch winkt Omar ab. Es sei genau das Gegenteil. »Seitdem viele Banden und Verbrecher hinter Gitter gebracht wurden, sieht es anders aus. Früher konnte man nicht durch das Land fahren, weil man Angst haben musste, aber das ist nicht mehr so. Heutzutage kann man überall hin.« Jaja, denke ich mir, das haben sie mir in »El Chorillo« in Panama auch gesagt ... In Kolumbien werden jährlich an die 3000 Menschen entführt. Viele kehren nie mehr lebend zurück.

Eine halbe Stunde später stehe ich bei Verena vor der Tür. Die junge, vergnügte österreichische Frau um die 30 hat mir spontan angeboten, bei ihr zu übernachten, nachdem ich über eine internationale Internetplattform um Mithilfe bei meinem Projekt gebeten hatte. Verena ist seit zwei Jahren Gastprofessorin für Logistik an der Universidad de los Andes in Bogotá. Sie nickt, als ich sie auf die Sicherheitslage anspreche: »Es ist besser geworden, aber du siehst immer noch die seltsamen Auswüchse dieser gewaltreichen Zeit. Am Anfang dachte ich, die spinnen bei mir an der Uni! Da telefonieren die Kolumbianer ein paarmal pro Tag miteinander und sagen dann nicht mehr als *Ja, also ich geh jetzt essen, Ich bin wieder da, Ich gehe jetzt einkaufen*. Aber das ist natürlich verständlich. Noch vor ein paar Jahren war Kolumbien so gefährlich, dass jedes Familienmitglied immer genau wissen musste, wann sich wer wo aufhält.« Kolumbien befindet sich seit 50 Jahren im längsten Bürgerkrieg der Welt. Seither sind über 200 000 Menschen gestorben, viele von ihnen wurden von der Farc getötet, den »Revolutionären Streitkräften Kolumbiens«, die irgendwann einmal angetreten waren, um die Rechte der Armen zu verteidigen und inzwischen beim Drogengeschäft kräftig mitmischen. Kolumbien ist der größte Kokainproduzent der Welt. Zwar verhandeln Farc und Regierung seit November 2012 wieder miteinander, doch die Gewalt bleibt eine schwelende Wunde im Herzen Kolumbiens.

Abends liege ich noch lange wach. Wie viel Lebensdurst und Kraft muss ein Volk besitzen, um vor diesem Hintergrund auf Platz zwölf der »World Database of Happiness« zu landen? Und wie peinlich erscheint mir vor diesem Hintergrund, mit Verlaub, unser wehleidiges Jammern in Deutschland ... Bekleidet mit zwei Langarm-Shirts, langer Hose und Socken, und mit meiner Reisewärmflasche an den Füßen verkrieche ich mich bibbernd vor Kälte in meinen Schlafsack. Morgen muss ich unbedingt als Erstes einen Pulli kaufen, jammere ich noch wehleidig, bevor ich einschlafe.

Pünktlich, wirklich pünktlich, klingelt es am nächsten Morgen an Verenas Tür. Fast bin ich ein wenig enttäuscht. Wie bitte schön soll ich die kulturellen Unterschiede aufzeigen, wenn die Kolumbianer sich deutscher verhalten als die Deutschen? Vor der Tür stehen Eduardo und Ana

Maria. Beide lächeln mich bezaubernd an, Küsschen hier und Küsschen da. Sie sind mir gleich sympathisch. Mit Eduardo hatte ich bereits regen E-Mail-Kontakt. Als ich ihn vorab um einen Text für meine Facebookseite »thehappyones« bitte, schickt er mir Folgendes: »Kolumbien ist ein phantastisches, aber paradoxes Land. Seine Bewohner sind berühmt für ihre Gastfreundschaft und Lebensfreude. Trotz des langandauernden sozialen Konflikts, der sozialen Ungleichheit und der Armut in vielen Regionen des Landes sind die Bewohner überdurchschnittlich glücklich. Ihre sozialen Kontakte, ihr Familiensinn, ihr Ideenreichtum und ihr Überlebenswille sind der Grund dafür.« Ich bin gespannt auf das Land, das dieses nette Paar mir zeigen möchte. Eduardo Wills Herrera ist Professor an der Managementschule der Universidad de los Andes in Bogotá. Darüber hinaus hat er unter anderem für die Regierung als Direktor des Entwicklungsplans für die armen und konfliktreichen Regionen des Landes gearbeitet. »Wir haben uns um die Bauern und die indigene Bevölkerung in den Konfliktgebieten gekümmert und wollten dort die Infrastruktur, Straßen, Schulen und die Wasserversorgung, verbessern. Wir haben uns mit ihnen getroffen, um zu erfahren, was für sie am wichtigsten ist. Was mir damals immer deutlicher bewusst wurde, war, dass die Menschen zwar materielle Sachen brauchten, aber dass andere Dinge viel wichtiger für sie waren. Zum Beispiel, dass sie würdevoll und als Menschen behandelt werden und dass die

Regierung sie mit einbezieht. Und ich habe angefangen, daran zu zweifeln, ob es richtig ist, sie nur materiell zufriedenzustellen, ohne auch diese subjektiven Bedürfnisse zu berücksichtigen. Seitdem beschäftige ich mich mit den Themen Glück und Zufriedenheit.«

Und Eduardo, bist du glücklich? Der sympathische Mittfünfziger mit sanften Augen und graumelierten Haaren antwortet sehr ehrlich: »Ich würde mich nicht als den glücklichsten Mann der Welt beschreiben. Aber ich durfte immer das machen, was ich wollte, und an einer Universität zu arbeiten ist phantastisch. Ich habe eine tolle Frau, zwei wunderbare Kinder.« Eduardo schaut mich kritisch an. »Es geht nicht darum, das ganze Leben über ständig glücklich zu sein, das, glaube ich, ist unmöglich. Glück ist ein tägliches Streben danach, ein besserer Mensch zu werden und Hindernisse zu überwinden.« Ich schaue ihn nachdenklich an. Glück kommt nicht von alleine, da muss man sich schon für anstrengen. Inzwischen haben die zwei mich zu einem typisch kolumbianischen Essen eingeladen, und ich wälze meine Zunge in einem unbekannten Geschmackserlebnis von »ajiaco«, einer typischen Suppe aus Kartoffeln, mir unbekannten Kräutern, Huhn, Kapern, Milch und tropischen Früchten.

Ich bitte ihn, mir währenddessen den Kern der kolumbianischen Seele zu beschreiben. Hoppla! Da wird er auf einmal lyrisch. »Wenn du Gabriel García Márquez, den größten Schriftsteller Kolumbiens, liest, dann sind seine Bücher voller Magie. Sie haben einen Sinn für Geheimnisse und sind voller Farben. Wenn du deutsche Literatur liest, findest du oft eine schwere Literatur, existentielle Fragen, große Fragen, Unschlüssigkeit. Darin unterscheiden sich unsere Länder. Kolumbien ist ein musikalisches Land. Die Menschen hier tanzen, singen, machen Musik und stellen sich so dem Leben mit einem Lächeln in den Augen.«

Am nächsten Tag ist Jonathan mein Fremdenführer. Eduardo hat ihn gebeten, mich bei meinen Interviews zu unterstützen. Der wohlerzogene junge Jurastudent mit Jeans und rotem Kapuzenpullover sieht recht unerschrocken aus, und so bitte ich ihn in eins der ärmeren Viertel zu fahren. 40 Minuten später halten wir irgendwo an einer bunt angemalten Werkstatt, vor der ein kleiner Mann um die 60 steht, der einen braunen, speckigen Overall trägt, auf dem man die schwarzen Spuren seiner abgewischten Hände sieht: Jaime Dario Rincón. Braungebrannt mit schneeweißem Haar, die Hände hinter dem Rücken gefaltet, mit einem liebenswerten Lächeln auf den Lippen. Der ideale Opa. Ich würde ihm, ohne zu zögern, für ein paar Stunden meine Tochter anvertrauen. »Ich habe diese Werkstatt, um meinen Lebensunterhalt zu verdienen und den Bogotanern zu dienen.« Nanu, denke ich mir, das ist ja eine interessante Jobumschreibung. »Bist du zufrieden mit deinem Leben?«, frage ich ihn. »Claro que sí! Mit allem, was Gott mir gegeben hat. Ich kann nicht mehr vom Leben erwarten, weil er mir schon Gesundheit gegeben hat. Ich bin zu 100 Prozent glücklich. Den Deutschen würde ich sagen wollen, dass das Leben nicht nur zum Arbeiten und Schlafen geschaffen wurde, sondern um es zu genießen und zu teilen. Man sollte immer freundlich sein und nicht verbittert. Man muss die ganze Zeit lächeln.« Ich bedanke mich und möchte gerade gehen, da zupft Jaime mich noch am Ärmel: »Du kannst hier nicht alleine mit der Kamera durch das Viertel gehen. Du musst die Polizei bitten, dich zu begleiten!«

Gesagt, getan. Wir fahren zur Polizeiwache und bitten um Hilfe. Die Polizei hat dazu allerdings keine Lust, will aber im Gegenzug meinen Ausweis sehen und erteilt mir das Verbot, in irgendeiner Weise ihre Wache zu filmen. Aha, sie sind damit beschäftigt, sich selbst zu schützen. Muss man verstehen. In dieser Umgebung. Das Viertel ist heruntergekommen, die Straßen ungeteert, der Putz bröckelt von den Wänden. Alleine würde ich in keine der engen Seitenstraßen auch nur einen Schritt tun. Wir bleiben in Sichtweite der Wache und mischen uns unter ein paar Straßenverkäufer, die mich sogleich umringen. Sie sind neugierig, herzlich und sehr höflich. Ein paar Mädchen wollen ein Foto mit mir machen. Diese Menschen sind ein besserer Schutz als jede Polizei.

Ein begeisterter Melonenverkäufer lädt alle Deutschen ein, in dieses tolle Land zu kommen. Jonathan erklärt ihm noch mal, dass das kein Werbefilm für Kolumbien werden soll. Daraufhin wird er ernster, aber der sprühende Enthusiasmus Kolumbiens bleibt. Hören Sie selbst: »Mein Name ist José Wilson Muñoz Ordoñez, sí signora. Wir sind ein glückliches Land, denn wir haben eine gute Atmosphäre, *buena vibra*. Wir sind fröhlich, und wir feiern viel. Wir sind sehr freundlich und zuvorkommend, und das alles macht uns besonders. Im Leben geht es darum, mit seinen Mitmenschen zu teilen, einander mit Liebe und Zuneigung zu begegnen und immer vergnügt zu sein. Signora, die Gelassenheit, mit der wir dem Leben begegnen, macht uns glücklich. Wir nehmen alles, wie es kommt. Der Rat, den ich den Deutschen schenken würde, wäre: Ihr solltet jeden Tag bewundern, von morgens bis zum Abend, auch wenn ihr viele Probleme habt. Nehmt eure Mitmenschen in euer Herz auf. Seid niemals grob oder verbittert. Man muss jeden Augenblick genießen! Das Leben ist wunderschön und jeder Tag ein Segen.«

13
Mein Glück ist dein Glück

Als wir klein waren, kam mein Vater nach der Arbeit nach Hause, hat Musik angemacht und uns das Tanzen beigebracht.
Ana María, Rechtsanwältin, Bogotá, Kolumbien

Lateinamerika und seine Menschen spuken noch immer durch meine Gedanken. Viel zu schnell sind die drei Wochen vorübergegangen. Den Geschmack der herrlichen frischen Früchte auf der Zunge, das andauernde Heulen von Polizeisirenen im Ohr, die Liebenswürdigkeit der Menschen und ihre erstaunlich andere Sicht auf das Leben im Herzen, so sitze ich wehmütig im Flieger.

Am Sonntagmorgen, 7.55 Uhr, berührt mein Flugzeug den Frankfurter Boden. Zu Hause. Sogleich macht sich die gewohnte Unruhe bemerkbar und reißt mich aus meinen Träumen. Müll wird ganz schnell noch zwischen die Broschüren des Vordersitzes gestopft, Sitzgurte mit verstohlenem Blick auf andere Mitreisende zu früh gelöst, Handys heimlich angeschaltet und beim Ertönen der Einschaltmelodie schnell verschämt unterm Oberschenkel versteckt. Einige scharren bereits gedanklich mit den Hufen. Freudige Erwartung verbreitet sich. Endlich erlischt das Zeichen zum Anschnallen, und die meisten Fluggäste fangen an, sich mit geduckten Köpfen in Richtung Gang zu quälen. Ich habe keinen Anschlussflug und auch keine Lust, erst im Gang und dann später wieder am Gepäckband herumzustehen. Hier sitze ich gut, hier bleibe ich sitzen, blättere ein wenig im Flugmagazin und werfe ab und an über meine Zeitschrift hinweg einen kurzen Blick in Richtung Gang. Wie meistens wird es eng und nichts geht voran. Geschätzte 15 überwiegend lateinamerikanische Nationalitäten harren unter fröhlichem Geplapper gelassen aus. Wären da nicht diese zwei Personen mit identischem Handgepäck gewesen. Die zwei Pappnasen haben ihre Koffer vertauscht. Unter Lachen werden die Koffer wieder zurückgegeben. Dabei versperren sie den linken Gang, während der rechte langsam weitertippelt. Unsere Reihe wartet geduldig. Außer einem, Mitte 40, mittelgroß, kaum Haare auf dem Kopf. Er beginnt zu stöhnen. Er schaut hibbelig rechts vorbei, links vorbei. Er seufzt, diesmal lauter. Die Aufmerksamkeit verlagert sich auf ihn. Er stört. Er stört die gesamte Seelenruhe der übrigen Fluggäste. Er verdreht die Augen. Dann lamentiert er lauthals »Das gibt's doch nicht! Ich glaub, ich krieg die Krise!« Auf Deutsch. Ich versinke langsam im Sitz und verstecke mich unauffällig hinter meinem Flugmagazin.

»Ich probiere immer, anderen Menschen einen schönen Tag zu bereiten. Glück ist einfach, wenn du die Straße hinunterläufst und hallo zu jemandem sagst. Ich sage sehr oft hallo. Damit mache ich Menschen glücklich, denn ich sage es glücklich.« Michael, der Restaurantbesitzer aus Århus, grüßt ein paar Gäste freundlich und bedeutet ihnen, ruhig mitten durch mein Bild zu laufen … »Glück ist beides: Glück zu geben und Dinge zu tun, die dich selbst glücklich machen. Und Glück ist, anderen etwas zu geben und wiederum selbst glücklich zu werden durch die Energie und das Feedback, das zurückkommt.« Wir sind keine Einzelwesen. Wir beeinflussen einander. Leider hatten wir dafür lange Zeit keinen wissenschaftlichen Beweis. Und den brauchen wir heutzutage absurderweise als Bestätigung für alles, was wir intuitiv eh schon wissen. Michaels Glück ist das Glück, das er gibt und so wieder zurückerhält. Und damit hat er einen ganz empfindlichen Punkt Ihrer sozialen Verantwortung angeschnitten. Sie sind mitverantwortlich für das Glück Ihrer Mitmenschen. Denn das, was Sie ausstrahlen, beeinflusst die Menschen, die um Sie sind. Die Wissenschaft nähert sich tatsächlich dem empirischen Beweis dafür. Spätestens mit der Entdeckung des Spiegelneurons bei Affen 1992 wurde man hellhörig. Man fand heraus: Das Gehirn ist ein soziales Konstrukt. Was war passiert? Man erkannte mit Hilfe bildgebender Verfahren erst bei den Äffchen, später auch bei Menschen, dass allein das Beobachten einer Handlung, zum Beispiel das Ergreifen einer Nuss, schon zu ähnlichen neurobiologischen Abläufen im Gehirn führt, wie wenn die Handlung selbst ausgeführt wird. Wenn Sie sehen, dass jemand nach einer Flasche Wasser greift, dann laufen in Ihrem Gehirn ähnliche Prozesse ab, wie wenn Sie selbst zur Flasche greifen würden. Egal, ob derjenige, den wir beobachten, die Flasche elegant am Flaschenhals zwischen zwei Fingern aufgabelt oder mit zwei Händen am Flaschenbauch packt. Auch wenn Sie selbst regungslos sitzen bleiben und die Handlung nur beobachten. Ihr Gehirn verrichtet spontan die gleiche Bewegung als eine Art Trockenübung. Wir erleben Handlungen anderer also mit.

Aber wie sieht es jetzt mit Emotionen aus, zum Beispiel denen unseres miesepetrigen Fluggastes? Reagiert unser Gehirn darauf genau so, als wären wir selbst so schlecht drauf? Oder im positiven Sinne: Lächle ich innerlich neuronal mit anderen mit und fühle mich dadurch besser, wenn mich jemand anlächelt? Professor Christian Keysers, der in den Niederlanden auf diesem Gebiet forscht, gibt in seinem Buch »Unser emphatisches Gehirn: Warum wir verstehen, was andere fühlen« die Antwort. »Wenn wir Emotionen anderer Menschen erleben, sorgt unser Gehirn dafür, dass wir sie mitempfinden.« Die Antwort lautet also: Ja. Das Hirn aktiviert dann Regionen, die normalerweise für das eigene Erleben solcher Emotionen zuständig sind. Wir fühlen mit anderen. Und somit beeinflussen Launen anderer Ihr Empfinden, und Ihre Launen färben wiederum auf andere Menschen ab. »Wenn ich sehe, dass andere Menschen froh sind, und ich einen Teil dazu beitragen konnte, dann bringt mir das Freude und Glück«, so Jorge, der liebevolle Rentner mit den Eiskratzern und den Eiern. Und indem der Beobachter den positiven Gesichtsausdruck einer Person automatisch nachahmt, wird er selbst wieder zum Sender. So entsteht zwischen den Personen eine positive Feedbackschleife. Oder eine negative. Wenn Sie Ihrem Unmut Luft machen, wie unser Flugpassagier, dann beeinflussen Sie damit das Gefühlsniveau der Menschen in Ihrer direkten Umgebung.

Und so etwas kann eine negative Kettenreaktion auslösen. Stellen Sie sich vor: Ihr Chef hat schlechte Laune. Sie fühlen die Spannung in der Teambesprechung, werden deprimiert und bekommen Kopfweh. Zu Hause motzen Sie erst einmal Ihre Tochter an, weil Sie über deren Schuhe gestolpert sind, und knallen die Tür hinter sich zu. Ihre Tochter fängt an zu heulen, Ihr Partner wird sauer und schmeißt Ihnen den Hund hinterher … Brauchen wir für diese Mechanismen wirklich einen wissenschaftlichen Beweis? Hand aufs Herz: Sie wissen auch so, dass Sie andere beeinflussen. Es gibt definitiv kein »du hier –

ich da«. Kein: drinnen meine Welt, draußen die der anderen. Wir sind alle auch ein Stück von anderen Menschen.

Haben wir also die Pflicht, glücklich zu sein? Oder kein Recht, unglücklich zu sein? Wir haben die Pflicht und die Verantwortung, uns selbst und den Mitmenschen gegenüber, so glücklich wie möglich zu sein, daran glaube ich. Zusammen mit einer Menge anderer Menschen – in Mexiko zum Beispiel.

Wie kann man nur so ein breites Grinsen haben, denke ich mir hinter meiner Kamera, als ich das erotisch tanzende Pärchen mitten in Mexiko-Stadt von der Tanzfläche pflücke. Conrado heißt der Mann, schmal, groß, graue Haare und buchstäblich ein Grinsen von einem Ohr zum anderen. »Mein Glück kommt aus meinem positiven Lebensgefühl, der Gabe zu geben, dem Gefühl des Miteinanders. Wir haben die Aufgabe, den Samen des Glücks weiterzugeben. Geben, nur um des Gebens willen, ohne etwas dafür zu verlangen.« Glück scheint der ideale Klebstoff für Gesellschaften zu sein. Finden auch die Einwohner Panamas. »Es ist für uns Panameños wichtig, ständig in Beziehung zu andern zu stehen. Weil ich glaube, dass Fröhlichkeit und Glücklichsein etwas ist, das ansteckt. Wenn einer glücklich ist, ist er in der Lage, jemand anderem, der unglücklich ist, ein wenig von diesem Glück weiterzureichen«, so

Sara, die Lehrerin aus dem gefährlichen Stadtteil »El Chorillo«.

Und nein, Sie müssen bitte nicht alle als kleine gelbe Smileys durch die Gegend hopsen. Jeder hat das Recht, auch mal mies drauf zu sein. Und es ist ja manchmal auch richtig reinigend, sich durch ein tiefes Jammertal zu wälzen. Aber nicht ständig und nicht zu lange. Versuchen Sie immer wieder, sich am Schopfe aus dem Gefühlssumpf zu ziehen. Nicht nur um Ihrer selbst willen, sondern für die Menschen, in deren Nähe Sie sich befinden. Manche Menschen gehen jedoch davon aus, dass sie das Recht darauf haben, ihre schlechte Laune jederzeit und allerorts zu proklamieren. Das Recht haben Sie natürlich auch – theoretisch zumindest. Nur tun Sie mir dann einen Gefallen, und schließen Sie sich doch bitte in Ihr stilles Kämmerlein ein und belästigen Sie damit Ihr eigenes Spiegelbild. Natürlich spreche ich nicht von traurigen oder depressiven Menschen. Ich spreche von Menschen, die sagen, sie bräuchten diese aggressive Grundenergie. Sie sei ein Zeichen von Stärke und ein Element des kritischen Geistes. Sie wäre der Motor, der sie antreibe, und somit auch eine Art von Glück. Sie nennen es vielleicht anders: tiefgründig, analytisch, realistisch gar. Wie auch immer, sie bestehen darauf, so sein zu dürfen. Doch dort, wo sie auf andere Menschen treffen, haben sie Einfluss auf andere, sie wirken auf das Gemüt dieser Menschen ein. Und je emphatischer das Gegenüber, desto stärker der Einfluss Übelgelaunter. »Es gibt auch glückliche Menschen, die schlecht sind«, so Alex, mein liebenswerter kanadischer Glücksforscher aus dem achten Kapitel. »Es ist nicht genug, zu wissen, dass Menschen glücklich sind, sondern auch, was dieses Glück verursacht und ob das moralisch akzeptabel ist. Eine Menge Menschen interessiert das Leben um sie herum überhaupt nicht. Es reicht also nicht, zu erforschen, wer gut drauf ist, sondern auch, zu verstehen, warum sie so gut drauf sind. Was sie antreibt und wie hoch die Kosten sind für die Menschen, die sie umgeben.«

Wie viel kosten Ihre Launen die Menschen, die Sie umgeben? Sind Sie ein Gewinn für jemand anderen?

Sie sind die kleinste Einheit der Gesellschaft und prägen sie doch durch Ihr Verhalten mit. Denn Glück hat die Neigung, sich innerhalb eines sozialen Netzwerks zu verbreiten. Das haben James Fowler (University of California) und Nicholas Christakis (Harward University, Cambridge) in der Analyse einer Langzeitstudie herausgefunden. Rund 5000 Bürger werden seit 1948 in der heute knapp-68 000-Seelen-Stadt Framingham in Massachusetts zu verschiedenen Themen befragt. Die Studie zeigt, dass Personen, die von vielen glücklichen Menschen umgeben werden, tatsächlich eine größere Chance haben, in Zukunft selbst glücklich zu werden. Immerhin, wenn einer Ihrer Freunde unverhofft glücklich wird und auch noch weniger als 1,5 Kilometer von Ihnen entfernt wohnt, erhöht sich die Wahrscheinlichkeit, dass Sie selbst glücklich werden, um 25 Prozent. Deshalb auch ein kleiner Tipp an die Generation Y und alle Buchstaben, die nach ihnen kommen: Über Facebook & Co breitet sich das Glück nicht aus. Außer, Sie versenden nur Freundschaftsanfragen in Ihrem eigenen Viertel.

Glück ist also nicht nur eine individuelle Sache. Wie Sie sich fühlen, macht den Unterschied. Wie Sie sich verhalten, ebenfalls. Sie sind wichtig. Ihr Verhalten ist essentiell für andere Menschen.

Und das ist gut so. In einer rücksichtsvollen Gesellschaft fahren wir damit sicher und elegant. Erinnern Sie sich noch an Luc und Isabelle aus Luxemburg, Eltern von vier Kindern? Isabelle strahlt mich an: »Für mich ist Glück, jeden Tag meine Ideen, aber auch meine Lust und meine Energie mit meinen Freunden, meinen Kollegen und mit meiner Familie zu teilen. Es ist sehr wichtig, diese positive Energie in sich zu finden und sie auch zu nutzen, größer zu machen. Und das geht nur in Beziehung zu Menschen. Weißt du, sehr oft ist man ein bisschen zu egoistisch, und man denkt, warum sollte ich teilen? Was kann mir jemand bieten? Aber es macht viel mehr Freude, zu geben, als zu bekommen.«

Und ihre vier Kinder werden die Früchte ihrer Energie ernten dürfen. Unsere Kinder auch? Auf jeden Fall geht es ihnen gut in Deutschland, das hat auch die aktuelle »internationale UNICEF-Vergleichsstudie zur Lage der Kinder in reichen Industrieländern« bestätigt.

Ob Gesundheit, Wohlstand oder Bildung, unsere Kinder landen auf Platz sechs der Liste der reichen Industrienationen. So weit alles im Lot. Und doch sieht die subjektive Sicht der Jugendlichen in Deutschland auf ihre Lebenssituation ganz anders aus. Dementsprechend titelt die Kurzfassung der Studie für Deutschland auch: »Leistungsstark, aber unglücklich?« Bei der Selbsteinschätzung der Lebenszufriedenheit von Mädchen und Jungen fällt Deutschland auf Platz 22 von insgesamt 29 untersuchten Ländern ab. Wenig erstaunlich ist, dass die glücklichsten Kinder der 29 Länder in den Niederlanden, Norwegen, Island, Finnland und Schweden zu finden sind. Jeder siebte Jugendliche in Deutschland ist dagegen mit sich und seiner Situation eher unzufrieden. Wessen Launen haben da abgefärbt? Oder haben wir unsere Brut einfach kritisch, analytisch und realitätsnah erzogen? Fakt ist, Kinder halten uns den Spiegel der Gesellschaft vor. Denken Sie an all die jugendlichen Interviewpartner, die Ihnen in diesem Buch begegnet sind: Jacob von der Baustelle in Dänemark, Maria-José, die junge Mutter aus Costa Rica. Sie zeigen Ihnen nur, was ihre Eltern oder ihre Gemeinschaft ihnen in ihren Rucksack des Lebens gepackt haben.

»Wir haben vor kurzem vom Bildungsministerium die Aufgabe bekommen, zu definieren, was wir als eine Architekturfakultät unseren Studenten weitergeben wollten.« So Hernando Triana, Professor für Architektur in Bogotá. »Glücklich zu sein war ein Ziel, das sehr schnell genannt wurde. Ein großes Problem, das wir in Kolumbien haben, ist nämlich, dass wir aus einem Krieg kommen, der für die Kinder immer noch sehr präsent ist und es ihnen schwermacht, glücklich zu sein. Die Herausforderung der Erziehung heutzutage ist es, Personen nicht in einer Fertigkeit auszubilden, sondern zu vollständigen Individuen zu erziehen, und dafür muss man zuerst Glück erzeugen. Das heißt, dass die Erziehung viel mit dem Glück zu tun hat.«

Wir befinden uns wieder im »Upper Side 81st«, dem Restaurant von Javier in Bogotá. Nach einigem Zögern hatte ich mich getraut, eine Gruppe, bestehend aus Vater, still und zurückhaltend, um die 70 vielleicht, und seinen Kindern plus Anhang, anzusprechen. Hernando stellt mir kurzerhand auch seine Frau vor: »Das ist Ana María. Sie ist Rechtsanwältin. Sie ist eine tolle Frau. Sie unterstützt die indigene Bevölkerung und versucht sie zu schützen. Mit ihr lernt man, wie man das Leben auf eine bescheidene Art und Weise genießen kann.« Und dann sprudelt Ana María in einem Wahnsinnstempo auf Spanisch los. Es ist zu merken, dass die Mittvierzigerin mit rundem Gesicht und Stupsnase bei allem, was sie tut, das Feuer der Leidenschaft begleitet. »Glück ist ein Muskel des Körpers«, hat sie bereits am Anfang des Buches gesagt. »Es ist etwas, was du die ganze Zeit trainieren musst. Es ist eine Einstellung zum Leben, die dir von deinen Eltern weitergegeben wird. Als wir klein waren, kam mein Vater nach der Arbeit nach Hause, hat Musik angemacht und hat uns das Tanzen beigebracht.« Ihr Vater nickt zustimmend. »Es ist ein Muskel, der, wenn du ihn gut trainierst, Motivation schenkt und Lösungen findet – auch in schlechten Momenten oder in komplexen Situationen – man hält inne, raucht eine Zigarette und denkt nach. Das Glück ist ein Muskel, der trainiert werden muss, genau wie alle Muskeln.«

Üben Sie also täglich, denn der größte Dienst, den Sie der Menschheit erweisen können, ist es, selbst glücklich zu sein. Soziale Verantwortung zu übernehmen heißt auch, gut für sich selbst zu sorgen. »Jaaaa«, tönt es schweizerisch langsam in meine Kamera. Es ist Jasmin Müller, die vergnügte Schweizer Altenpflegerin. Sie hatte den Deutschen bereits im dritten Kapitel zu mehr Eigenliebe geraten. In ziemlich ausgeprägtem Schwyzerdütsch erzählt sie uns, wie das geht: »Heute ist Montag. Montag ist mein Tag. Den verbringe ich hauptsächlich mit dem wichtigsten Menschen in meinem Leben, und das bin ich!« So, das war jetzt doch mal eine klare Ansage, die ich so schon einmal in einem ganz anderen Land gehört habe. Maria-Teresa, die sinnliche Salsa-Tänzerin, deren Mann Conrado gerade über den Samen des Glücks gesprochen hat, findet: »Das Wichtigste in meinem Leben bin ich, denn wenn es mir gutgeht, geht es auch den Menschen um mich herum gut. Deshalb achte ich sehr auf mich. Ich liebe mich sehr, weil ich weiß, wenn ich mich selbst liebe, kann ich es auch anderen weitergeben.« Da stimmt auch Jasmin zu. »Ich arbeite in der Pflege. Und dann brauche ich einfach so einen Tag für mich, damit ich wieder geben kann.« Das leuchtet ein. »Was mich glücklich macht? Also mich macht schon ein Lächeln von einem Menschen frühmorgens glücklich. Ja, wenn ich zur Arbeit gehe, und ich sehe die älteren Menschen und die lachen mich morgens an. Das ist vielleicht das Einzige, das sie noch können. Das macht mich glücklich, ja.«

Mein Glück ist dein Glück. Das findet auch Humberto, der Vizepräsident der Nobelautomarke in Panama. »Ich glaube ein Teil des Glücks ist es, gut für dich selbst zu sorgen. Manche Leute sind religiös, manche weniger. Aber Jesus hat nie gesagt, liebe andere mehr als dich selbst, er hat gesagt, liebe andere wie dich selbst. Das ist eine Botschaft, die nicht jeder hört. Wenn es dir nicht gutgeht, dann wirst du nicht gut sein für die Menschen um dich herum, die Menschen, die du liebst. In meinem Fall habe ich gemerkt, dass ich mich nicht genug um mich selbst kümmere. Das versuche ich zu ändern.« – »Ja, unbedingt«, stimmt Peter, der kulturbeflissene Fremdenführer aus Göteborg, zu. »Menschen sollten erkennen, dass sie anderen nicht helfen können, wenn sie selbst unglücklich sind.« Selbstaufopferung hilft niemandem. Dies ist ein Freibrief für all diejenigen, die Schwierigkeiten damit haben, an sich selbst zu denken. Sie dürfen es tun, sie müssen es sogar tun. Eben aus dieser Verantwortung heraus, die Sie mit Ihrem Lebensvorbild für andere haben.

Ich mache gedanklich einen Schritt zur Seite und überlasse die letzten Worte meines Buches denen, die es ermöglicht haben: Den Menschen aus den glücklichsten Ländern der Welt.

Peter, der Schwede, lehnt sich auf den Lenker seines Fahrrades, stützt sein Kinn in seine Hand und denkt mit gerunzelter Stirn lange darüber nach, wie er seine Gedanken am besten formulieren soll:

»Das Wichtigste in meinem Leben sind meine Kinder, und dass ich mich gut fühle, glücklich bin. Nicht nur um meiner selbst willen, sondern für die Menschen, die mich umgeben. Es geht nicht darum, dass ich alleine beglückt in der Gegend herumlaufe. Es geht um das Gesamtbild. Das zu erklären ist eine kniffelige Sache. Meister Eckhart, einer der alten deutschen Philosophen, sagt es so: *Jeder hat diesen Funken des Lichts in sich, und du musst umhergehen und versuchen, ihn bei jedem zu entzünden.*«

Jonathan, mein unerschrockener Student aus Bogotá, fährt mich zurück nach Hause. Es wird schon wieder dunkel, in diesem Land um Punkt sechs Uhr. Müde richte ich meine Kamera noch mal von der Seite auf meinen jungen Chauffeur, der sich auf den unübersichtlichen Verkehr Bogotás konzentriert, während er uns seine Gedanken schenkt. »Ich glaube, dass die Deutschen die Fähigkeit besitzen, Sachen aus einer anderen Perspektive zu sehen, und ich hoffe, dass sie durch das, was sie hier gesehen haben, verstehen können, dass es Menschen gibt, die das Leben anders leben und trotzdem das Glück finden. Ich möchte die Deutschen einladen, dass sie ihr Leben betrachten und anfangen zu schätzen, was sie haben. Sie sollen wissen, dass man alle Probleme überwinden kann. Sie sollten jeden Tag mit einem Lächeln aufwachen. Und jedem Menschen, dem sie begegnen, ein Lächeln schenken.«

Island
Schweiz
Finnland
Panama
Kanada
Dänemark
Costa Rica
Schweden
Kolumbien
Norwegen
Australien
Luxemburg
Mexico

Was danach geschah

Abgehetzt komme ich im Fitnessclub an. Heute ist wieder einer dieser Tage, an denen ich mich frage, wie ich mein freies und glückliches Leben irgendwie geregelt bekomme.

Genervt und ohne ein fröhliches »Hallo« zu zwitschern, schmeiße ich mein Sportzeug auf die Bank. Jetzt erst mal durchatmen. Aber es kommt anders.

»Ich kenne Sie!«, tönt es triumphierend aus der anderen Ecke der Umkleide. Ich zucke zusammen. »Ich habe Sie neulich im Fernsehen gesehen.«

Augenrollend bücke ich mich vornüber, um meine Sportschuhe zu binden. »Das kommt schon mal vor«, entgegne ich kühl, während ich leise fluchend versuche, einen Doppelknoten zu lösen. Auch Glücksfeen können mal zickig sein.

»Heute verkörpern Sie aber nicht das, was Sie verkaufen!«, kommt es daraufhin schnippisch von schräg links über mir.

Na das hat mir gerade noch gefehlt. Ich richte

mich langsam auf. Vor mir steht eine übrigens recht nett aussehende Blondine um die 60. Nett hin oder her, heute bin ich genervt. Nun gut, ich reiße mich zusammen, ringe mir ein Lächeln ab und entgegne matt:

»Heute verkörpere ich genau das, was ich sage: Glückliche Menschen müssen nicht immer gut drauf sein.«

Sie lächelt und gibt mir Recht. Danke.

Nach dem Erscheinen meines Buches wurde ich nach Vorträgen oder in Interviews oft gefragt: »Was hat sich nach der Reise in Ihrem Leben verändert?« Nun, was hat sich nach dem Erscheinen von »Wo geht's denn hier zum Glück?« in meinem Leben verändert, wäre eine ebenso berechtigte Frage.

Zum Beispiel, dass von einer lächelnden Maike im Fernsehen tatsächlich erwartet wird, sie würde immer lächeln. Und von einer Erstlingsautorin, dass sie bereits vorm Erscheinungstag des ersten Buches am nächsten schreibt. »Und? Wann kommt das nächste Buch?«, wurde ich regelmäßig gefragt. Dabei habe ich erst einmal nur geplant durchzuatmen. Denn zwischen Interviews geben, Talkshows besuchen, Reden halten, Artikel schreiben, meine Tochter knuddeln und ihr bei den Hausaufgaben helfen, ist an strukturiertes Nachdenken erst einmal gar nicht zu denken. Willkommen in der Welt der Öffentlichkeit. Alles neu, alles aufregend und ziemlich anstrengend.

So fühlt es sich also an, wenn sich ein Leben nur noch um 352 Seiten dreht.

»Wo geht's denn hier zum Glück?« wurde innerhalb weniger Wochen zum Bestseller. Das hat mich wirklich glücklich gemacht. Denn genau dafür habe ich mich neun Wochen lang hinter meiner Kamera verrenkt und später sechs Monate wie eine Wilde geschrieben. Um die Gedanken der Glücksländer zu teilen. Damit dieses Buch viele Menschen lesen, damit viele Menschen darüber sprechen, nachdenken, reflektieren. Damit sich etwas bewegt in unserem Land. Denn das ist die Kraft von Visionen: dass einfach einer anfängt und hofft, auf Menschen zu treffen, die den Funken weitergeben werden. Erinnern Sie sich noch an Peter Frisk, den Schweden aus dem Park in Göteborg?

Jede noch so große Veränderung beginnt immer nur mit einem einzigen Menschen. Es beginnt immer mit diesem Funken, der ein Feuerwerk entzünden kann. Und dieser Funken voller Energie kann ich sein, der können Sie sein. Das ist die Macht, die wir in unserem Leben haben. Wir besitzen die Kraft, andere Menschen zu inspirieren. Wenn ich zurückschaue auf die Reise, das Buch und den überraschenden Erfolg, den ich damit hatte, dann habe ich vor allem eines gelernt: Ich bin für viele Menschen ein Vorbild, und meine Reise war nur ein Teil davon. Jede Dankesmail, die ich noch immer regelmäßig von Lesern erhalte, berührt mich zutiefst. Für mich ist das nicht selbstverständlich, einen so wichtigen Beitrag zum Leben eines anderen Menschen zu leisten. Und jedes Mal wenn mich jemand wissen lässt, dass ich genau das getan habe, macht mich das sehr glücklich und auch etwas verlegen. Denn während meiner Reise habe ich vor allem eines gelernt: bescheiden zu sein. Doch Bescheidenheit bedeutet nicht, dass man seine persönlichen Erfahrungen nicht teilt. Und genau das möchte ich hier tun.

Während der Interviews wurde ich oft gefragt: »Weshalb haben Sie die Reise unternommen? Wie kommt man auf so eine Idee?« Was haben mich diese Fragen verwirrt! Ich wollte doch über diese tollen universellen Glücksfaktoren sprechen. Die so unheimlich interessant, überraschend und einzigartig sind. Ich als Person bin doch jetzt wirklich nicht so wichtig.

Doch was ich unterschätzt habe, ist genau das. Ich bin wichtig. In allem, was ich tue. So wie jeder Mensch für andere Menschen wichtig ist. Meine Leser wollen wissen, wer ich bin. Sie wollen von meinen Misserfolgen hören, von meinen Träumen, von meinen Unsicherheiten. Denn wie kommt es, dass ausgerechnet eine alleinerziehende Mutter aus Bonn als Einzige unter sieben Milliarden Menschen auf der Erde auf die Idee kommt, alleine durch die Welt zu ziehen, um das Geheimnis der Glücksländer zu erforschen? Darüber habe ich viel nachgedacht.

Wann begibt sich ein Mensch auf Reisen? In dem Moment, in dem er den Flieger besteigt? Reisen wir nicht immer durch unser Leben, und bedingt nicht jede Reise eine andere Reise? Auf der wir Menschen finden, die uns inspirieren? Wichtige Menschen? Keine Reise, kein Weg ist möglich ohne andere Expeditionen, Irrwege, Umwege. Was also hat dafür gesorgt, dass ich die Reise in diese Länder unternehmen konnte? Und weiter bis hierher, in dieses kleine Bonner Café, in dem ich jetzt für Sie das Nachwort für die Taschenbuchausgabe meines Buches schreibe?

Es war die Reise in meine Mündigkeit.

Und diese Reise begann bereits acht Jahre davor, mit Mitte 30. Als ich auf einen Menschen traf, der mich bewegt hat. Helene. Meine Gesangslehrerin. Die mit einem Satz mein ganzes Leben verändert hat.

Ich liebe es, zu singen. Ich singe immer. Fragen Sie mal meine Nachbarn. Oder tun Sie es besser nicht. Irgendwann vor acht Jahren entschloss ich mich deshalb, Gesangsunterricht zu nehmen. Da ich ein hoher Sopran bin, musste eine Opernsängerin her. Und Helene ist so eine. Anfang 80 müsste sie jetzt sein, füllig, mit großen Brüsten, einem großen Herzen, weißen Haaren und der Haltung einer Diva. Ich müsste sie mal wieder anrufen. Sie war begeistert von meiner Stimme und der Meinung, ich könnte sogar eine zweite Karriere als Sängerin starten. Ich machte immense Fortschritte. Irgendwann dann nicht mehr. Nichts ging mehr voran. Monatelang. Bis Helene eines Tages der Kragen platzte und sie mich anschrie: »Maike, hör auf wie Mickey Maus zu sprechen. Du machst dich kleiner als du bist. Das ist nicht deine Stimme.« Auch ein Nachäffen ersparte sie mir nicht. Na, das nenne ich mal eine Rückmeldung.

Ich verstand und konzentrierte mich von nun an brav auf das richtige Sprechen. Nur kannst du was immer du willst trainieren. Wenn du etwas nicht im Herzen spürst und du nicht bereit bist, das große Bild zu ändern, wirst du dein Ziel nicht erreichen … Wer nur an den kleinen Schrauben des Lebens herumfummelt, während sich das große Lebensrad in die falsche Richtung dreht, der wird nicht glücklich, sondern nur müde.

Also machte ich mich an die großen Lebensprioritäten. Ich schmiss all das über Bord, was mich zu einer Maus machte: Ich befreite mich aus meiner Ehe und zerriss die Checkliste meines Lebens: erfolgreicher Ehemann, großes Haus, guter Job, perfekte Familie. Das Ergebnis: alleinerziehend, Scheidungskrieg und ein Halbtagsjob weit unter meinen Möglichkeiten. Doch manchmal muss man ein paar Schritte zurückgehen, um Anlauf zu nehmen für den großen Sprung. Nur – wenn schon großer Sprung, dann bitte in die richtige Richtung! Ich sah zwei Möglichkeiten, entweder ich würde mich wieder für einen Job im Marketing bewerben und den, bis ich 65 bin, durchziehen. Wieso bis ich 65 bin? Wenn ich das finden würde, wofür ich brenne, dann möchte ich das für immer tun! Bis ans Ende meiner Zeit. Nur, wofür brenne ich? Wofür brennen Sie? Was möchten Sie für immer tun? Keine Ahnung. Ideen mussten also her, und in kürzester Zeit verwandelte sich meine gesamte Küche in eine Wand voller Sprüche, Fotos und Leidenschaft. Manches blieb hängen, anderes wurde wieder heruntergerissen. Freunde kamen zu Besuch, diskutierten, nahmen Inspirationen mit und fingen an, Dinge in ihrem Leben zu ändern. Und langsam wurde mir klar, dass es genau das ist, was ich am besten kann: nie aufgeben, kreativ sein, neue Wege finden und andere mitnehmen. Von meiner Küche bis zu diesem Buch dauert meine Reise über sechs Jahre. Sie erinnern sich an das erste Kapitel zum Thema Disziplin? Inspirieren ist das, was ich tue, das, was ich kann, und das, was ich will. Das ist es, wofür ich brenne, was ich tun möchte bis ans Ende meiner Zeit.

Wenn ich für irgendetwas dankbar bin, dann für diese wunderbare Krise. Du wirst nie wissen, wie stark du bist, wenn du deine Kräfte nie mit dem Schicksal messen kannst. Dann fallen die Hüllen, und du kommst zum Kern, wie der Finne sagen würde. Und dieser Kern ist das, was mich jeden Morgen antreibt, mich vor Leidenschaft manchmal nicht schlafen lässt. Das ist meine Mission, das, was ich der Welt hinterlassen will: von anderen zu lernen und mit diesem Wissen andere Menschen zu inspirieren, ein besseres Leben zu führen.

Und das war meine Reise vor meiner Reise. Wenn Sie sich also fragen, wieso gerade ich diese Reise gemacht habe. Dann lautet die Antwort: weil ich in meine Mündigkeit gereist bin.

Und ich freue mich auf alle Umwege, Irrwege und Expeditionen, die mein Leben in Zukunft für mich bereithält. Auf alle Fehler, die ich machen werde und alle Veränderungen, die noch kommen werden.

So wie viele meiner Interviewpartner:

Bitte, die drahtige Aktivistin aus Stockholm, ist immer noch so engagiert wie damals. Auch mit jetzt 79 Jahren. Als ich sie im Februar 2016 in Stockholm besuche, erkennt sie mich zwar nicht mehr. Nun, sie fragt sich ohnehin, ob sie nicht an Alzheimer leide. Vor ein paar Wochen wurde sie von einem netten Polizisten von einem Baum losgebunden, an den sie sich geknotet hatte, um gegen dessen Fällung zu protestieren. »Die Knoten müssen Sie erst einmal aufbekommen!«, kommentierte Bitte die Bemühungen des Polizisten von oben, die Taue zu lösen, »das sind Seglerknoten!«. Worauf der Helfer in Blau entgegnete: »Ach, Sie segeln? Ich auch!« Und während der Polizist freundlich das Seil durchschnitt, kletterten beide entspannt plaudernd vom Baum. Selbst der

Aktivismus ist schwedisch »lagom«. Der Baum wurde übrigens gefällt. Trotzdem: Sie erinnern sich an Bittes Worte? »Auch wenn du nicht das erreichst, wofür du dich angestrengt hast. Du musst dich einsetzen für die Dinge, an die du glaubst.«

Der rückwärtslaufende Schwede Thomas, den ich auf der Fähre nach Göteborg getroffen habe, ist inzwischen pensioniert und hat seinen Lebenstraum wahr gemacht. Er wohnt auf seinem kleinen Bauernhof in Südschweden und arbeitet einige Monate pro Jahr als Freiwilliger auf einer Kaffeeplantage in Brasilien.

Matthew, der Mützen-Koch aus Melbourne, hat inzwischen sein eigenes Restaurant »Char Dining« in Melbourne eröffnet. »Mein eigener Chef zu sein macht mich extrem glücklich!«, so schrieb er mir gestern über Facebook.

Nanna, die Elbenwitwe aus Island, hat inzwischen ihren Freund geheiratet. Zusammen haben sie eine Tochter mit dem schönen Namen Iðunn bekommen. »Ich versuche, immer präsent zu sein, und das hilft mir, glücklich zu sein. Denn es reduziert den Stress und das Chaos ein wenig. Ich wachse und werde reifer, hoffentlich, um ein glücklicher und besserer Mensch zu werden, für mich und die, die mich umgeben.«

Mit Arnar, dem isländischen Seefahrer, habe ich wöchentlich Kontakt. Er wurde letztes Jahr von seiner Frau verlassen. Im selben Jahr starb sein Vater. Er hat es gerade schwer, sein Glück zu bewahren.

Die Dänin Kirsten, die sagte, das Leben sei wie ein Spiegel, ist inzwischen knapp dem Tod entkommen. »Ich bin so dankbar, dass ich noch länger hier sein darf!«, schreibt sie mir per Mail. »Ich habe das Gefühl, dass ich etwas Gutes mit meinem Leben anstellen sollte. Deshalb engagiere ich mich, wo immer es geht.«

Jean-Sebastian, der Meister des Lebens im Moment, antwortet mir nur knapp über Facebook: »Ich konzentriere mich darauf, wertvolle Beziehungen mit den Menschen zu formen, die mir am wichtigsten sind.« Mehr Informationen schenkt er mir nicht. Mit einem Schmunzeln muss ich mir eingestehen, dass er seine Zeit mal wieder sinnvoll verwendet. Denn zu den wichtigsten Menschen in seinem Leben gehöre ich definitiv nicht.

Mein Glück zu bewahren ist auch für mich eine tägliche Herausforderung. Wie setze ich meine Zeit und Energie sinnvoll ein? Viele inspirierende Projekte liegen schon wieder auf dem Stapel. Bei aller Mündigkeit habe auch ich lernen müssen, dass es nicht nur Zuckerschlecken ist, sich die Freiheit zu nehmen, den Job an den Nagel zu hängen und seiner Mission zu folgen. Ich habe inzwischen zahllose Nächte an die Decke gestarrt und mir überlegt, wo mein Leben mich wohl noch hinführen wird. Doch worauf du deine Energie richtest, dahin wird dir über kurz oder lang auch dein Leben folgen. Diese Erfahrung kann ich so unterschreiben und jedem mit auf den Weg geben. Türen werden sich öffnen, Menschen werden deinen Weg kreuzen und Ideen werden sich formen.

Ich bin begeistert von der skandinavischen Mentalität. Deshalb habe ich inzwischen meine Urlaubsziele vom Süden kurzerhand in die nordischen Glücksländer verlegt, spreche ganz passabel Schwedisch und konnte sogar das Deutsche Fernsehen dazu begeistern, mit mir eine Sendung zu produzieren – in Schweden. Wo sonst?

Seiner Vision zu folgen hat nur bedingt mit Strategie, Vernunft oder Taktik zu tun. Viel wichtiger sind Leidenschaft, Mut und Intuition. Und die Bereitschaft, auch für unsichere Pläne Verantwortung zu übernehmen. Das ist Mündigkeit.

Meiner Mission zu folgen und mir meine Freiheit zu nehmen, das macht mich eindeutig glücklich. Ich würde es immer wieder genau so tun. Ich kann leben mit einem »Ich hatte einen Traum und bin gescheitert«. Ich könnte niemals leben mit einem »Ich hatte einen Traum und habe mich nicht getraut«. Könnten Sie es?

Es gibt so vieles, was wir von anderen lernen können! Und das bleibt meine Leidenschaft, meine Art zu Reisen. Andere zu befragen und ihr Wissen mit nach Hause zu tragen, zu teilen und zu vermehren.

Und dabei werden Sie mich weiterhin begleiten können. Wenn Sie möchten, dann folgen Sie mir auf meinem Blog unter www.maikevandenboom.com. Ich freue mich auf Sie. Und Ihre Ideen.

Danksagung

Ich danke allen, die in irgendeiner Weise an diesem Projekt mitgewirkt haben. Ohne euch hätte ich meine Idee nicht verwirklichen können. All diejenigen, die darüber hinaus einen persönlichen Einsatz geleistet haben, möchte ich jetzt noch einmal »in die Sonne setzen«, wie wir es in Holland sagen würden:

Meine Tochter Elisa, die mich so oft vermissen musste, für ihre immense Geduld und ihre gute Laune. Meine Eltern Gera und Hans-Peter Breypohl für ihre tatkräftige Unterstützung und die liebevolle Betreuung von Elisa. Meine Freundin und Kollegin Isabel Garcia für ihr umfassendes Erstlektorat und ihre enorme emotionale Unterstützung. Meine Freundin Barbara Obermann und ihre Tochter Charlotte für die regelmäßigen Spiel- und Übernachtungsmöglichkeiten für Elisa und Petra Wrede für den Kochservice. Meinen Freund Thomas Grahl und sein Team von Rheinklang Media GmbH für den kostenlosen Dreh des Trailers, die Beratung bei der Kameraausrüstung, den Schnitt des Filmmaterials, der Aufnahme der Voice-Overs und für die Geduld mit mir. Georg Edeler, dessen Firma kostenlos meine Facebook-Fanseite erstellt hat. Wolf Gatow für die Assistenz bei den Filmaufnahmen und die großartigen Fotoproduktionen. Die Jungs der Bonner Studentengruppe »Gold Atlas« für das Komponieren eines Kampagnesongs zu meiner Reise, der leider nie zum Einsatz kam. Die Kinder der Münsterschule Bonn, die den Song dann nochmals unter Leitung von Direktor Wollenweber eingesungen haben. Bernhard Hoëcker und Michael Lesch für inspirierende Interviews, die ich leider nicht mehr in das Buch habe einbauen können.

Ad Bergsma für sein Interview und das herrlich holländische Mittagessen bei ihm zu Hause. (Professor) Ruut Veenhoven für sein Interview und die Empfehlung meiner Reise an die anderen Glücksforscher weltweit. (Professor) Robert Cummins, kurz Bob, dafür, dass er auf dem Weg nach Japan extra für mich einen Schlenker über Sydney gemacht hat. (Professor) Mariano Rojas für die Unterbrechung seines Familienurlaubes für unser Interview. (Professor) Eduardo Wills Herrera und seiner Frau Ana Maria, dafür, dass sie mich einen Tag lang bei den Interviews auf der Straße unterstützt haben. (Professor) Joar Vittersø für eine Live-Vorstellung norwegischen Glücks in seinem Sommerhaus auf der Insel der Wale. Dóra Guðrún Guðmundsdóttir dafür, dass sie mir drei Tage lang ihre Praktikantin Nanna als Assistentin zur Seite gestellt hat. (Professor) Alex Michalos für drei Stunden seiner Zeit und ein herrliches Mittagessen in Brandon. (Professor) Sakari Suominen dafür, dass er seinen Sonntag-Segeltörn mit seiner Freundin frühzeitig abgebrochen hat. (Professor) Bengt Brülde für seine Gedanken und verschiedenen späteren Diskussionen über Skype. (Professor) Bruno Frey für ein vergnügliches Interview, (Professor) Christian Bjørnskov für das geduldige Beantworten all meiner Mails nach dem Interview und (Professor) Gerald Hüther für die kurze Unterbrechung seines Sabbaticals. Des Weiteren Carlo Klein, (Dr.) Melanie Davern und (Dr.) Kathryn Page.

Inger Therese für die Kamera-Assistenz. Meinen ehemaligen Chauffeur Jorge Garcia Gutierrez, der mich für 50 Dollar pro Tag bis spät in die Nacht durch Mexiko-Stadt kutschiert hat. Ebenso Eduardo in Costa Rica. Nanna Ingibjörg Viðarsdóttir für die Assistenz und die Übersetzungshilfe der isländischen Texte. Katja Esquivel Nuñez und ihren fünf Kindern dafür, dass sie das Kunstwerk für Costa Rica gemalt haben. Gabriela Valverde Morales vom Kinderhort »Lacitos de Amor« für das Einholen der Einverständniserklärungen der Eltern fürs Filmen.

Sandra Haun für die Organisation des Besuchs. Jan Johnston für ein herrliches Frühstück und ein paar Stunden Kameraassistenz in Montreal. Die Kinder der Einrichtung »Nuestra Señora de la Merced« für ihre entzückende Tanzaufführung in El Chorillo. Philippe für die Begleitung durch Bogotás Nightlife. Jonathan für die Assistenz beim Filmen im gefährlichen Viertel Bogotás. Joe, der mich in Sydney spontan 30 Minuten zu einem Interviewtermin gefahren hat, da ich den Bus nicht finden konnte.

Tilmann Bünz für die Einladung in sein schwedisches Haus. Rebecca Libermann für das Teilen ihrer sehr persönlichen Sicht auf die Finnen. Herbert Bopp für das Interview über den Dächern Montreals und seine Begeisterung für mein Projekt. Esther Blank für ein herrliches Interview vor der pazifischen Küste Sydneys. Lotte Wikant für das kostenlose Apartment im Bullerbü-Stil über ihrer Scheune, die tatkräftige Unterstützung bei den Interviews und der Hilfe bei der Transkription der norwegischen Interviews bis spät in die Nacht. Vroni Freudenberger und ihren Mann, bei denen ich in Mexiko-Stadt wohnen durfte. Thomas Aigner für den Tipp mit der Kamera. Verena Schmid, die mich in Bogotá bei sich aufgenommen und mir bei zahlreichen Interviews assistiert hat. Miriam Gebauer und ihrem Mann Reiner, die mir ihr Haus zu Verfügung gestellt und mich in ihr Ferienhaus am Slettestrand mitgenommen haben. Mandy Mittelstädt und ihrem Mann Rainer für ein schönes Interview und die Übersetzungshilfe bei den dänischen Texten, ebenso Michel Birbæk. Meinen Bekannten Fifo Schuh Smitmans, der mir stundenlang bei den spanischen Übersetzungen geholfen hat, ebenso Miguel Leyva. Meine Mitbewohnerin Christina Alz für die Transkriptionshilfe und Toleranz angesichts einer unaufgeräumten Wohnung. Nathalie Boudreau für die Kontrolle der französischen Texte aus Kanada. Jenny Nyberg für die Assistenz bei den schwedischen Texten. Maya Xania Bjørn für die norwegischen Übersetzungen. Liisa Kyrö-Blüthner für die Übersetzung eines finnischen Interviews.

Ich danke all den Menschen, die immer an mich geglaubt haben …

Anmerkungen

Einleitung Hier sind wir glücklich

1 *Organisation für wirtschaftliche Zusammenarbeit und Entwicklung*, OECD ist eine Internationale Organisation mit 34 Mitgliedstaaten, die sich der Demokratie und Marktwirtschaft verpflichtet fühlen. Die meisten OECD-Mitglieder gehören zu den Ländern mit hohem Pro-Kopf-Einkommen und gelten als entwickelte Länder.

2 Die *World Database of Happiness* ist ein webbasiertes Archiv von Forschungsergebnissen der subjektiven Lebensbewertung. Die Datenbank enthält Informationen darüber, wie glücklich Menschen in einer Vielzahl verschiedener Lebensumstände in 165 Nationen sind. Glück ist definiert als die Art und Weise, das Leben als Ganzes positiv zu sehen.

Island, Land der Elfen

3 Der *Global Gender Gap Report* wird vom Weltwirtschaftsforum (World Economic Forum) in Zusammenarbeit mit der Harvard University und der University of California erstellt.

4 *Wer die Kälte liebt: Skandinavien für Anfänger*, Tilmann Bünz, München 2009

1 Am Anfang war das Glück

5 *Risk, cooperation and the economic origins of social trust: an empirical investigation*, Ruben Durante, Nov 2010, Munich Personal RePEc Archive

6 *Moderne geschiedenis van Duitsland. 1800 - heden*, Frits Boterman, 2005, Uitgeverij de Arbeidspers

7 *Die offenen Adern Lateinamerikas: Die Geschichte eines Kontinents*, Eduardo Galeano, Wuppertal 2004

8 *Yes, But Are They Happy? Effects of Trait Self-Control on Affective Well-Being and Life Satisfaction*, Wilhelm Hofmann, Maike Luhmann, Rachel R. Fisher, Kathleen D. Vohs and Roy F. Baumeister, 2013 Jun 11, Journal of Personality

2 Der große Schatz Vertrauen

9 *Glücksatlas 2012*, München 2012

10 *Trust and wellbeing*, Helliwell, J. F., & Wang, S.

(2011). International Journal of Wellbeing, 1(1), 42-78. doi:10.5502/ijw.v1i1.9

11 *Radar gesellschaftlicher Zusammenhalt*, Bertelsmann Stiftung, 2013, www.gesellschaftlicher-zusammenhalt.de

Costa Rica – Pura vida!

12 Spenden bitte gerne direkt an die Eigentümerin des Zentrums »Lacitos de Amor«: Gabriela Valverde Morales, Kontonummer (beinhaltet auch Bankleitzahl): 15202906000006629-5, Bank: Costa Rica, SW IFT: BCRICRS, E-Mail-Adresse: gabyvm8o@hotmail.com

3 Niemand kann alleine glücklich sein

13 *Waarom we ineens van de Duitsers houden (maar zij daar zelf van schrikken)*, Merlijn Schoonenboom, 2013, Atlas Contact

Dänemark, oh hyggelig, Smørrebrød und Wohlgefühl

14 *Glücksatlas 2013*, München 2013. (Basiert auf den Daten des Sozioökonomischen Panels (SOEP) sowie

einer Umfrage des Instituts für Demoskopie Allensbach vom Sommer 2013.)

15 http://worlddatabaseofhappiness.eur.nl/hap_nat/findingreports/RankReport_AverageHappiness.php

16 *Glückliche Mitarbeiter – Glückliche Unternehmen?* StepStone-Studie über Glück am Arbeitsplatz 2012/2013 – Ergebnisse und Empfehlungen, StepStone Deutschland GmbH

5 Hier sind wir Menschen

17 *Die Besserkönner: Was die Schweiz so besonders macht*, Wolfgang Koydl, Zürich 2014

Die Schweizer und der Raum für die anderen

18 http://de.wikipedia.org/wiki/Liste_der_eidgenössischen_Volksabstimmungen

6 Die geschmeidige Gesellschaft

19 *Gebrauchsanweisung für Schweden*, Antje Rávic Strubel, München 2008, Seite 155

20 *Glückliche Mitarbeiter – Glückliche Unternehmen?* StepStone-Studie über Glück am Arbeitsplatz

2012/2013 – Ergebnisse und Empfehlungen, StepStone Deutschland GmbH

8 Gut genug

21 *Die Unfähigkeit zu genießen – Die Deutschen und der Genuss*, Rheingold Salon, 2012

Australien: Zurücklehnen und genießen

22 www.oecdbetterlifeindex.org/de/

9 Rein in die Zeit!

23 *Eine Landkarte der Zeit: Wie Kulturen mit Zeit umgehen.* Robert Levine, Christa Broermann und Karin Schuler, München 2004

24 *Zeit: Der Stoff, aus dem das Leben ist. Eine Gebrauchsanleitung*, Stefan Klein, Frankfurt am Main 2006

Panama, das Herz des Universums

25 Spenden bitte gerne direkt an: Banco General, S.A.-Panama, SWIFT: BAGEPAPA, Kontoinhaber: Parroquia Nuestra Señora de Fatima Chorrillo – Panama, Kontonummer: 03-38-01-006897-5

11 Nimm dich mit Humor

26 In Australien gibt es keine symbolischen Sterne, die verliehen werden, sondern Kochmützen. The Sydney Morning Herald Good Food Guide verleiht diese Auszeichnung jährlich. Die Prozedur ähnelt der des Restaurantführers Michelin. Mathew ist also streng genommen ein »Mützenkoch«.

12 Folge deinem Sinn

27 *Glücklich sein. Warum Sie es in der Hand haben, zufrieden zu leben*, Sonja Lyubomirsky, Frankfurt am Main 2008

Des Weiteren sind Hintergrundinformationen aus folgenden Büchern eingeflossen: *Die deutsche Krankheit – German Angst.* Sabine Bode, München 2008, *Der Kultur-Code: Was uns trennt – was uns verbindet.* Clotaire Rapaille, München 2007